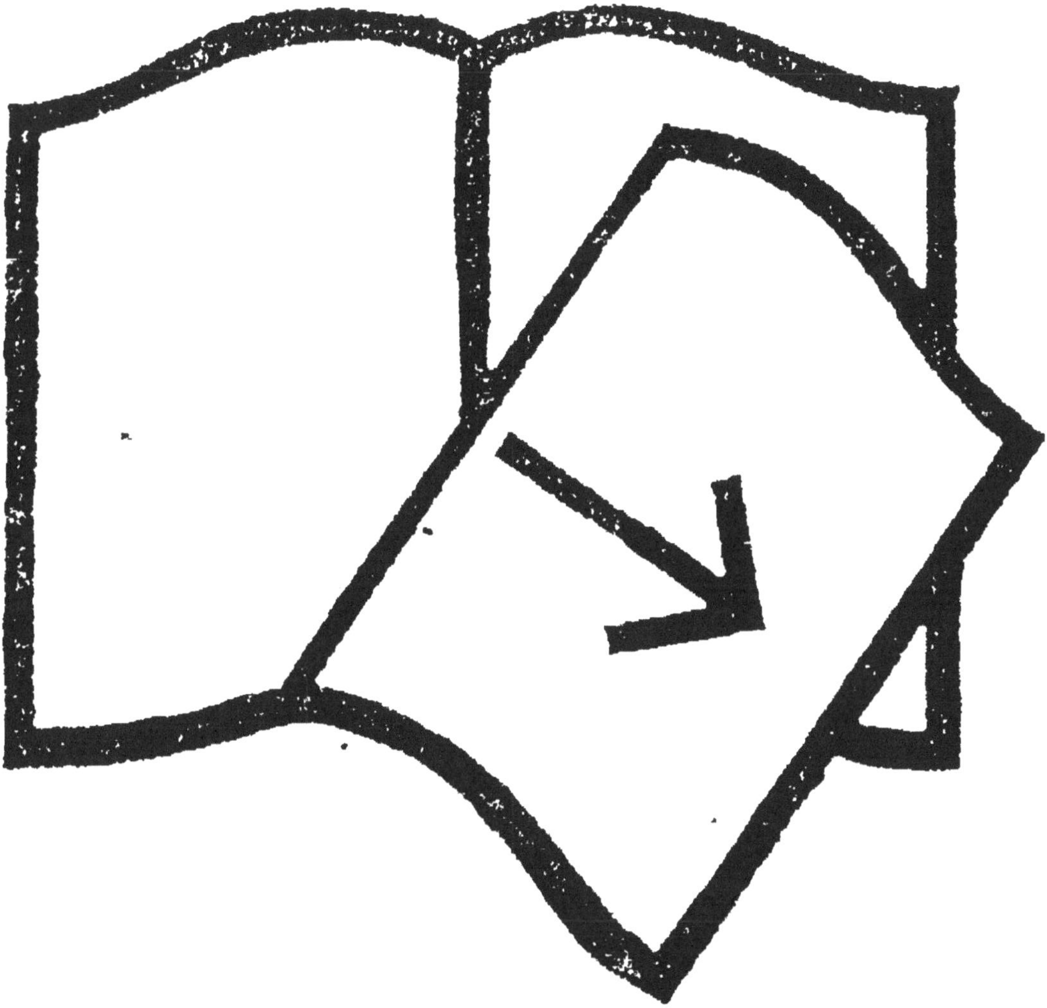

Couverture inférieure manquante

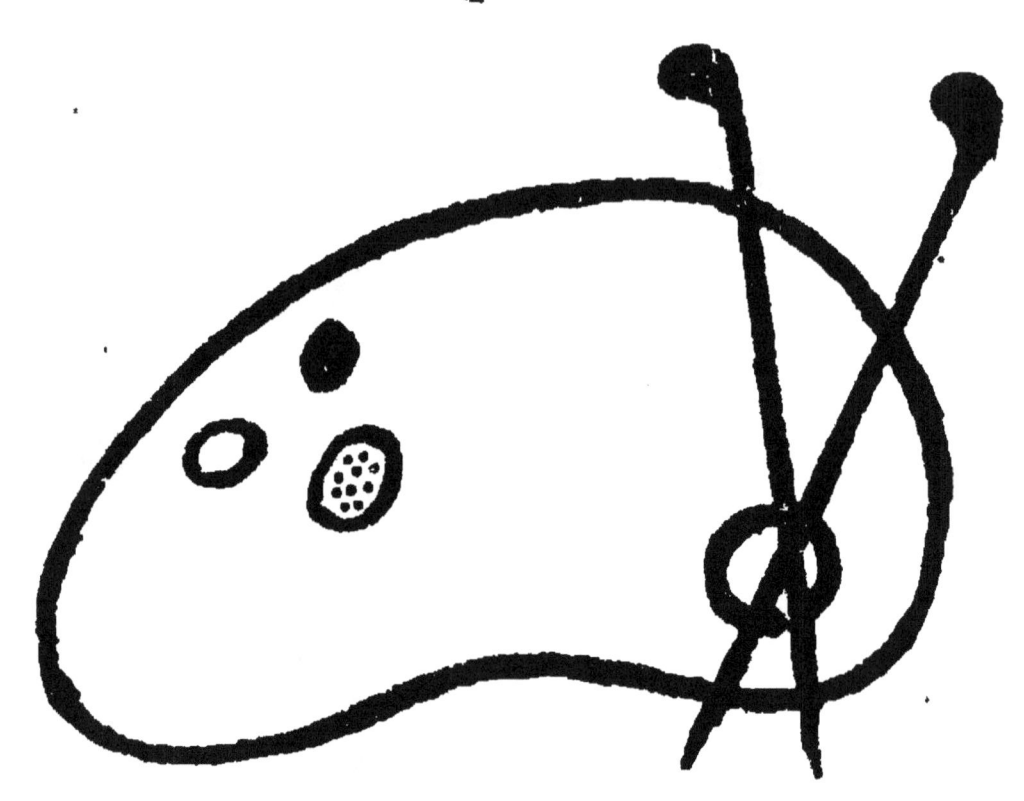

Original en couleur

NF Z 43-120-8

LES FRANÇAIS A ORAN

DEPUIS 1830 JUSQU'A NOS JOURS

PAR

LE COMMANDANT I. DERRIEN

Officier de la Légion d'Honneur et de l'Instruction publique
Président honoraire de la Société de Géographie et d'Archéologie d'Oran
Lauréat des Sociétés de Géographie de Paris et de Bordeaux

PREMIÈRE PARTIE

ORAN MILITAIRE

DE 1830 A 1848

AVEC TROIS CARTES EN COULEUR

ORAN EN 1831, ENVIRONS D'ORAN EN 1840,
ORAN EN 1848

AIX
IMPRIMERIE J. NICOT, RUE DU LOUVRE, 16
1886

Droits de traduction et de reproduction réservés

LES FRANÇAIS A ORAN

DEPUIS 1830 JUSQU'A NOS JOURS

PREMIÈRE PARTIE

—

ORAN MILITAIRE

DE 1830 A 1848

LES FRANÇAIS
A ORAN

DEPUIS 1830 JUSQU'A NOS JOURS

PAR

LE COMMANDANT I. DERRIEN

Officier de la Légion d'Honneur et de l'Instruction publique

Président honoraire de la Société de Géographie et d'Archéologie d'Oran

Lauréat des Sociétés de Géographie de Paris et de Bordeaux

PREMIÈRE PARTIE

ORAN MILITAIRE

DE 1830 A 1848

AVEC PLANS DE LA VILLE ET DES ENVIRONS

AIX

IMPRIMERIE J. NICOT, RUE DU LOUVRE, 16

1886

A la Société de Géographie d'Oran,

Son Président Honoraire

Reconnaissant et dévoué,

LE COMMANDANT I. DERRIEN

AVANT-PROPOS

J'aime Oran ! J'ai parcouru l'Algérie en tous sens, de Bône à Géryville et de Nemours à Laghouat et Biskra. J'ai habité Alger et Constantine, mais ni les palmiers du sud, ni le mirage des chotts, ni les ombrages de Mustapha, ni les rochers du Rummel ne m'ont autant captivé que les falaises de Karguentah et les pentes abruptes de Santa-Cruz, cadre farouche, hérissé de bastions, dans lequel, Oran, la vieille cité des Turcs et des Espagnols, grandit fièrement sous le drapeau de la France, et se développe avec audace, en se dépouillant un peu, chaque jour, de ses sombres et antiques haillons.

J'aime Oran ! Je l'ai habitée pendant sept années, je m'y suis créé une famille ; et ce n'est pas sans délices que j'ai consacré mes loisirs à l'étudier, à en fouiller les archives, à parcourir ses environs. C'était certes une belle tâche que de retracer le passé de cette ville, avec sa grandeur éphémère, ses luttes, ses humiliations, sa décadence, et nous devons savoir gré à M. Fey d'en avoir tenté l'entreprise ; mais séduisante aussi était celle de décrire les souffrances héroïques des premiers soldats qui sont venus planter le drapeau de la France sur les murs du Château-Neuf, et de montrer comment une ville morte et ruinée ressuscite et se transforme ; mais au prix de quels constants labeurs, de quels obstacles, de quelles déceptions !

Je me suis donc laissé séduire ; j'ai voulu, du moins, apporter une pierre à l'édifice, planter un jalon pour l'histoire future de notre cité, et c'est dans ce but que je me hasarde à publier mes notes sous le titre de :

Les Français à Oran, depuis 1830 jusqu'à nos jours.

Mon travail comprend trois parties bien distinctes :

1° *Oran militaire,* de 1830 à 1848 ;

2° *Oran, commune,* dans son ancienne enceinte, de 1848 à 1868 ;

3° *Oran, la nouvelle,* de 1868 jusqu'à nos jours.

La première partie paraît seule aujourd'hui ; les autres viendront plus tard, à leur temps, plus palpitantes d'intérêt, il est vrai, mais aussi plus délicates, plus épineuses et pour lesquelles il est besoin d'appréciations sûres, sages et nullement passionnées.

Pour l'enchaînement des faits dans la narration, suivant l'ordre chronologique, j'ai pris pour guide l'*Histoire de Boufarik* (1), où l'auteur, le colonel Trumelet, avec autant de poésie que d'érudition, a brillamment raconté les luttes héroïques des premiers pionniers de la colonisation, contre les Arabes d'abord, puis contre les atteintes d'un climat meurtrier et d'un sol empoisonné.

J'adresse de vifs remerciments à M. Adolphe Perrier, qui a bien voulu mettre à ma disposition la collection de son journal l'*Echo d'Oran,* à M. Mauduit qui, avec la gracieuse autorisation de M. Garoby, secrétaire général de la préfecture d'Oran, s'est empressé de mettre en mes

---

(1) *Boufarik et son Marché,* par T. DE FALLON, pseudonyme du colonel Trumelet, qui, comme écrivain, s'est acquis les sympathies de tous ceux qui aiment l'Algérie.

mains tous les dossiers des archives qui pouvaient m'être de quelque utilité.

Je dois enfin un tribut de gratitude à M. Avio, ancien directeur de la Santé, à Oran, qui a mis la meilleure grâce à rappeler ses souvenirs et à me raconter les faits dont il fut le témoin.

Arrivé à Oran avec le général Boyer, à la fin de 1831, M. Avio porte encore très vaillamment ses 87 années.

Je le répète, ce livre n'est qu'un recueil de notes sur les évènements dont Oran fut le témoin, sur l'organisation des divers services administratifs, l'extension des pouvoirs de la municipalité, l'agrandissement de la cité et le développement de la population.

L'exposé en aurait pu être moins sec, moins concis ; les jugements portés sur les hommes et sur les choses auraient pu être plus véhéments et par suite plus attrayants. Mais ces défectuosités trouveront grâce, je l'espère, devant l'idée qui a présidé à cette publication et qui n'est autre que celle de préparer les bases d'une histoire future de notre ville d'Oran.

Oran, 19 Janvier 1886

I. DERRIEN

INTRODUCTION

RÉSUMÉ DE L'HISTOIRE D'ORAN DEPUIS SA FONDATION JUSQU'A NOS JOURS

ORAN N'EST PAS D'ORIGINE ROMAINE

Les premiers archéologues algériens avaient cru voir dans Oran la *Quiza municipium*, d'Antonin, et la *Quiza Xenitana*, de Pline, se basant sur ce qu'Antonin, dans son itinéraire, plaçait Quiza à quelques milles à l'est de *Portus Magnus*, que l'on assimilait alors à Mers-el-Kébir. Des découvertes récentes ont démontré que le *Portus Magnus* des Romains était à Saint-Leu, près d'Arzeu, et que Quiza avait son emplacement près du Pont du Chélif.

Oran ne peut donc revendiquer une origine romaine. Des médailles appartenant à différentes époques de cette domination ont bien été trouvées dans son sol, mais aucun vestige de construction n'est venu préciser la présence en ces lieux d'un établissement romain.

SA FONDATION (en 902)

El-Bekri, dans sa description de l'Afrique, nous apprend qu'Oran (1) fut fondée vers l'an 902 de Jésus-Christ, par Mohammed-ben-Abi-Aoun, Mohammed-ben-Abdoun et une bande de marins Andalous qui fréquentaient ce port naturel. Les tribus qui occupaient alors le territoire de la nouvelle ville étaient les *Nefza* et les *Beni-Mezgana*, qui faisaient partie de la grande famille berbère des Azdadja (branche de Branès.)

Nous ne pouvons ici que résumer rapidement l'histoire d'Oran, en renvoyant le lecteur, pour les détails, à l'*Histoire d'Oran*, par M. Fey, et aux notices historiques de MM. Bérard et Piesse, dans leur indicateur ou itinéraire de l'Algérie.

---

(1) Oran viendrait du mot arabe *ouahar*, qui signifie *difficile*, ou encore de la contraction de *Oued-el-Haran*, la rivière de Haran, à l'embouchure de laquelle elle fut bâtie.

PÉRIODE ARABE (954-1509)

Oran grandit rapidement jusqu'en 954, époque à laquelle Yala-ben-Mohammed-ben-Salah s'en empara et en transporta la population à Fekkan, à l'ouest de Mascara.

Oran, relevée de ses ruines, fut emportée d'assaut, en 1082, par les troupes almoravides, puis passa successivement sous différents pouvoirs : les Almohades s'en emparent en 1145 ; en 1269 elle passe entre les mains des Mérinites, qui sont refoulés en 1437 par les Beni-Zeïan de Tlemcen.

Oran fut alors des plus florissantes; elle devint l'entrepôt d'un commerce très actif et très étendu avec les Vénitiens, les Pisans, les Génois, les Marseillais et les Catalans. Elle comptait à cette époque plus de six mille maisons, des mosquées splendides, des écoles renommées, de vastes entrepôts sur des quais populeux, des édifices publics remarquables ; mais le luxe et les richesses ne tardèrent pas à engendrer la corruption et la débauche, et les Oranais finirent par s'adonner à la piraterie.

Leurs excès ne restèrent pas impunis ; les Portugais d'abord s'emparèrent d'Oran sans peine et l'occupèrent pendant six années (1471-1477). En 1502, une flotte du roi don Miguel, sous les ordres de don Juan de Menecez, allant au secours du doge de Venise Léonard Loredano, vint débarquer à la plaine des Andalouses, mais les Arabes et le mauvais temps forcèrent les Portugais à se rembarquer en désordre.

En 1505, l'Espagne mit à exécution son projet d'assurer le triomphe de la religion contre les Barbaresques. Le 3 septembre une grande flotte, sous les ordres de l'amiral Raymond de Cordoue, sortit de Malaga ; le 9 elle prit à Alméria des troupes qu'elle débarqua le lendemain à la plaine des Andalouses, sous le commandement de don Diégo de Cordova. Ce général attaqua Mers-el-Kébir par les hauteurs, mais ne s'en rendit maître qu'après cinquante jours de siège, et pour y être bloqué à son tour. Le 15 juillet 1507 il subit un grave échec en voulant sortir de son poste ; il demanda alors des secours à l'Espagne.

PREMIÈRE PÉRIODE ESPAGNOLE (1509-1708)

Le 14 mai 1509, une flotte équipée et commandée par le cardinal Ximenès, le Richelieu de l'Espagne, partit de Carthagène ; le 15, quinze mille hommes débarquèrent près de Mers-el-Kébir, marchèrent de suite sur Oran, et le soir même, presque sans coup férir, le drapeau espagnol flottait sur les murs de la Casbah. Plus d'un tiers de la population musulmane fut impitoyablement massacré ; le nombre des prisonniers s'éleva à huit mille environ ; on délivra trois cents esclaves chrétiens.

Le cardinal Ximenès, maître d'Oran, convertit les mosquées en églises, fonda des hospices et des couvents, et rétablit les fortifications.

Le premier gouverneur d'Oran fut don Diègo de Comarez ; il fit construire au point de débarquement le fort de La Mouna, et au sud de la ville le Château des Saints (fort Saint-Philippe.)

En 1518, lorsque Charles-Quint dirigea une expédition sur Alger, la flotte, composée de trente navires, sous le commandement de Hugo de Moncade, s'arrêta à Mers-el-Kébir ; un débarquement eut lieu et une petite expédition fut dirigée du côté de Mostaganem, dans le but de faire une razzia de troupeaux.

C'est dans cette même année que les Espagnols commencèrent à se mesurer avec les Turcs ; battus d'abord par les troupes de Barberousse, à Calâa, ils reprirent ce bordj et cernèrent Tlemcen.

En 1541, une expédition contre Tlemcen échoua et fut anéantie au défilé de la Chair (Chabet-el-Laham); les deux généraux espagnols, Argote et Martinez y périrent ; treize hommes seuls échappèrent à ce carnage.

Alcaudete, le gouverneur d'Oran, prit une éclatante revanche en 1543 ; le 7 février, Tlemcen tomba en son pouvoir.

En 1547, la peste éclata à Oran ; les habitants campèrent en dehors de la ville.

L'année suivante, Alcaudete, dirigea une expédition sur Mostaganem ; il enleva Mazagran, mais fut obligé de battre en retraite sur Arzeu.

En 1556, Salah-Reis, pacha d'Alger, projeta de s'emparer d'Oran, mais il mourut de la peste à Matifou. Son successeur Hassan-Kaïd, marcha sur Oran par terre pendant que la flotte voguait vers Mersel-Kébir ; l'artillerie turque débarqua près de la terre des Andalouses (Aïn-Turk), marcha sur les crêtes de Ramrah, contourna le plateau du Santon et descendit par un ravin rapide sur le Ras-el-Aïn. Elle enleva le Château des Saints, et Oran allait succomber quand soudain les Turcs furent rappelés à Alger.

En 1557-1558, Alcaudete fait construire le fort San-Fernando, un peu au sud du Château des Saints (1), et le fort Sainte-Thérèse.

Le 16 août 1558, partit d'Oran une deuxième expédition sur Mostaganem ; on traversa la Sebkha d'Arzeu ; après un engagement sur la Macta, on prit Mazagran et on assiégea Mostaganem, sans autres munitions que des boulets de pierre. (Les galères de ravitaillement avaient été prises par les Turcs à leur sortie du port d'Oran.) L'assaut fut donné, mais il fut repoussé ; les Espagnols mis en déroute furent massacrés. Alcaudete fut tué ; son corps laissé sur le terrain fut rendu à Oran par les Turcs.

Ceux-ci, à la suite de leur victoire, vinrent bloquer Oran et ne se retirèrent que cinq ans après, devant des renforts arrivés par mer.

L'année 1589 vit l'achèvement du fort Saint-Grégoire, au-dessus du fort La Moune. La même année don Pedro de Padilla fit construire la Casbah.

Le XVIIe siècle ne fut signalé à Oran par aucun fait militaire important ; mais la peste ravagea une deuxième fois la ville en 1678.

Vers 1700, le gouverneur don Alvarez de Bazan y Silva, marquis de Santa-Cruz, fit élever, au sommet du pic d'Aidour, un fort qui porta son nom ; la construction en fut des plus difficiles ; les Hamyan furent employés à transporter de l'eau au sommet, dans des outres.

En 1701, le marquis de Santa-Cruz fit une sortie, mais fut battu sur le confin du pays des Hachems, au lieu même où six ans plus tard, le chérif marocain Muley-Ismaël, vit périr son armée entière (forêt de Muley-Ismaël, Zebboudj-el-Houst).

On construisit à cette époque un fortin près de Bou-Rechache (2), et deux villages, Yfre, en face de la source Ras-el-Ain, sous les canons de la Casbah, et Canastel, près de Krichtel.

On avait élevé six tours carrées à l'ouest de Ras-el-Ain (3). La puissance turque s'était développée rapidement en Algérie. Les Espagnols, trop confiants en leurs propres forces, s'étaient vus chasser insensiblement de tous les points de la côte. Oran seul avait résisté ; mais affaiblie, délaissée par Philippe V, qui en avait fait un bagne, elle allait succomber à son tour.

---

(1) On en voit encore les ruines aujourd'hui, en avant du fort Saint-Philippe, et sous le nom de *Bordj Ras-el-Ain*.

(2) Aujourd'hui Lourmel.

(3) Une de ces tours se voit encore aujourd'hui dans l'ancien cimetière ; elle servait de logement au gardien.

PREMIÈRE PÉRIODE TURQUE (1708-1732)

En 1708, Mustapha-bou-Chelar'em, le fondateur de Mascara, mit, sur l'ordre du dey d'Alger, le siège devant Oran, qui se défendit bravement, mais fut obligée de capituler. L'attaque se fit par le sud ; après cinquante-six jours de siège, le fort San-Fernando sauta et la garnison se rendit. On mit ensuite quinze jours à s'établir sur le plateau d'Almeida, d'où l'on bombarda le fort de Santa-Cruz ; ce fort ainsi que les forts Saint-Grégoire et La Moune furent enlevés successivement ; les garnisons en furent massacrées ; puis bientôt après, la ville, la Casbah, le Château-Neuf et Mers-el-Kébir lui-même eurent le même sort.

Oran devint alors le chef-lieu du gouvernement de l'ouest et la résidence ordinaire du bey Bou-Chelar'em.

DEUXIÈME PÉRIODE ESPAGNOLE (1732-1792)

Ce dernier resta vingt-quatre ans dans la Casbah sans être troublé, lorsqu'en 1732 apparurent de nouveau les vaisseaux espagnols. Une armée de vingt-huit mille hommes, sous le général comte de Montemar, était partie d'Alicante le 15 juin ; elle avait débarqué à Aïn-Turk. Les Arabes, commandés par le renégat Bernard Riperda, avaient été culbutés, et le 1er juillet les Espagnols étaient entrés dans Oran. Bou-Chelar'em se réfugia à Mostaganem.

« Les Turcs firent, peu de temps après, une vaine tentative pour reprendre la place ; de son côté le gouvernement espagnol n'épargna aucune dépense pour s'y maintenir ; les anciennes fortifications furent restaurées et on en éleva de nouvelles. Les relations avec les tribus devenant plus difficiles, la garnison fut augmentée. Cependant la reprise d'Oran n'avait pas même rétabli entièrement la situation déjà si précaire que les Espagnols s'étaient faite dans la province. Les indigènes, refroidis par une première retraite, s'éloignèrent d'eux plus encore que par le passé, et l'histoire d'Oran, pendant soixante ans, fut uniquement celle d'une place de guerre ou d'un port sans importance. Cette possession sans avenir, végétait misérablement, lorsqu'une grande catastrophe vint fournir à l'Espagne un prétexte pour en rejeter le fardeau » (1).

---

(1) *Itinéraire historique et descriptif de l'Algérie*, par Louis PIESSE. (Guide Joanne.)

Dans la nuit du 8 au 9 octobre 1790, un tremblement de terre d'une violence exceptionnelle ruina les édifices d'Oran, les maisons, les forts et fortifications de la place. Le tiers de la garnison fut enseveli sous les décombres de la ville. Le réveil fut terrible ; le feu s'était mis aux pièces de bois, l'incendie, le pillage et le meurtre achevèrent le désastre.

DEUXIÈME PÉRIODE TURQUE (1792-1830)

Les Espagnols abandonnèrent la place à la suite d'une convention conclue avec les Turcs et stipulant qu'ils emporteraient leurs canons et leurs approvisionnements. Les troupes et les habitants chrétiens furent transportés à Carthagène.

Mohammed-el-Kébir entra dans la ville dès les premiers jours de mars 1792 ; son premier soin fut de faire sauter les forts San-Fernando, Saint-Philippe, Santa-Cruz et San-Miguel à l'est du Château-Neuf. Il se fit construire à Karguentah une mosquée pour son tombeau, pendant que le dey d'Alger faisait élever celle de la rue Philippe. Il mourut en 1799.

Ses successeurs à Oran furent :

OTHMAN-BEN-MOHAMMED (1799-1802). On lui doit la construction de la mosquée de Sidi-el-Haouari, près du campement.

MUSTAPHA-EL-MANZALI (1802-1805).

MOHAMMED-MEKALLECH (1805-1807). Meurt étranglé.

MUSTAPHA-EL-MANZALI (2ᵐᵉ fois) (1807).

MOHAMMED-EL-REKID (1807-1812). Meurt écorché vif.

ALI-KARA-BARLI (1812-1817). Meurt étranglé.

HASSAN (1817-1830).

C'est ce dernier bey, qui, comme nous allons le voir, sollicita la protection de la France, pour échapper aux Arabes, ligués contre leurs anciens dominateurs. La chute d'Alger semblait pour eux l'heure tant désirée de la révolte, mais derrière les Turcs, ils allaient trouver la France et lutter avec acharnement; lutte sanglante, dont les pages suivantes ne racontent que les nombreux épisodes relatifs à la résurrection et à la transformation d'Oran.

LES FRANÇAIS A ORAN
DEPUIS 1830 JUSQU'A NOS JOURS

PREMIÈRE PARTIE

ORAN MILITAIRE
DE 1830 A 1848

CHAPITRE Ier

OCCUPATION D'ORAN
(Du 24 Juillet 1830 au 14 Septembre 1831)

SOMMAIRE. — Situation de la Province d'Oran en 1830. — La nouvelle de la prise d'Alger est le signal de la révolte des Arabes contre les Turcs. — Le bey Hassan sollicite l'intervention française. — Mission du capitaine de Bourmont. — Occupation du fort de Mers-el-Kébir. — Première expédition sur Oran du colonel Goutfrey. — Deuxième expédition du général Damrémont. — Occupation d'Oran. — Installation du Khalifa tunisien. — Rupture du traité avec la Tunisie. — La France occupe Oran pour son compte. — Départ des Tunisiens. — Commandement du général de Faudoas. — Arrivée du général Boyer.

Au commencement de 1830, la province d'Oran formait un des trois beylicks de la régence d'Alger (1).

A Oran résidait le bey Hassan, ayant sous ses ordres des lieutenants établis à Mostaganem, à Mascara et à Tlemcen, avec quelques débris des vieilles milices turques.

Les tribus arabes qui auraient pu former une masse imposante, étaient désorganisées, sans chef influent et continuellement en guerre de voisinage; la plupart d'entre elles reconnaissaient la domination turque, mais n'attendaient qu'une occasion pour secouer ce joug qui pesait si durement

---

(1) Les deux autres étaient ceux de Constantine et de Titteri, dont le chef-lieu était Médéah.

sur elles. Elles relevaient de l'agha des Douairs ou de celui des Zmélas.

Ces deux tribus, mises depuis longtemps en possession des terrains les plus fertiles des environs d'Oran, étaient à la tête du Maghzen, c'est-à-dire investies, exclusivement à toutes autres, du commandement, de l'administration et de la police du pays (1). Les privilèges dont elles jouissaient depuis une longue période d'années, avaient excité bien des jalousies, suscité bien des haines, et ces soutiens de la puissance turque devaient être pour nous de puissants auxiliaires dans la lutte que nous devions engager plus tard contre les Arabes.

A l'ouest, l'empereur du Maroc convoitait avidement la ville de Tlemcen et se tenait prêt à s'élancer sur cette proie, qui, dans sa pensée, devait lui assurer la domination de toute la province d'Oran.

La prise d'Alger par les Français fut un coup de tonnerre qui répandit la stupeur dans la contrée; mais pour les Arabes c'était l'heure tant désirée de la révolte et leurs masses s'ébranlèrent pour achever le renversement de leurs tyrans.

Au moment de notre débarquement à Sidi-Ferruch, Hussein Pacha, le dey d'Alger, avait donné l'ordre aux beys des trois provinces de se mettre à la tête de toutes les forces dont ils pourraient disposer et de se joindre à lui pour exterminer les infidèles.

Hassan, bey d'Oran, déclinant les ordres reçus, en référa au Conseil, qui refusa l'envoi du contingent. Le caïd Boursali, khalifa du bey, se trouvait alors à Alger, pour y verser le tribut annuel; il fut seul appelé à combattre avec les douze cents hommes qui l'accompagnaient et ne rentra à Oran qu'après la chute de Hussein-Pacha.

A la nouvelle de l'entrée des Français dans Alger, les Arabes s'étaient rués sur Oran, et ne pouvant forcer les rem-

---

(1) Dix-sept tribus constituaient alors le Maghzen. Elles ne payaient que l'impôt religieux, une petite redevance en argent nommée *impôt de l'éperon*, et fournissaient le beurre et la paille nécessaires à la maison du bey.

parts, ils bloquaient hermétiquement la ville. La situation du bey était critique et périlleuse. Les chefs des milices du Maghzen l'engagèrent vivement à abandonner Oran et à aller porter le siège de son autorité dans le cœur du pays, à Mascara. Hassan, démoralisé, n'hésita pas à se rendre à ces prudentes sollicitations, et il prit aussitôt ses dispositions pour sortir de la ville.

Déjà un immense convoi de chameaux franchissait les remparts, portant toutes les richesses du bey, son mobilier et le trésor du beylick, lorsque les habitants, furieux de ce qu'ils appelaient une lâche désertion, coururent aux armes, entourèrent Hassan, en proférant des menaces de mort et l'obligèrent à renoncer à son projet.

Ce fut alors que fatigué du pouvoir et désireux de sauver les débris de sa fortune, il sollicita la protection de l'autorité française. A cette communication aussi heureuse qu'inattendue, le maréchal comte de Bourmont envoya son fils aîné, capitaine d'état-major, pour recevoir le serment d'obéissance du bey.

Louis de Bourmont partit d'Alger le 22 juillet sur le brick le *Dragon*, et arriva le 24 en vue d'Oran. Après avoir rallié la petite station française qui croisait devant cette ville, le capitaine de Bourmont fit connaître au bey, par intermédiaire, l'objet de sa mission, avec promesse de respecter la religion, les usages et les habitants du pays.

Hassan envoya deux Turcs à bord du *Dragon*, pour signifier à l'envoyé du commandant en chef qu'il était prêt à se soumettre à notre autorité; mais qu'une partie des membres de son divan qu'il avait consultés, avaient manifesté des intentions contraires et qu'ils l'avaient même abandonné pour grossir les rangs des Arabes révoltés contre lui. Réduit à se défendre dans son palais avec sept ou huit cents Turcs, le bey sollicitait vivement l'appui des troupes françaises.

Les deux envoyés turcs ajoutèrent que pour rendre les

communications plus faciles, il serait bon que la station française vînt mouiller dans le port de Mers-el-Kébir.

Les bricks français le *Dragon*, le *Voltigeur* et l'*Endymion* allèrent aussitôt jeter l'ancre devant les batteries du fort. Cent marins s'élancent à terre, à la vue des consuls étonnés d'Angleterre et de Sardaigne, qui avaient accompagné les deux envoyés du bey ; conduits par leurs officiers, ils entrent dans le fort, au milieu de la garnison turque stupéfaite de tant d'audace. Le capitaine Le Blanc, commandant du *Dragon*, signifie aux Turcs qu'ils n'ont rien à craindre, mais qu'ils sont morts s'ils tentent de se défendre. Le fort avait quarante-deux pièces de différents calibres en batterie.

Hassan n'apporta aucune attention à cet évènement qui du reste, cadrait parfaitement avec ses vues.

Le lendemain les deux Turcs apportaient au fils du maréchal la reconnaissance de la souveraineté de la France par le bey.

Le 29 juillet le *Dragon* levait l'ancre pour retourner à Alger. Les marins restèrent dans le fort de Mers-el-Kébir, soutenus par la présence en rade des deux autres bâtiments, le *Voltigeur* et l'*Endymion*.

Le capitaine de Bourmont, en s'éloignant, put entendre du côté d'Oran, la fusillade des Arabes contre les troupes du bey.

Le 6 août, le maréchal de Bourmont dirigeait sur Oran les troupes destinées à protéger notre nouveau vassal. L'expédition, montée sur deux frégates, était composée d'une compagnie d'artillerie munie de deux obusiers de montagne, d'un détachement de cinquante sapeurs du génie et du 21ᵉ de ligne (colonel Bérard de Goutfrey, lieutenant-colonel Auxcousteaux). Elle arriva le 13 août devant Mers-el-Kébir ; le 14, une compagnie d'infanterie remplaça les marins du fort et une autre compagnie prit possession d'un petit fortin, à une lieue environ au sud.

Un chef de bataillon du 21ᵉ de ligne, un capitaine d'artillerie, un capitaine du génie, et deux officiers de l'état-major du maréchal, MM. de Montholon-Semonville, sous-lieutenant d'état-major, et de Peyrounet, sous-lieutenant de cavalerie, entrèrent à Oran et se présentèrent au bey. Ils firent ensuite, accompagnés de plusieurs Turcs, la reconnaissance de tous les forts de la ville et des environs, pour déterminer ceux qui devaient être occupés par une garnison française. Ce même, jour l'expédition reçut inopinément l'ordre de rentrer sur le champ a Alger.

La nouvelle des évènements de juillet et de la révolution qui venait de renverser Charles X était arrivée le 11 août, et le maréchal de Bourmont avait jugé à propos de concentrer toutes ses forces autour de lui.

Le colonel Goutfrey abandonna aussitôt le fort de Mers-el-Kébir et en fit sauter les fortifications du côté de la mer. Avant de s'éloigner, il offrit au bey de l'emmener, comme il en avait manifesté le désir, mais Hassan répondit qu'il espérait contenir les Arabes et les amener à la paix; il assura qu'il resterait le fidèle sujet du roi de France. La frégate l'*Amphitrite* fut laissée à sa disposition, pour qu'il pût quitter Oran si la nécessité l'y obligeait.

Le départ précipité de nos troupes fut interprété par les Arabes comme un défaut de persistance et de courage; il ne fit qu'accroître leur confiance et leur audace contre les troupes du bey. A Mascara, les Turcs bloqués, poussés par la famine, capitulèrent et, sur la foi de perfides promesses, ouvrirent les portes aux Hachem; ils furent tous massacrés dans la plaine d'Eghris.

Le chérif marocain, de son côté, se servait habilement de l'agitation qu'avait causée notre apparition à Oran ; jugeant bien d'ailleurs qu'un coup fatal venait d'être porté à la puissance turque, il s'était hâté d'établir à Tlemcen son neveu Mouley-Ali, qui devait servir de drapeau à tous les mécontents; les Koulouglis purent néanmoins s'y maintenir dans la citadelle du Méchouar.

Le bey d'Oran, fort avancé en âge, sans énergie, ne pouvait prendre aucune mesure de vigueur; abandonné de la plupart des tribus, il ne lui restait que les habitants de la ville et quelques Turcs, sur la fidélité desquels il n'osait même plus compter. Sa perplexité était des plus grandes; aussi, est-ce avec une vive satisfaction, qu'il vit arriver une deuxième fois les Français devant Oran.

A son retour de l'expédition de Médéah, le général Clauzel avait repris son projet de concentrer notre occupation dans Alger et sur le beylick de Titteri, et de donner, sous notre suzeraineté, à des chefs tunisiens, le gouvernement des provinces d'Oran et de Constantine.

Des négociations furent entamées avec la régence de Tunis, mais l'empereur du Maroc, Abd-er-Rahman, étendait de plus en plus son influence vers l'est. Son lieutenant, Mouley-Ali, s'était avancé jusque sous les murs d'Oran ; des émissaires marocains étaient signalés à Milianah et jusque dans Alger. Il était urgent d'arrêter sans relâche les progrès de ce puissant voisin, et c'est dans ce but que le général Denys de Damrémont partit d'Alger, le 10 décembre, avec le 21e de ligne (colonel Lefol). Le 13, il arriva en rade de Mers-el-Kébir, s'y installa le lendemain et prit possession du fort Saint-Grégoire trois jours après.

La fin de l'année 1830 le trouva encore dans l'occupation restreinte de ces deux points et nullement décidé à pénétrer dans la place, soit qu'il attendît un moment favorable pour opérer l'occupation sans effusion de sang, soit qu'il n'eût pas des instructions suffisantes pour organiser le gouvernement de la ville et pour régler sa conduite vis-à-vis du pouvoir qu'il avait mission de déposséder.

Le 26 décembre, il avait reçu d'Alger un bataillon du 17e de ligne ; mais jugeant ce renfort inutile il le renvoya en France.

A Oran, pendant ce temps, l'exaspération des habitants était à son comble : ils criaient à la trahison et se répandaient en menaces contre le bey et en imprécations contre nos soldats qu'ils juraient d'exterminer. Des appels au pillage et à l'incendie grondaient de toutes parts.

Hassan, tremblant pour sa vie, envoya par mer, à Mers-el-Kébir, l'agha des Douairs Mustapha (1), et Hadj-Morcelli (2). Ils y trouvèrent le général Damrémont et le supplièrent de prendre possession de la ville, s'il ne voulait la voir livrée au carnage et à la désolation et devenir la proie des Marocains qui avaient pris pied dans le district de Tlemcen et s'avançaient chaque jour de plus en plus vers l'est. Ils lui firent observer que les cavaliers du Maghzen étaient sortis pour reprendre des troupeaux enlevés par Mouley-Ali, et qu'il fallait profiter sans retard de cette occasion pour éviter toute effusion de sang.

Le lendemain au matin, 4 janvier 1831, la colonne française se mit en marche et, après une fusillade insignifiante et peu meurtrière qui eut lieu avec des Arabes, entre le fort Saint-Grégoire et la porte du Santon, elle fit son entrée dans Oran au milieu du plus morne silence. Seule, la population juive accueillit nos soldats comme des libérateurs, car les massacres devaient commencer par elle.

Toutes les familles riches des Douairs et Zmélas, qui ignoraient les projets ultérieurs des Français et qu'on n'avait pas cherché à rassurer sur les suites de cette prise de possession, évacuèrent la ville pendant la nuit et se retirèrent dans leurs tribus.

Le vieux bey Hassan s'embarqua trois jours après avec ses femmes et sa suite pour Alger, où il fut reçu avec beaucoup d'égards et de distinction. Il en partit bientôt avec le général Clauzel, pour se rendre à Alexandrie et de là à la Mecque, où il mourut.

Cependant les négociations avec Tunis marchaient rapidement grâce à l'activité de M. de Lesseps, notre consul général. Le 16 décembre, Sidi Mustapha, le frère du bey de

---

(1) Mort général au service de la France. Une koubba lui a été élevée à Zemmorah.

(2) Hadj-Morcelli était le chef d'une des principales familles des Douairs : il possédait presque tout le terrain à l'est de la Sénia, autour de la daya qui porte encore aujourd'hui son nom. La koubba qui domine le fort de Santa-Cruz a été élevée par ses soins en l'honneur de Sidi-Abd-el-Kader.

Tunis, avait été nommé bey de Constantine. Le 6 février 1831, un traité spécial nommait le prince tunisien Ahmed-Bey au commandement de la province d'Oran, à charge par lui de payer à la France un tribut annuel d'un million et d'assurer protection à tous les Français et autres Européens qui viendraient s'établir comme négociants ou agriculteurs sur le territoire soumis à son autorité.

Par suite de ces arrangements, le général Damrémont quitta Oran dans les premiers jours du mois de février, après y avoir installé le khalifa du bey Ahmed, Kheïr-ed-Dine-Agha.

Le 21e de ligne fut laissé en garnison dans la ville.

Ce régiment qui, avec les deux cents Tunisiens venus à la suite du khalifa et les deux ou trois cents Turcs de l'ancien bey, avait la pénible mission de faire reconnaître l'autorité d'un prince étranger, allait se trouver aux prises avec un ennemi bien plus terrible que les Arabes, avec la nostalgie.

La situation d'Oran était alors loin d'être satisfaisante ; la plupart des habitants avaient abandonné la ville ; les magasins étaient vides ; les approvisionnements avaient été consommés. L'autorité du khalifa ne s'étendait qu'à une faible distance au delà des remparts, sur les douars du Maghzen, qui venaient de se détacher du parti de Mouley-Ali. Ces douars alimentaient le marché d'Oran tout en prenant part aux petites hostilités du dehors qui venaient journellement inquiéter la ville.

Le khalifa tunisien avait espéré plus de prestige et de bien être ; son rapport au bey fut peu flatteur comme on le pense ; il se plaignit d'avoir été trompé, et Si-Ahmed ne manifesta aucune envie de paraître a son poste.

La haine et le mépris pour les Tunisiens étaient traditionnels dans la régence d'Alger, et d'un autre côté la prise de Tunis par les Algériens, dans le dernier siècle, accompagnée des plus affreux excès, avait fait naître des ressentiments profonds et implacables. La courte domination des Tunisiens à Oran, en 1830, se ressentit de ces antipathies nationales.

Subie avec répugnance, elle fut exercée avec dureté. La ville n'en recueillit qu'injustice et misère.

Au commencement du mois de juin, la viande vint à manquer complètement. Le colonel Lefol conseilla à Kheïr-ed-Dine de faire une sortie pour se ravitailler et surtout pour distraire le moral de ses hommes. Une tribu des environs, qui avait été signalée pour ses bravades continuelles, fut assaillie à l'improviste par le petit corps oranais ; elle perdit beaucoup de monde ; un riche butin et une grande quantité de têtes de bétail restèrent entre nos mains.

Ce fut une partie de plaisir pour ces malheureux soldats du 21e de ligne que l'on semblait avoir totalement oubliés en France. La plupart d'entr'eux étaient en haillons ou presque nus ; on ne recevait rien du dépôt ; les officiers avaient leurs vêtements en lambeaux. Ils portaient des souliers faits d'écorce de palmiers et qu'il fallait renouveler tous les quatre ou cinq jours. Les privations et la nostalgie avaient fait leur œuvre ; tous les visages étaient hâves et amaigris. Des mois entiers se passaient sans que l'on vît arriver un courrier de France ou d'Alger ; le découragement était général. Les effectifs diminuaient tous les jours par suite des décès ; le colonel Lefol lui-même succombait au commencement du mois de septembre, juste au moment où son régiment allait rentrer en France.

Le ministre des affaires étrangères, M. Horace Sébastiani, avait désavoué les actes diplomatiques du général Clauzel et annulé son traité avec la maison régnante de Tunis, comme entraînant une aliénation trop complète des droits de la France sur l'occupation de l'Algérie. Le gouvernement français avait résolu en conséquence d'occuper Oran pour son compte.

Cette nouvelle fut accueillie avec joie par le khalifa tunisien. Le 17 août 1831, il remit le pouvoir entre les mains du général de Faudoas, qui venait d'arriver dans la place, et se hâta de s'embarquer pour Tunis avec ses compatriotes.

Le général de Faudoas n'avait été investi de l'autorité supérieure à Oran que comme intérimaire. Nous n'avons à signaler sous son commandement qu'un arrêté du 7 septembre, qui rendit applicable au port de la ville d'Oran le tarif et le mode de perception des droits de douane et d'octroi en usage à Alger; on fixa aussi la composition du personnel des douanes.

Un arrêté du 28 février 1831 avait déclaré l'exportation des graines et farines libre par le port d'Oran. Le 4 septembre, Mustapha-bey-Hadji. bey de Titteri en mission à Oran, fut autorisé à exporter de cette dernière ville, en Europe, quinze mille mesures de blé; mais un arrêté du 25 septembre annula heureusement cette décision.

Le 14 septembre, le général de Faudoas fut remplacé par le général Boyer, venu d'Alger avec le 20e de ligne (colonel Marion).

Quelques jours après, le 21e quittait Oran, sans regrets, pour rentrer en France.

CHAPITRE II

LE GÉNÉRAL BOYER

(Du 14 Septembre 1831 au 23 Avril 1833)

SOMMAIRE. — Oran en 1831. — Population. — Casernement des troupes. — Situation équivoque. — Troupes de renfort. — Apparition d'Abd-el-Kader. — Combats divers autour d'Oran en 1832. — Rappel du général Boyer. — Caractère de ce général. — Ses cruautés; affaire Valenciano. — Sa fermeté vis-à-vis le Maghzen. — Affaire du Marché. — Ordonnances de décembre 1831. — M. Pujol, commissaire du roi. — M. Barrachin, sous-intendant civil, puis M. d'Escalonne et M. Bidault. — Divers arrêtés de 1832. — Justice royale à Oran. — Membres de la Commission sanitaire.

En 1831, Oran, la sinistre et barbare cité des Maures, des Espagnols et des Turcs, n'était qu'un amas de ruines, notamment dans les quartiers de la Marine et de la Blança en partie détruits par le tremblement de terre de 1790. Les fortifications, les édifices publics, les aqueducs, les fontaines, la voirie, avaient été entièrement négligés pendant la période turque et se trouvaient dans le plus déplorable état. Tout était à créer et c'était sur ces ruines que la France allait placer le berceau de cette fière et vaillante Oran qui aujourd'hui est la ville la plus animée et le centre commercial le plus actif de l'Algérie.

L'Oued-er-Rehhi, le ruisseau des moulins, appelé aussi *Oued-Ras-el-Ain* coulait alors à ciel ouvert au bas des pentes de l'ancienne ville. Le plateau qui domine le versant oriental du ravin avait été moins éprouvé par les terribles commotions du tremblement de terre. Le quartier israélite, le fort Saint-Philippe (Bordj el Aïoun), le fort Saint-André (Bordj Spaikaa), le Château-Neuf ou Citadelle, étaient restés à peu près intacts ; un rempart avec fossé unissait ces deux derniers forts, limitant à l'est la ville d'Oran. (1)

Au sud, le ravin était gardé par cinq grosses tours crènelées (2). A l'ouest, la force de la place était dans la montagne de Merdjadjou, dont le pic d'Aïdour est couronné par le fort de Santa-Cruz. La vieille Casbah, (el Castillo Viejo), l'ancienne Alcazava, la lunette Saint-Louis (Bordj-el-Hamri), la lunette de la Campana, et le fort Saint-Grégoire (Bordj-el-Ioudi), bâtis sur les flancs de cette montagne, concouraient par leur élévation à la défense de la ville.

Au nord, les forts de Sainte-Thérèse et de la Moune et quelques batteries basses appuyées par les feux du Château-Neuf, des forts de Santa-Cruz et de Saint-Grégoire, protégeaient la ville du côté de la mer.

Les quartiers de la Marine et de la Casbah communiquaient avec la ville neuve par deux ponts : l'un, au sud, près de la porte de Tlemcen, l'autre, devant la porte de Canastel à l'endroit où la rue Philippe débouche actuellement sur la place Kléber. (3).

La rue Philippe, dite *rue des Turcs*, était alors le chemin de Canastel (4) ; de beaux peupliers l'ombrageaient (5). Ce chemin, ou plutôt cette rampe traversait les jardins de Bastrana et contournait la grande Mosquée du Pacha (6) à la-

---

(1) Ce rempart, qui longeait la rue de Vienne, a été démoli en 1868 ; il formait, vers son milieu, un saillant couvert par le bastion de Santa-Barbara, devant l'emplacement actuel de la maison Pimienta. Ce bastion, comme il l'est dit plus loin, servit de prison pour les indigènes.

(2) Ces tours, comme nous l'avons dit dans la notice historique, ont été élevées par les Espagnols en 1701. Les ruines de l'une d'elles se voient encore aujourd'hui dans l'ancien cimetière ; elle servait de logement au gardien.

(3) Entre les magasins de M. Guinet et la maison Péraldi.

(4) Canastel était en 1535, un hameau situé à trois lieues d'Oran, à l'est, sur le bord de la mer. Ses habitants faisaient le trafic du thuya (*madera encolorado*). Le village de Christel (*Christi tellus*) a été élevé plus tard à sa place. La tribu des Hamyanes qui occupait son territoire approvisionnait Oran de charbon.

(5) Ces arbres avaient été plantés en 1734 par ordre de don José de Tortosa ; la municipalité les fit abattre en 1868, car ils gênaient la circulation.

(6) Construite en 1796 par ordre du pacha d'Alger Baba-Hassan, en mémoire de l'expulsion des Espagnols et avec l'argent provenant du rachat des esclaves chrétiens.

quelle étaient adossées des échoppes ou des masures et cette jolie petite fontaine mauresque, que l'on voit encore maintenant devant la maison Faure et dont l'eau provient d'une source voisine, dans la mosquée. Il débouchait des remparts à l'est, par la porte dite *Bab-es-Souk* (Porte du marché), que les Français appelèrent *Porte Napoléon* et qui se trouvait à hauteur du cercle militaire actuel.

Plus au sud, vers le fort Saint-André, était la porte dite *Bab-el-Djiara* ou Rasserio de la Cantera (1), que nous avons baptisée plus tard du nom de *Porte des Carrières* et de *Porte Saint-André*.

Au bas de la Casbah, dans le ravin de Ras-el-Aïn était la porte dite *Bab-el-Billel*, du nom d'une source voisine, ou encore *Rasserio de la Barera* Nous en avons fait la porte de Tlemcen ou du ravin.

L'enceinte de la ville Espagnole, la Blança, avait trois portes : l'une à l'ouest, *Bab-el-Mersa*, porte du Santon ou de Mers-el-Kébir ; la deuxième au nord, *Bab-Amara*, débouchant sur les bâtiments de Sainte-Marie, et la troisième, Porte de Canastel, à l'endroit où sont actuellement les voûtes de la Place Kléber.

Entre la Blança et les maisons de la Marine étaient les jardins où le consul d'Angleterre, M. Weldsford, avait une habitation mauresque. Le vice-consul espagnol, M. Gallardo, résidait plus bas, dans une maison construite à l'Européenne, que l'on peut voir encore aux abords de la place Nemours.

Au delà de l'enceinte, à l'est, s'étendaient de vastes terrains légèrement inclinés vers les falaises du rivage et sillonnés, du sud au nord, par les deux ravins de Karguentah et d'Aïn-Rouina.

Les beys d'Oran avaient disposé de ces terrains par donations ou ventes en faveur d'Arabes qui s'établirent jusqu'au pied des remparts. Les tribus Maghzen des Douairs, Zmélas

---

(1) Ces dénominations figurent sur le plan d'Oran levé en 1833 par le capitaine d'état-major Levret. (*Voir le plan ci-contre*).

et Gharabas avaient construit sur une partie de ces terrains les villages de *Kelaïa*, (au nord et près du village nègre actuel) (1) et de *Kheneg-en-Netah* (mots arabes qui signifient champ de bataille, lieu où les taureaux se frappent les cornes et dont nous avons fait *Karguentah*) où s'élevait la belle mosquée de Mohammed-el-Kébir (2).

On y voyait aussi un abattoir (*el Mejesra*) et un marché pour l'étal des bouchers (*el Djezzara*), à la tête de l'Oued Aïn Rouina (3), un cimetière musulman et de nombreuses Koubbas. Les Juifs avaient leur cimetière à l'endroit où s'élève actuellement la nouvelle synagogue.

A l'est de la lunette Saint-André étaient les carrières d'*Astorfe* dont les pierres furent employées à presque toutes les constructions de la place. (*Voir le plan d'Oran en 1831, p. 26.*)

Le nombre des habitants d'Oran, avant l'arrivée des Français, était d'environ vingt-cinq mille ; l'émigration des Maures et des Arabes, qui eut lieu immédiatement après, le réduisit à trois mille cinq cents Juifs, deux cents Maures et autant de Nègres. Un seul Européen figurait dans ce nombre. C'était un Français, de Paris, où il était né en 1750, le sieur Dominique Gaillard ou *Gallardo*. Il arriva à Oran avec le régiment des gardes wallons, dont il faisait partie ; d'abord naturalisé Espagnol, il se fit musulman en acceptant la charge de joailler du bey (4). Il remplissait, à notre arrivée, les fonctions de vice-consul espagnol.

Le premier soin du général Boyer en arrivant à Oran fut de faire réparer les moyens de défense dont la ville était armée ; il fit raser les massifs de masures qui masquaient la vue entre les forts Saint-Philippe et Saint-André.

Les remparts du fort Saint-Philippe étaient démolis ; on

---

(1) Sur la partie du plateau comprise entre le café Elias, la lunette Saint-André et les ateliers de M. Bernauer.

(2) Enclavée aujourd'hui dans le quartier du 2e chasseurs d'Afrique, dit *quartier de la Mosquée*. Cette mosquée fut construite en 1793 par les ordres du Bey Mohammed-el-Kébir pour lui servir de tombeau ainsi qu'à sa famille.

(3) Près de la porte sud-ouest du nouveau marché de Karguentah.

(4) Dominique Gaillard est mort à Oran, en 1841.

dut les refaire précipitamment avec des tonneaux remplis de terre. Les Israélites furent employés à ce travail, en présence des Arabes qui tiraient sur eux ou leur lançaient des pierres.

Le matériel d'artillerie était dégradé et sauf la poudre et un certain nombre de projectiles, presque tous hors de service, on peut dire que cette place manquait de tout approvisionnement de guerre.

Une demi-compagnie d'ouvriers fut envoyée pour réparer et modifier ceux des affûts qui pouvaient être utilisés et en construire de nouveaux, car un grand nombre d'entre eux étaient absolument hors de service. Une pièce au début ne pouvait tirer plus de trois coups sans être entièrement hors batterie, et il fallait des efforts souvent infructueux pour rapprocher la pièce du parapet. La manœuvre était presque impossible à cause du poids énorme des affûts, tout vermoulus et chargés de fer. Les roues pleines, la plupart non circulaires étaient ornées de clous à grosses têtes servant de cales qui gênaient les mouvements en avant et en arrière. Il n'y avait pas une plate-forme.

Il fallut ensuite caserner les troupes et installer les magasins. Le 20ᵉ de ligne fut logé au Château-Neuf, sauf une compagnie de voltigeurs qui fut baraquée au fort Saint-Philippe, et une section qui occupa le fort Saint-Grégoire. Le 66ᵉ, arrivé plus tard, fut installé en partie dans la grande mosquée du Pacha de la rue Philippe; celle de la vieille ville fut destinée à recevoir les malades, que l'on avait d'abord dirigés sur Mers-el-Kébir. Des écuries furent installées au Fort-Neuf. Le Colysée reçut les dépôts des corps de troupe; le magasin d'habillement fut placé dans la mosquée de la place des Carrières. Les bâtiments de Sainte-Marie servirent à abriter les approvisionnements de blés, de farines et de liquides. Le bastion réduit de Santa-Barbara, entre le Château-Neuf et le fort Saint-André, fut transformé en prison pour les indigènes. On utilisa aussi quelques bâtiments particuliers pour la cavalerie, l'artillerie et le génie, en attendant leur installation près de la mosquée de Karguentah.

Le fort de Santa-Cruz et les tours crénelées de Ras-el-Aïn furent occupés par des petits postes de tirailleurs Koulouglis.

On s'occupa aussi d'améliorer la situation du port d'Oran ; on déblaya la grotte du refuge, immense voûte sous laquelle les embarcations pouvaient stationner et qui n'avait pas été entretenue depuis le départ des Espagnols.

On répara la jetée commencée par les Espagnols et on construisit un débarcadère en bois. On restaura les quais de la Mouna et de Sainte-Marie.

Ces travaux s'exécutèrent sous le feu de l'ennemi.

Les Gharabas, les Douairs et les Zmélas entouraient la ville et, ne pouvant l'enlever, se contentaient de tirer sur nos sentinelles. Les Arabes qui venaient à notre marché vendre des bestiaux et des chevaux volés, s'amusaient, en s'en retournant, à décharger leurs fusils contre la ville. Plusieurs balles parvinrent même jusque dans les appartements du général Boyer au Château-Neuf.

Pendant les deux ou trois derniers jours de septembre, on vit une bande de quatre cents cavaliers environ tournoyer autour des remparts, nous lançant d'injurieuses bravades, puis disparaître soudain après ces vaines démonstrations. C'était une troupe marocaine commandée par Muley-Ali en personne, qui était venu de Tlemcen pour reconnaître ce qui se passait à Oran.

Au commencement de 1832, la situation à Oran était toujours aussi équivoque. Si la nuit, l'on n'entendait que les aboiements des chacals et les qui-vive des sentinelles, le jour l'air retentissait du bruit de la fusillade. Les environs étaient loin d'être sûrs ; il fallait une escorte pour aller à Mers-el-Kébir ; une reconnaissance jusqu'à la Montagne des Lions était une expédition. La garnison avait un trop faible effectif pour tenter des sorties. Il était prudent de ne pas se compromettre dès le début.

Le général Boyer demanda des renforts et obtint: une batterie du 10ᵉ régiment d'artillerie ; un détachement de sapeurs du 3ᵉ régiment du génie ; le 66ᵉ de ligne commandé d'abord par le lieutenant-colonel Barthélemy, et plus tard par le colonel Leblond, et le quatrième bataillon de la légion étrangère qui venait de se former à Alger et était composé de réfugiés espagnols sous le commandement du commandant Barbet. Ce bataillon fut logé dans un des bâtiments de Sainte-Marie.

De plus, le 2ᵉ chasseurs d'Afrique se forma à Oran sous le commandement du colonel de Létang. (Ordonnance royale du 17 novembre 1831). Un des escadrons fut exclusivement composé d'anciens cavaliers turcs.

Ces troupes formèrent deux brigades sous les ordres des généraux Trobriant et Sauzet dont les logements étaient situés entre le Colysée et la porte Canastel, dans des maisons domaniales de la rue Bassano. (*Voir le plan d'Oran, p. 26*).

Ces renforts étaient nécessaires, car nous allions nous trouver en face d'une puissance redoutable.

Un chef venait d'éclore et de prendre en main l'étendard de la *Djehad*, de la guerre sainte. Les populations arabes qui cherchaient une autorité, une direction, venaient de se grouper autour de Si-el-Hadj Maheddine, père d'Abd-el-Kader, et marabout de la Guethna des Hachem. Ce chef était déjà connu et redouté du temps des Turcs, qui avaient cru devoir, sous le bey Hassan, calmer son esprit remuant par une réclusion de plusieurs années à Oran. A sa voix, tous les contingents des tribus de l'ouest de la province se rassemblèrent et vinrent essayer une attaque sur Oran.

Le 3 mai 1832, plusieurs milliers d'Arabes débouchant de Karguentah se massèrent sur la rive droite de l'Aïn-Rouina. A une sommation de se rendre, le général Boyer répondit par une décharge des pièces du Château-Neuf. Les Arabes quittèrent alors ce point d'attaque pour s'attacher au fort Saint-Philippe et ne se retirèrent que le soir. Le 4, trois cents cavaliers se montrèrent en éclaireurs dans les directions d'Arzeu, Mascara et Tlemcen, et au delà des lacs on voyait se mouvoir de grandes masses. A deux heures ces masses se ruèrent sur le fort Saint-Philippe par les hauteurs du village de Ras-el-Aïn, et quinze cents Arabes se jetèrent dans les fossés pour tenter l'escalade. Nos soldats répondirent par une vive fusillade à la grêle de pierres lancées contre eux par d'habiles frondeurs. La lutte dura jusqu'à la nuit ; nous eûmes onze blessés et trois morts : Andrieu, lieutenant au 20e régiment de ligne ; Sauteraud, fourrier au même régiment, et Rournat, sapeur du génie.

Le général Boyer fit à cette occasion paraître l'ordre du jour suivant :

« Mes Camarades,

« L'ennemi a osé aborder hier soir les braves voltigeurs du 20° régiment, qui occupent le fort Saint-Philippe. Ces braves soldats, commandes par les capitaines Bué, Vigier, et la compagnie de grenadiers du capitaine Jean, ont reçu avec sang-froid ces téméraires assaillants. L'artillerie qui servait les pièces s'est conduite héroïquement.

« Le lieutenant Andrieu et le fourrier Sauteraud ont été tués ; plusieurs canonniers, voltigeurs et grenadiers blessés. Honneur à leur courage ! Je remplirai mon devoir, celui d'informer monsieur le maréchal ministre de la guerre et le général en chef, de l'héroïque défense des troupes formant la garnison du fort. Des mesures de sûreté et de bonne défense sont ajoutées à l'occupation du fort. Vous avez vu avec quel zèle les sapeurs et les auxiliaires du génie, de même que les Turcs du 2e régiment de chasseurs d'Afrique, ont concouru la nuit dernière à augmenter ces travaux. Rien ne sera négligé pour remplir ce but. Vous, brave garnison du fort, ce poste vous est confié, c'est dire qu'il est imprenable.

« Le lieutenant-général témoigne à messieurs les chefs de corps de toutes armes, sa satisfaction pour le dévouement et le zèle que les soldats à leurs ordres mettent, dans la circonstance, à remplir leurs devoirs.

« Au quartier général à Oran, le 5 mai 1832.
« Le lieutenant-général,
« Pierre Boyer. »

Le 5 mai, le général Boyer fit brûler les gourbis de Ras-el-Aïn qui protégeaient les embuscades de l'ennemi ; à deux heures, comme la veille, des cavaliers vinrent nous inquiéter.

Le 6, trente-deux tribus, formant à peu près douze cents hommes, vinrent camper en face des remparts d'Oran ; mais tout se borna à des escarmouches contre le fort Saint-Philippe que son mauvais état rendait plus attaquable.

Le 8, les Arabes profitèrent d'un brouillard très épais pour tenter l'assaut ; le feu dura jusqu'au soir sans résultat ; ces contingents reprirent le 9, au lever du soleil, le chemin de leurs montagnes.

Abd-el-Kader assistait avec son père à tous ces petits combats et, plus d'une fois, pour encourager les Arabes qu'effrayait notre artillerie, il lança son cheval contre les obus et les boulets qu'il voyait ricocher, et il saluait de ses plaisanteries ceux qui sifflaient à ses oreilles. On le vit même ramasser le cadavre d'un Arabe qui venait de tomber à ses côtés et l'emporter sur ses épaules.

A la suite de ces combats autour d'Oran, furent cités à l'ordre de l'armée :

Trobriant, maréchal de camp ;
Savart, chef de bataillon du génie ;
Tatareau, capitaine d'état-major ;
Levret, id.
Sergent, capitaine du génie ;
Lhermite, lieutenant du génie ;

Hervèla, lieutenant au 10ᵉ d'artillerie
Bué, capitaine au 20ᵉ de ligne ;
Vigier, sergent-major au 20ᵉ de ligne
Coudray, id.
Ferrand, voltigeur

Et les blessés, au 10ᵉ d'artillerie : CHARTIER, maréchal des logis, et ARÈNE, BORIE, CAZANEUVE, COUZET, LACAS, MOREL, canonniers ; au 20ᵉ de ligne : BISTORD, grenadier, et DESCUDIGNAN, FERRAND et MICHELET, voltigeurs.

Le 31 août, trois cents cavaliers des Gharabas essaient d'enlever le troupeau de l'administration qui paissait aux environs des remparts ; mais ils sont mis en fuite par notre cavalerie.

Les hostilités ne se renouvelèrent que le 23 octobre ; six

cents Arabes qui s'étaient avancés jusque sous les murs de la place furent chargés vigoureusement par le 2ᵉ chasseurs d'Afrique. Le général Trobriant se distingua dans cette affaire ; on le vit au premier rang, sabrant l'ennemi comme un simple soldat.

Le 10 novembre, Abd-el-Kader reparut ; après une lutte acharnée qui coûta quelques pertes au 2ᵉ chasseurs d'Afrique, il abandonna le champ de bataille au général Boyer. Cette affaire, livrée sous les murs de la place, reçut le nom de combat de *Sidi-Chaaban*, du nom d'un marabout à l'est du fort Saint-André.

C'est alors que Maheddin, convaincu de l'inutilité de ses efforts tentés sans ordre, fit appel à tous les vrais croyants pour les engager à se ranger sous la bannière d'un chef qui pût introduire quelque ensemble dans les combats et assurer le triomphe de l'islamisme. Il désigna son fils comme l'élu de Dieu, et le 27 novembre 1832, dans une assemblée générale tenue à Ersebieh, dans la plaine d'Eghris, il le fit proclamer *Emir*.

Peu de temps après, le général Boyer fut rappelé à la suite de mésintelligences qui régnaient depuis longtemps entre lui et le duc de Rovigo, et remplacé le 23 avril 1833 par le général Desmichels.

Le général Boyer (1) avait été en Egypte le généralissime et l'ami de Méhémet-Ali. C'est à cette école qu'il avait cru apprendre, à connaître et à diriger les Arabes. Aussi, est-ce avec conviction que, dans un de ses rapports au ministre de la guerre, il avait déclaré qu'il fallait les civiliser par des moyens en dehors de la civilisation. Les difficultés de communication avec Alger et l'indépendance presque absolue

---

(1) Aide de camp de Kellermann, en 1795, il fit, l'année d'après, la campagne d'Italie comme adjudant général, puis il assista aux expéditions du Nil et de Syrie. En 1802, il fut envoyé à Saint-Domingue avec le général Leclerc : au retour, il se trouva avec distinction aux batailles d'Iéna, de Pultusk, de Friedland et de Wagram. En 1810, il commanda en Espagne une division de dragons, à la tête desquels il acquit le surnom de *Cruel*. Il trouva l'occasion de se distinguer de nouveau pendant la campagne de 1814 et les Cent Jours. Le général Boyer était né à Belfort.

dans laquelle il se trouvait, lui donnèrent toute latitude pour appliquer son système et donner libre cours aux violences de son tempérament, qui, en Espagne, lui avaient valu le surnom de *Pierre-le-Cruel*.

On sait, en effet, que sur les plus légers indices, plusieurs indigènes furent décapités et leurs têtes accrochées à des poteaux que l'on apercevait de l'extérieur ; d'autres reçurent cent à deux cents coups de bâton sur la plante des pieds. Il ne recula même pas devant des exécutions clandestines, exécutions auxquelles fit allusion le duc de Rovigo dans son ordre du jour à l'armée, du 5 juin 1832.

Cet ordre, inséré au *Moniteur Algérien* du 22 juin 1832, était ainsi conçu :

« Le général en chef informe les officiers de tout grade de l'armée qu'il a appris, par des rapports dignes de foi, que des hommes avaient disparu dans les prisons et avaient été mis à mort sans jugement. Les troupes doivent refuser leur ministère à toute exécution qui ne serait pas précédée de la lecture de la sentence faite en leur présence, au condamné, car ce ne serait plus qu'un assassinat dont elles se rendraient complices, etc.... »

L'affaire Valenciano faillit même nous attirer une guerre avec le Maroc. Le fait est ainsi raconté par le général Berthezène, dans son ouvrage intitulé : *Dix-huit mois à Alger*.

« Un négociant marocain, Mohammed Valenciano, se trouvait établi à Oran, où il jouissait d'une grande fortune. Des lettres qui lui furent adressées par des Arabes et qui le compromettaient furent interceptées. On lui coupa la tête au mois de septembre 1831, sans jugement, ainsi qu'à son esclave ; on chassa de chez lui sa femme malade, et on lui confisqua son argent et ses marchandises (1). Cette exécution produisit dans les Etats du Maroc une exaspération qui y

---

(1) La fortune de ce malheureux, confisquée au profit de la caisse militaire, ne fut restituée, par ordre du gouvernement, à ses héritiers, qu'en 1834.

mit un moment la vie des Français en danger. Le gouvernement parvint à la calmer ; mais en même temps qu'il faisait respecter chez lui le droit des gens, il demandait à la France compte de ce qu'il appelait la violation des traités, et réclamait une réparation convenable. Un envoyé, chargé de présents, partit de France dans les premiers jours de janvier 1832, pour se rendre à la cour du Maroc. »

« Et pourtant, dit le capitaine d'état-major Pélissier de Reynaud, dans ses annales, le général Boyer était un homme d'esprit et de capacité, instruit et ami des arts, doux et affable dans son intérieur, et pourvu enfin d'une foule de qualités estimables, qui contrastaient singulièrement avec sa terrible réputation, justifiée par ses actes. »

On ne peut nier, en outre, que par sa fermeté il réussit à maintenir notre autorité sur ce petit coin du Maghreb, où la France venait de planter son drapeau. Sans sortir d'Oran et avec une faible garnison, il trouva le moyen d'arrêter le choc des tribus déchaînées contre nous, de faire occuper Mostaganem par une poignée de Turcs, qu'il intéressa à la résistance par l'appât d'une solde mensuelle, et d'établir des rapports avec Arzeu, qui lui procura du blé, du fourrage et des bestiaux. Il sut aussi maîtriser l'ancien Maghzen. Les Douairs et les Zmélas approvisionnaient le marché d'Oran ; à la suite d'une contrariété de leurs chefs, ils écrivirent une lettre impertinente au général pour lui annoncer que, si satisfaction n'était pas donnée, ils ne paraîtraient plus au marché. Le lendemain, le général Boyer annonça que tout Douair ou Zméla qui paraîtrait sur le marché serait fusillé. Huit jours après, les chefs demandaient à s'expliquer sur le malentendu, faisaient des excuses et le marché leur était ouvert à nouveau.

Ce fut probablement à la suite du pénible incident Valenciano que M. Casimir Périer, Président du conseil, fit signer au Roi les ordonnances des 1er et 6 décembre 1831. La première séparait les pouvoirs civil et militaire, créait à Alger un intendant civil, sous les ordres immédiats du ministre de l'intérieur, et un conseil d'administration. La deuxième donnait au général commandant à Alger, le titre de *commandant en chef le corps d'occupation d'Afrique* (1), et plaçait sous ses ordres le général commandant à Oran, qui prenait le titre de *général commandant la division d'Oran*.

Par suite de ces ordonnances, M. Barrachin fut nommé sous-intendant civil à Oran.

Il n'y avait pas encore de conseil municipal proprement dit. Un arrêté du 2 septembre 1830 avait établi à Alger, auprès d'un conseil composé d'indigènes, un commissaire du Roi, exerçant les attributions administratives du maire. La même disposition fut appliquée à Oran où, par un arrêté du général Berthezène, en date du 14 septembre 1831, M. Pujol, capitaine de cavalerie en retraite (2), fut nommé commissaire du Roi et commissaire de police, aux appointements de 4,000 francs par an, avec trois rations de vivre par jour.

Ami intime du général Boyer, avec lequel il avait servi en Egypte et qui en avait fait son directeur de police, M. Pujol ne tarda pas à partager les antipathies de celui-ci pour l'autorité civile supérieure. Le sous-intendant civil, M. Barrachin, en butte à des froissements continuels, n'hésita pas à demander son changement; mais avant son départ, il sut dévoiler à Alger les agissements du commissaire du Roi, le signalant en outre comme tout à fait incapable de remplir les fonctions qui lui avaient été confiées.

M. Pujol, de son côté, trouvait la tâche au-dessus de ses forces; aucun adjoint ne lui avait été donné pour le seconder dans son pénible service. Il avait pris comme secrétaire un ancien militaire, Cyprien Fabre; l'intendance civile refusa de lui rembourser les rétributions mensuelles qu'il faisait à cet employé. Le 14 mars 1833, il offrit sa démission, qui fut acceptée.

---

(1) A Alger le général Savary, duc de Rovigo, fut nommé commandant en chef. — L'intendant civil fut le baron Pichon, conseiller d'Etat.

(2) M. Pujol avait reçu, sous l'Empire, une blessure à la main droite, qui avait nécessité l'amputation de deux doigts.

On doit à M. Pujol le premier essai de recensement de la population d'Oran. Au 4 février 1832, elle était de 3,856 habitants, ainsi répartis :

Européens.	730
Musulmans.	250
Israélites.	2,876
Total....	3,856

Cette population était ainsi composée :

Hommes	871
Femmes	900
Garçons	971
Filles	796
Domestiques	318
Total....	3,856

Une ordonnance royale du 12 mai 1832 modifia celle de 1831, en remettant les deux pouvoirs, civil et militaire, aux mains du ministre de la guerre, et plaçant nettement l'intendant civil sous les ordres du commandant en chef. M. d'Escalonne, directeur des douanes à Alger, fut envoyé à Oran, comme sous-intendant civil, à la place de M. Barrachin (1).

Il fut remplacé lui-même, à la fin de 1832, par M. Bidault, un élégant de Paris, qui, dans ce nouveau poste, n'eut pas le temps de refaire le patrimoine qu'il avait dissipé dans la capitale.

On avait voulu éviter des conflits regrettables ; mais les mêmes collisions se renouvelèrent. La commission qui fut nommée en 1833 pour procéder à une enquête, dut chercher un remède à cet etat de choses.

Un arrêté du 20 septembre 1832 créa l'administration de la justice à Oran. Jusqu'à ce jour, le commissaire du Roi, commissaire de police, remplissait les fonctions de juge de paix.

---

(1) M. Pichon fut alors remplacé à Alger par M. Genty de Bussy.

La justice royale établie par l'arrêté précité, s'exerça par un magistrat unique qui prit le nom de *juge royal*. M. Pignel fut désigné pour ces fonctions à Oran.

D'un esprit libéral et indépendant, il ne put se plier au rôle de subalterne vis-à-vis le général commandant la division, et ne voulant pas obéir à ses injonctions, il donna sa démission (1).

M. Marion le remplaça au commencement de 1833.

Cette justice, avec la même compétence que le juge de paix et la Cour de justice d'Alger, en raison de la qualité des personnes, prononçait en dernier ressort jusqu'à une valeur de 2,000 francs. L'appel à la Cour de justice était reçu au delà de cette somme, s'il était formé dans les deux mois. Le juge royal ne pouvait appliquer une peine plus forte que dix jours d'emprisonnement, outre les amendes. Dans les affaires donnant lieu à de plus fortes peines, les prévenus étaient renvoyés devant le tribunal correctionnel d'Alger.

A côté de cette juridiction spéciale existaient encore celle des conseils de guerre et des conseils étrangers. Les tribunaux israélites ou musulmans avaient en outre le soin de rechercher et de punir les crimes et délits commis par leurs coréligionnaires, sans que l'autorité française eût qualité pour les leur déférer.

La profession d'avocat ou de défenseur, livrée à la libre concurrence, était quelquefois l'objet d'une scandaleuse exploitation.

Un tel état de choses, sans doute, ne pouvait durer.

« Mais si, comme le dit M. Franque, l'on considère les obstacles de toutes sortes que l'on dût rencontrer d'abord, la diversité des religions, des langues, des races, le désordre né de la conquête, la prééminence naturelle de l'autorité militaire, l'incertitude de l'avenir de la colonie, la mobilité des chefs qui se succédaient dans son gouvernement, avec des

---

(1) M. Pignel mourut à Oran en 1873, chef de bureau à la préfecture, après avoir été longtemps inspecteur de colonisation.

systèmes différents ou contraires, l'on s'étonnera peut-être que l'on ait pu seulement asseoir sur un sol aussi profondément ébranlé les bases d'une administration judiciaire. »

Les autres services recevaient également un commencement d'organisation. Au mois d'avril 1832, M. Pézerat, ingénieur civil, prit la direction du service des ponts et chaussées, aidé par M. Boulle, inspecteur-voyer.

Dans le même mois, l'administration des douanes est organisée; son personnel avait déjà été fixé par un arrêté du 7 septembre 1831; M. Bourgeois fut mis à la tête de ce service; M. Lamonta fut nommé chef du service du domaine.

Un arrêté du 25 avril 1832 créa un lazaret et une commission sanitaire. Les membres de cette commission, nommés le 24 mai suivant, furent : MM. Colin, chirurgien en chef de l'hôpital militaire; Noyer-Brachet, ancien avoué; Roux-Mollard, négociant; Nique-Crépy, agent comptable; Marion, juge royal (1); Mathey, officier sanitaire à Mers-el-Kébir; Avio, secrétaire.

Assistaient en outre aux réunions de la commission, avec voix délibérative, MM. Trobriant, général; Jourdan, commandant la station navale; Lasserre, sous-intendant militaire; Bourgeois, chef du service des douanes.

Citons encore les arrêtés du 7 juin 1832, affranchissant des droits d'entrée les céréales et les farines; du 8 octobre 1832, créant à Oran une demi-compagnie de pompiers, et du 14 décembre de la même année, portant que les comptes des receveurs des domaines et des douanes d'Oran seraient centralisés et résumés dans ceux des deux directeurs de ces services à Alger. Ces receveurs étaient d'ailleurs, par un arrêté du 16 décembre 1831, en rapport direct avec le sous-intendant civil.

---

(1) M. Marion fut plus tard nommé conseiller à la Cour d'Alger; il fut mis à la retraite après le coup d'Etat, et quelque temps après appelé aux fonctions de maire d'Oran.

La population d'Oran au 1er janvier 1833 était de 4,300 habitants, ainsi répartis :

Européens	Français	340	
	Italiens	316	
	Espagnols	274	1,050
	Anglais	69	
	Allemands	35	
	Portugais	16	
Juifs................................			2,900
Musulmans.......................			350
		Total.	4,300

CHAPITRE III

LE GÉNÉRAL DESMICHELS

Ire Partie. — (Du 23 Avril 1833 au 26 Février 1834)

SOMMAIRE. — Politique du général Desmichels. — Combats de Kaddour-Debby et de Sidi-Mahattan. — Le capitaine Geraudon au blockhaus d'Orléans. — Virement dans le système du général Desmichels. — Sortie sur Brédéa. — Travaux intérieurs en attendant des renforts. — Le commissaire du Roi, M. Paschal Lesseps. — Autorités civiles et militaires d'Oran en juin 1833. — Noms des premiers élèves de l'école Padovani. — Expéditions sur Arzeu et sur Mostaganem. — Attaque du camp des Zmélas à Tafaraoui. — Retraite funeste sur Oran. — Dévouement du lieutenant de Forges. — Traité de paix avec les Zmelas. — Négociations avec les Douairs. — Révolte du 2e chasseurs d'Afrique. — Arrivée de la commission d'Afrique — Combat d'Ain-Beïda. — Combat de Tamzoura. — Echange de lettres avec Abd-el-Kader. — Propositions de paix. — Population d'Oran au 31 décembre 1833. — Combat de Dar-Beïda. — Heroïsme des chasseurs Greffe et Hussel. — Négociations pour la paix. — Réception a Oran des envoyés de l'Emir. — Rentrée des prisonniers — Conclusion du traité de paix. — Traité secret honteux inadmissible. — Mission française à Mascara.

« On étouffe ici ! » Cette exclamation du général Desmichels au général Boyer qui, avant son départ d'Oran, lui faisait visiter les défenses de la place, résumait la politique qu'allait suivre le nouveau commandant d'Oran. Au système du cantonnement des troupes allaient succéder une vigoureuse offensive et l'extension de notre autorité. Il fallait abaisser l'arrogance des Arabes. La tribu des Gharabas était signalée comme la plus belliqueuse et la plus acharnée contre nous. Elle fut choisie pour recevoir le premier coup.

L'ordre de sortie fut donné le 7 mai 1833 après la fermeture des portes. Le général Desmichels se mit en marche à minuit avec quinze cents hommes d'infanterie, cent quatre-vingts sapeurs du génie, quatre cents chevaux et quatre pièces de montagne. Chaque soldat portait dans son sac une ration de pain et cinquante cartouches. La division n'ayant pas un seul mulet pour transporter une réserve de munitions, chaque cavalier reçut quatre paquets de cartouches pour servir, au besoin, à l'infanterie.

Le 8 au matin, le camp ennemi fut cerné aux environs du lac de Kaddour-Debby; tous les Arabes qui cherchèrent à s'y défendre furent tués. Un escadron de chasseurs, vivement assailli par une nuée de cavaliers des douars voisins, fut, un moment, obligé de se replier; le succès aurait pu être compromis sans l'intervention d'un bataillon du 66e qui arrêta cette multitude d'Arabes. Dans la mêlée, deux chasseurs furent tués et quelques-uns blessés; de ce nombre fut le chef d'escadron Bignon : son cheval ayant été tué, il aurait couru de grands dangers sans le dévouement du capitaine Doucet et du brigadier Menessier, qui reçut trois graves blessures. Le lieutenant Meunier eut aussi l'épaule traversée d'une balle.

La division rentra le soir à Oran avec de nombreux troupeaux, quelques prisonniers et plusieurs femmes, que le général fit déposer dans la maison d'un Maure où les soins les plus généreux leur furent prodigués. Trois mille têtes de bétail, dix-sept chameaux et quelques chevaux et mulets furent immédiatement remis à l'intendance militaire. Cette prise vint d'autant plus à propos que depuis plus de quarante jours, la troupe ne recevait qu'un quart de ration de viande fraîche.

Les officiers, sous-officiers et soldats dont les noms suivent furent cités, dans le rapport du général Desmichels au ministre, pour leur courageuse conduite :

Roux, lieutenant colonel, 2e chasseurs
Bignon, chef d'escadron, id.
Humbert, lieutenant id.
Meunier, sous-lieutenant id.
Drolenvaux, capitaine adjudant-major 66e de ligne.
Claparède, capit. de voltig. 66e ligne.
Bianconi, sous-lieutenant id.
Ligonnier, sergent-major id.
Dupont, grenadier, 66e de ligne.
Peccate, capitaine, légion étrangère.
Ducros, sergent-major, id.
Loubet, maréch. des logis 10e d'artill.
Cazalès, sapeur, 3e regim. du génie.
Reynaud, gendarme.
De Vaisnes, officier d'ordonnance du général Desmichels.

Le 25 mai, Abd-el-Kader informé de cette agression, vint, avec l'élite de ses tribus, camper à Msoullen, à trois lieues d'Oran, sur la route de Mascara (emplacement actuel de Valmy, que l'on appela d'abord *Le Figuier*).

Le 26, à la pointe du jour, la division sortit de la place et prit position sur le rideau qui se prolonge de l'est à l'ouest, en avant de la ville, dans la plaine de Sidi-Mahattan. Quelques cavaliers se montrèrent, mais chassés par nos éclaireurs, ils disparurent après avoir échangé quelques coups de fusil.

C'est alors que le général Desmichels se détermina à faire placer un blockhaus au point le plus élevé du rideau sur lequel la division était en bataille, afin de protéger les travaux de fortification et de casernement que l'on exécutait à la mosquée de Karguentah et qui n'étaient pas assez avancés pour permettre d'abandonner le poste à ses propres moyens de défense.

Le 27 mai 1833, à cinq heures du matin, le bataillon de la légion, deux compagnies du 66e de ligne, un escadron de chasseurs et deux pièces de montagne sortirent pour protéger les travailleurs. Une nuée d'Arabes les accueillit aussitôt par une vive fusillade ; deux autres colonnes se dirigeaient en même temps, l'une sur la position des travailleurs, l'autre sur la ville. Le général Desmichels envoya aussitôt des ordres pressants au général Sauzet, pour que le restant de la division vînt au plus tôt se rallier aux troupes qui étaient déjà engagées. Le mouvement fut appuyé par quatre pièces d'artillerie. Il ne resta dans la place que le nombre de soldats nécessaires pour border les remparts du côté du front d'attaque.

Ce fut alors que les Israélites s'offrirent à participer à la défense de la ville ; plusieurs d'entre eux s'étaient déjà fait remarquer dans les prises d'armes précédentes.

A sept heures, les troupes occupèrent leurs positions. Peu de temps après, l'ennemi, dont les forces s'élevaient ce jour-là à environ douze mille cavaliers et deux mille fantassins (1), se déploya avec rapidité en formant un demi-cercle de près d'une lieue et fondit sur les nombreux tirailleurs qui nous couvraient.

La fusillade s'engagea sur toute la ligne; elle fut si vive et si bien dirigée par les nôtres que toutes les charges ennemies furent repoussées.

Un escadron du 2ᵉ chasseurs culbuta et sabra vigoureusement un de leurs détachements qui avait eu l'audace de passer entre notre aîle droite et la ville.

Après un combat de dix heures, qui coûta à l'ennemi sept à huit cents hommes tués ou blessés, les Arabes commencèrent, vers trois heures, leur mouvement de retraite. La division rentra dans la place peu d'instants après. Nos pertes s'élevaient à trois hommes tués et quarante blessés.

Dans cette affaire qui reçut le nom de combat de *Sidi-Mahattan*, furent cités :

Cavaignac, capitaine du génie.
Rudeaux, serg.-fourrier au 3ᵉ génie
Doucet, capitaine au 2ᵉ chasseurs.
Récolin, maréch. logis id.
Lamouroux, brigadier id.
Laroque, capitaine au 66ᵉ de ligne.
Souplet, sous-lieutenant id.

Féret, sergent au 66ᵉ de ligne.
Macquin, id. id.
Morille, caporal, id.
Gris, grenadier, id.
Buil, capitaine à la légion étrangère.
Ducros, sergent id.
Roc, caporal id

Les travaux du blockhaus, dirigés par le capitaine du génie Cavaignac, n'avaient été ni interrompus ni ralentis un seul instant, au point que ce poste fut palissadé et mis à l'abri d'un coup de main avant la nuit; quarante grenadiers y furent laissés pour le défendre, sous le commandement du capitaine Géraudon, du 66ᵉ.

Les Arabes, étonnés de la construction rapide de cet édifice, voulurent se rendre compte de ce qu'il renfermait, et, la nuit suivante, une centaine d'entre eux se glissèrent à la faveur des ténèbres jusqu'au pied de l'ouvrage. Là, un d'eux se hasarda à monter sur le blockhaus : nos soldats ne bougent pas. Il les croit endormis et appelle ses compagnons; à peine

---

(1) *Rapport au ministre du général Desmichels* (27 mai 1833).

ceux-ci se sont-ils approchés que quarante coups de feu bien dirigés leur font payer cher leur témérité. Tous les assaillants prirent la fuite emportant leurs morts, comme d'habitude, mais obligés d'abandonner leurs armes qu'ils n'eurent pas le temps de ramasser.

Le blockhaus reçut le nom de *blockhaus d'Orléans*.(1)

Le 28 et le 29 mai, une pluie incessante empêcha l'ennemi de sortir de son camp.

Le 30, à deux heures du matin, trois à quatre cents Arabes vinrent, avec une petite pièce de canon, attaquer le blockhaus. Un de leurs boulets brisa le bout d'une poutrelle du premier étage. Cette tentative cependant ne fut pas plus heureuse que la première, ils furent encore contraints de se retirer après avoir éprouvé de nouvelles pertes.

Le 31, l'ennemi reparut en plusieurs points de la plaine, mais à une trop grande distance de nous pour qu'il pût s'ensuivre un engagement.

On remarqua, le soir, un grand mouvement dans les camps ennemis et le lendemain matin les tentes avaient disparu; les Arabes s'étaient retirés pendant la nuit avec tant de désordre qu'ils laissèrent sur le terrain une grande quantité de bagages qui furent ramassés par le détachement envoyé pour reconnaître la direction des fuyards.

Après ces succès, qui nous donnèrent quelque temps de repos, le général Desmichels, si ardent au début, fut pris soudain du désir d'inaugurer envers les indigènes une politique de générosité et de conciliation. Il fit mettre en liberté plusieurs Arabes détenus au fort de Mers-el-Kébir sous prévention d'espionnage; il renvoya les femmes des Gharabas dans leurs tribus. Toutes les mosquées avaient été occupées par les troupes : il fit rendre au culte mahométan, après l'avoir convenablement réparée, la plus considérable de la ville, celle de la rue Philippe.

« Ne voulant faire activement la guerre que pour arriver

---

(1) Voir le plan des environs d'Oran en 1883, page 55.

plus vite à la paix, il entrait dans mes vues d'habituer nos ennemis à nous regarder comme un peuple grand et généreux et à leur faire apprécier graduellement la douceur de nos institutions (1) ».

C'étaient là, certes, de nobles sentiments; mais le général Desmichels ne vit pas qu'il faisait fausse route en déchirant imprudemment le voile d'obscurité dont était couvert le misérable marabout de la Guetlna, le fils de la danseuse, comme l'appelait dédaigneusement l'agha Mustapha-ben-Ismaël. Nous verrons en effet plus loin que le général Desmichels semble plutôt n'avoir agi que pour mettre Abd-el-Kader en pleine lumière et servir ses visées ambitieuses.

Les Arabes, embusqués dans les ravins et parmi les palmiers qui couvraient la plaine, signalaient leur présence par des crimes partiels.

Un canonnier garde-côtes ayant été assassiné sur la route d'Oran à Mers-el-Kébir, le général Desmichels somma Mustapha-ben-Ismaël, chef de la tribu des Douairs, de lui livrer les auteurs de ce crime, et, pour appuyer ce langage, il jugea à propos de marcher immédiatement sur lui. Quelques semaines auparavant, Mustapha, dont l'amour-propre se trouvait froissé par l'avènement au pouvoir, du fils de Mahi-Eddin, d'un homme de Zaouia et des Hachem, ces éternels ennemis du Maghzen, avait fait sonder les dispositions du général français, et n'ayant trouvé pour ses ouvertures que froideur au lieu de l'empressement qu'il avait espéré rencontrer, avait cessé toute démarche sans entamer aucune négociation.

Le 11 juin, à huit heures du matin, le général Desmichels sortit d'Oran avec deux mille fantassins, quatre cents chevaux, six pièces de canon et des vivres pour deux jours, se dirigeant au sud-ouest vers la Sebkha. Après une grand'-halte à Misserghin, maison de plaisance de l'ancien bey, et une halte à Temsalmet, où résidait un des cheikhs de la tribu des Zmélas, la division vint bivouaquer à Brédéa, où les

---

(1) *Oran sous le commandement du général Desmichels*. Paris, d'Anselin, 1835.

Arabes tenaient un marché. On échangea pendant la nuit quelques coups de fusil avec les Arabes et le lendemain matin on rentra à Oran.

Cette marche militaire eut pour résultat d'éloigner de la place les coureurs qui interceptaient nos communications avec l'intérieur. Le surlendemain, une centaine d'Arabes des Beni-Amer arrivèrent à Oran, conduisant un grand nombre de chameaux chargés de grains et d'approvisionnements de toute espèce.

Quelques jours après, le commandant Guerbe, chargé de l'achat de chevaux à Arzeu, rentra à Oran par terre avec quelques-uns de ses cavaliers. Ce fut le premier Français qui parcourut une aussi grande distance à travers un pays occupé par des ennemis implacables.

Le général Desmichels projetait, en outre, d'étendre notre occupation sur Arzeu et Mostaganem. En attendant des renforts nécessaires, il chercha à suppléer au vide que laissaient dans la place les sorties fréquentes de la garnison, en utilisant la population européenne ; il la forma en garde civique de trois compagnies qui furent armées de fusils tirés de nos magasins.

Pendant ce temps, le génie civil s'occupait d'améliorations importantes dans l'intérieur de la ville; l'artillerie élevait un arsenal et le génie militaire faisait exécuter des travaux de défense et de casernement. Pour se prémunir au sud et à l'est, on construisit autour de la ville, sur un rayon de deux mille mètres environ, des avant-postes en maçonnerie soutenus par des redoutes et des blockhaus ; on donna une forme défensive à la mosquée de Karguentah ainsi qu'à la forme de Dar-Beïda. Tous les soldats, excepté les travailleurs, étaient exercés journellement au tir à la cible. La plus grande activité régnait partout.

Le sous-intendant civil Sol, qui venait de remplacer M. Bidault (mai 1833), seconda puissamment le général Desmichels dans ses réformes et surtout dans l'impulsion à donner aux travaux publics de toute nature de la commune d'Oran.

Le 1er août, il installa dans ses fonctions de commissaire du Roi le successeur de M. Pujol, M. Paschal Lesseps, nommé à ces fonctions par décision ministérielle du 13 juin 1833. Le titre de *maire* ne lui fut donné que deux ans plus tard par un arrêté du 6 juillet 1835.

Fils d'un ancien ministre plénipotentiaire de France et cousin de M. Mathieu Lesseps, décédé en 1832, comme consul général à Tunis, M. Paschal Lesseps, que des liens de parenté unissaient, par suite, à l'illustre promoteur du canal de Suez, avait été successivement employé dans plusieurs administrations militaires, chancelier du consulat de France en Toscane, et secrétaire, en 1808, de la commission impériale dans les îles Ioniennes, poste dans lequel il fut chargé de plusieurs missions importantes.

« Ces précédents honorables, écrivait M. l'intendant civil d'Alger à M. Sol, les témoignages qui ont été rendus au ministère du zèle, de l'intelligence et de la probité de ce nouveau titulaire, me donnent la confiance que vous trouverez en lui un utile et loyal auxiliaire ».

M. Lesseps, en effet, fut maintenu à la tête de la municipalité d'Oran jusqu'en 1848. Scrupuleux à l'excès dans l'exercice de son mandat, obligeant, charitable, d'une bonhomie qui n'excluait pas la finesse, il sut conquérir l'estime et l'amitié de tous ses concitoyens.

Ses premiers appointements furent fixés à 3,000 francs par an.

Les fonctionnaires, chefs de service, à cette époque (juin 1833), étaient les suivants :

AUTORITÉS MILITAIRES

Commandant en chef	MM. Desmichels, lieutenant-général.
Commandant en second	Sauzet, maréchal de camp
Chef d'état-major	Delmas, chef d'escadron.
Chef de l'artillerie	Blanchard, id
Chef du génie	Savard, chef de bataillon.
Sous-intendant	Lasserre.
Médecin en chef	Collin.

Commandant la gendarmerie....	MM. Denest, capitaine.
Commandant de place.........	Fitz-James, colonel.

AUTORITÉS CIVILES

Sous-intendant civil............	MM. Sol.
Commissaire du Roi............	Lesseps.
Chef du service des Domaines....	Lamonta.
Chef du service des Douanes.....	Bourgeois.
Juge royal....................	Usquin.
Capitaine du port..............	Carlotta
Capitaine de la santé..........	Avio.
Ingénieur civil................	Chavot.
Chef de la police..............	Caïd Ali-Liman.
Directeur de l'Ecole mutuelle....	Padovani.

Ce dernier avait été autorisé à ouvrir son école d'enseignement mutuel par un arrêté du 10 juin 1833. L'Etat lui donnait le local et 80 francs par mois.

Les premiers élèves inscrits sur son registre des recettes et dépenses sont au nombre de vingt-trois, dont sept Français seulement, payant une somme de 2 francs par mois.

Les noms de ces premiers élèves d'Oran sont les suivants :

Aguillard Jean.	Pego.	Amar Léon.
Billeret Sébastien.	Silva Joseph.	Troncosso Louis.
Gabissan Joseph.	Ricca Alexandre.	Zuraki Léon.
Vierey Eugène.	Welsford Innocent.	Daniel.
Berthe Jacques.	Genaro Mathieu.	Aguilaro Jean.
Cassagnol.	Boozo Dominique.	Cabessa Salomon.
Delaroche Prosper.	Pacifico.	Mazouz, (orphelin adopté
Aaron Darmond.	Falco Joseph.	par M. Lesseps).

C'est à cette époque que le général Desmichels mit à exécution son projet d'occuper définitivement Arzeu et Mostaganem.

Le 3 juillet, la division se met en marche sur Arzeu à cinq heures du soir, sous les ordres du général Sauzet.

Le brick l'*Alcyon*, stationnaire à Arzeu (commandant de Pointes), était venu à Mers-el-Kébir, pour s'y ravitailler ; le général Desmichels se rendit à son bord avec son état-major et une compagnie du 66e, pour devancer la division.

N'ayant en vue dans cet ouvrage que la relation des évènements accomplis à Oran ou autour de la ville, je ne ferai que mentionner très succinctement les expéditions dans l'intérieur de la province.

Abd-el-Kader nous avait prévenus à Arzeu en forçant la population à émigrer. Le général s'empara des murailles vides, fit occuper un petit fort près du rivage et d'anciens magasins dont on fit des casernes.

On y laissa trois cents hommes et le 13 juillet la division rentrait à Oran, après une halte à Gudiel et une reconnaissance de la cavalerie sur Christel.

L'Emir, dont le pouvoir ne s'étendait guère qu'à quinze lieues autour de Mascara, résolut de l'étendre à l'instar du général Desmichels. Il marche sur Tlemcen avec les Beni-Amer, s'en empare sans pouvoir réduire le Méchouar, où s'étaient enfermés les Turcs et les Koulouglis, y laisse un caïd et rentre à Mascara, où son père venait de mourir. Pendant ce temps, le général Desmichels se dirigeait sur Mostaganem, occupé depuis 1830 par quelques Turcs à notre solde sous le commandement du caïd Ibrahim.

Le 23 juillet, la frégate la *Victoire*, commandant de Parceval, et six bâtiments de commerce nolisés pour recevoir des troupes partent de Mers-el-Kébir avec quatorze cents hommes d'infanterie et deux obusiers. Une tempête oblige la flotille à rester trois jours à Arzeu ; le débarquement s'effectue à Port-aux-Poules, près de l'embouchure de la Macta, et le 29, le général Desmichels entrait à Mostaganem sans coup férir.

Les Arabes ne tardèrent pas à venir attaquer la ville, et, le 2 août, Abd-el-Kader en personne arrivait avec des renforts sous les murs de Mostaganem. Le général Desmichels laissa alors le commandement des troupes au lieutenant-colonel Du Barail, que devait remplacer, cinq jours après, le colonel Fitz-James, du 66ᵉ de ligne, et s'empressa de rentrer à Oran sur la *Victoire*, avec Ibrahim et la moitié de la garnison turque. Son intention était de tenter une expédition dans l'intérieur pendant l'absence de l'Emir.

Le 5 août, il envoya le colonel de Létang attaquer avec

treize cents hommes la tribu des Zmélas qui s'était montrée la plus empressée à se rallier sous les drapeaux d'Abd-el-Kader. La razzia eut lieu près de Tafaraoui. Elle fut complète et terrible. Nos chasseurs revenaient, poussant devant eux femmes, enfants, chèvres et moutons, lorsque les Arabes se rallièrent et vinrent les charger. L'infanterie, sans vivres, était accablée de fatigue et de soif, et l'ennemi mettant le feu aux broussailles traça autour d'elle un cercle ardent. On vit alors les hommes, désespérés, jeter leurs fusils et refuser de marcher. Ceux à qui le courage restait, n'avaient plus de force pour combattre. La cavalerie, abandonnant son butin, fut obligée de soutenir seule les efforts des assaillants, et, sans le dévouement de M. de Forges, officier d'ordonnance du général Desmichels, qui faisait partie de l'expédition, la colonne eût été exterminée. Cet officier traversa seul la plaine d'Oran, depuis le *Figuier*, où les troupes avaient pris position, pour venir rendre compte au général de la position fâcheuse dans laquelle elles se trouvaient.

Le général Desmichels monta sur le champ à cheval avec cinq cents hommes de la garnison et deux pièces de campagne. Une grande partie des habitants sortirent avec la troupe, portant de l'eau pour nos pauvres soldats.

L'arrivée de ces renforts remonta leur moral; la colonne se remit en route et arriva à Oran à six heures du soir. Le nombre des prisonniers s'élevait à quatre-vingt-deux individus, dont une dizaine d'hommes; le restant était des femmes ou des enfants. Ils furent placés dans une maison exclusivement réservée pour eux.

Quatre-vingt-huit chameaux, quatre cent quarante-deux bœufs, trois mille moutons, vingt mulets, quatre chevaux et cinquante et un ânes furent pris dans cette expédition et remis à l'administration militaire.

Nous eûmes de notre côté à déplorer la perte d'un capitaine de chasseurs et de vingt hommes.

Le 5e bataillon de la légion étrangère formé à Auxerre des réfugiés italiens et sardes, était récemment arrivé à Oran avec le commandant Poërio et avait pris une part glorieuse au combat de Tafaraoui.

Le colonel de Létang cita comme s'étant particulièrement distingués :

Denest, capitaine de gendarmerie.	**Escavy,** artilleur.
Bignon, chef d'escadron 2e chasseurs	**Tonnelli,** capitaine à la légion étrang.
Cortot, brigadier au 2e chasseurs.	**De Saint-Fargeau,** cap. id.
Bouillon, chasseur.	**Carlos,** lieutenant id.
De Maligny, lieutenant d'état-major.	**Crespin,** sous-lieutenant id.
Cabiro, capitaine au 66e.	**Mauzone,** caporal id.
Lemaistre, lieutenant id.	**Colombe,** fusilier id.
Bisson, fusilier id.	**Paloni,** id. id.
Monier, id. id.	**De Thorigny,** fusilier id.
Kervele, lieutenant d'artillerie.	

Pendant ces évènements, Abd-el-Kader pressait le siège de Mostaganem, mais ses efforts se brisèrent contre la vaillance héroïque de nos troupes ; les Arabes ayant épuisé leurs provisions se dispersèrent comme d'habitude et l'Emir rentra à Mascara.

Les Zmélas, peu de temps après, vinrent implorer la restitution des femmes et des enfants faits prisonniers, s'engageant à vivre en bonne intelligence avec nous et à approvisionner nos marchés. Le général leur proposa un traité de paix auquel ils consentirent avec empressement ; ils s'engageaient à venir s'établir à Misserghin et à faire cause commune avec nous.

Des propositions du même genre auprès du chef des Douairs, Mustapha ben-Ismaïl, échouèrent. Le général Desmichels trouva plus de facilités auprès de son frère Sidi-Mazary ; il lui promit de l'élire bey. Des négociations furent entamées ; ses émissaires arrivaient à Oran pendant la nuit. Ce fut pendant ces conférences que survint un évènement des plus graves qui faillit compromettre notre existence politique dans le pays.

Un brigadier du 2e chasseurs d'Afrique ayant rencontré dans la rue la femme du caïd Ibrahim, l'accosta, lui arracha son voile et la renversa brutalement à terre.

Une grande effervescence se fit remarquer immédiatement parmi les Turcs et les Maures, et Ibrahim, furieux, demanda vengeance de cet outrage. Le général Desmichels, pour calmer les susceptibilités musulmanes, n'hésita pas à accorder la satisfaction demandée. Le jugement d'un conseil de guerre n'était pas assez rapide ; il pensa qu'il fallait une punition publique et assez complète pour empêcher les indigènes de douter de sa ferme résolution de faire respecter leurs mœurs. Il eut alors recours à une punition dont on s'était servi quelquefois à la vieille armée, pour des délits dont il fallait éviter sur-le-champ le renouvellement. Il ordonna donc que le brigadier fût extrait de la prison militaire pour être conduit au fort de Mers-el-Kébir, ayant sa veste retournée et portant sur son dos l'écriteau suivant :

CET INDIGNE FRANÇAIS
EST CHASSÉ DE SON RÉGIMENT POUR AVOIR OUTRAGÉ
LA FEMME D'UN MUSULMAN.

Le coupable était ainsi conduit par la gendarmerie à Mers-el-Kébir, lorsque quelques mauvaises têtes du régiment se mirent à crier : « A cheval ! Allons délivrer notre camarade. »

La voix des officiers qui cherchèrent à les faire rentrer dans leurs quartiers fut méconnue et en un instant le désordre fut à son comble.

Le général eut beaucoup de peine à calmer les émeutiers ; la fermentation était trop grande pour faire arrêter tous les coupables ; la discipline, pourtant, prescrivait des mesures de rigueur. Sur ces entrefaites, le caïd Ibrahim, alarmé des suites de cet évènement, se rendit chez le général avec les Turcs les plus notables, accompagné de M. Roger, lieutenant de gendarmerie, pour demander la grâce du brigadier. Le général Desmichels ne céda qu'aux supplications d'Ibrahim ; il dut regretter amèrement de ne pouvoir, par cette indulgence, livrer au conseil de guerre les instigateurs du désordre qui s'était manifesté dans le régiment. Un châtiment exemplaire aurait empêché la révolte qui éclata de nouveau l'année suivante dans le même corps, et dont nous parlerons plus loin.

Peu de temps après cet évènement, la corvette l'*Agathe* débarquait, à Mers-el-Kébir, les membres de la commission d'Afrique nommée par le roi, le 7 juillet 1833, pour aller recueillir en Afrique tous les faits propres à éclairer le gouvernement sur l'état du pays et les mesures que réclame son avenir.

Ces membres étaient : MM. le général Bonnet d'Haubersaert, pair de France, de Lapinsonnière, Laurence, Piscatory, Reynard, députés, Montfort, maréchal de camp, inspecteur du génie et David d'Ailly, capitaine de vaisseau.

Le jour de leur arrivée à Oran, ils reçurent les visites de corps des employés civils français et maures et des consuls étrangers. Ils visitèrent, le lendemain, les établissements militaires et continuèrent sans relâche à recueillir les renseignements relatifs à leur mission.

Le 1er octobre, le général Desmichels sortit de la place avec dix-huit cents hommes pour accompagner à Misserghin les membres de la commission. La colonne fut attaquée au retour, à Aïn-Beïda par les cavaliers d'Abd-el-Kader. Le combat dura jusqu'à la nuit ; nous eûmes quatre tués et trente-deux blessés. Le général Bonnet resta, tout le temps de la lutte, sur la ligne des tirailleurs. On ne rentra à Oran qu'à neuf heures du soir (1).

Le lendemain, nouvelle sortie de la garnison vers le Figuier, mais les Arabes avaient disparu.

Aucun évènement n'eut lieu jusqu'au 2 décembre. Le soir de ce jour, le général sortit d'Oran avec deux mille fantassins, quatre cents cavaliers, deux batteries et cent sapeurs du génie pour aller venger sur les Douairs la perfidie dont

---

(1) Voir le plan des environs d'Oran, en 1833, page 55.

avait été victime le détachement d'Arzeu (1) et répondre à Abd-el-Kader qui l'avait défié d'aller combattre en plaine. La rencontre eut lieu dans la plaine de la Mléta, à Tamezoura, contre toutes les forces réunies d'Abd el-Kader. La lutte fut acharnée malgré la restitution de quelques femmes, et nos douze pièces d'artillerie nous sauvèrent d'un désastre. Nous eûmes un adjudant tué et quarante-deux blessés, dont trois mortellement. La division rentra le 3 décembre, à dix heures du soir ; on avait marché trente heures dont treize en combattant ; pas un homme n'était resté en arrière.

Le 1er bataillon d'Afrique et la 1re compagnie de fusiliers de discipline firent partie de cette expédition.

Le 6 décembre 1833, le général Desmichels écrivit une deuxième lettre à Abd-el-Kader pour lui demander un échange de prisonniers et lui proposer une entrevue, dans l'espérance de pouvoir, par un traité solennel et sacré, arrêter l'effusion du sang *de deux peuples destinés par les décrets de la Providence,* disait-il, *à vivre sous la même domination.*

L'Émir ne répondit pas à cette lettre.

Le commandant d'Oran lui écrivit de nouveau le 25 décembre et le 6 janvier, pour lui faire entrevoir les avantages qu'il retirerait d'une paix conclue entre eux, et lui demander une entrevue.

Abd-el-Kader qui désirait, de son côté, vivement la paix, refusa, dans des lettres pleines de dignité, l'entrevue qui lui était demandée, tout en accueillant avec faveur les ouvertures dont il était l'objet.

Il envoya toutefois à Oran, son secrétaire, Miloud-ben-Harach, pour écouter les conditions auxquelles un traité serait possible.

---

(1) Un cheick des Bordjias venu à Arzeu pour vendre des chevaux avait demandé une escorte pour retourner dans sa tribu. Le maréchal des logis et quatre chasseurs d'Afrique qui la composaient, tombèrent dans une embuscade au retour. Un chasseur fut tué et les quatre autres garrottés et emmenés à Mascara. Le général Desmichels écrivit à l'Émir pour lui demander leur liberté. Celui-ci répondit par une lettre de fanfaronnades.

Au 31 décembre 1833, la population d'Oran comprenait cinq mille habitants environ, parmi lesquels mille quarante-deux Européens ainsi répartis :

Français	340	Anglais	69
Espagnols	266	Allemands	35
Italiens	316	Portugais	16

1834

Le général Desmichels et l'Emir désiraient la paix comme nous venons de le voir ; cependant, l'année 1834 débuta par un nouveau combat dans les environs d'Oran.

Le 6 janvier, vers huit heures du matin, une petite troupe de cavaliers arabes se présenta sur les hauteurs qui environnent le petit lac de Morselli. Ils s'avancèrent peu à peu en tiraillant avec la grand'garde de cavalerie qu'ils forcèrent de se replier sur le poste de Dar-Beïda ; quelques coups de canon partis de ce point, les éloignèrent et bientôt ils disparurent.

A dix heures, un plus grand nombre se montra de nouveau dans la même direction ; le général Sauzet en ayant eu l'avis, envoya l'ordre aux escadrons casernés à Karguentah d'aller reconnaître l'ennemi.

Leur commandant, M. de Thorigny, poussa vigoureusement cette reconnaissance ; entraîné par son courage, il se heurta contre le gros des Arabes, au nombre de douze cents environ. Un moment, les escadrons sont enveloppés. Le colonel Oudinot, successeur du colonel de Létang rentré en France, ayant devancé les trois autres escadrons de son régiment qui avaient reçu l'ordre de monter à cheval, arriva sur le terrain du combat. Jugeant la partie inégale, il ordonna sur-le-champ la retraite, qui se fit d'abord en très bon ordre, mais bientôt avec une précipitation confuse ; la vue de l'infanterie que le général Desmichels avait fait marcher pour soutenir la cavalerie, fit prendre à l'ennemi le parti de se retirer.

Cette rencontre, qui donna lieu à de grands traits de courage, nous coûta néanmoins un officier et seize chasseurs dont les corps furent enterrés près de Dar-Beïda et reçurent les honneurs militaires.

Deux chasseurs, Greffe et Hussel, firent preuve dans ce combat d'un héroïque dévouement. Le premier, au milieu de la mêlée, mit pied à terre pour donner son cheval à son capitaine démonté et fut obligé, étant grièvement blessé, de se retirer à pied. Hussel mit sur son cheval un officier blessé et le défendit au péril de sa vie.

Abd-el-Kader désirait la paix plus encore que le général Desmichels. Celui-ci espérait, en traitant, faciliter la création d'un pouvoir fort qui contiendrait les Arabes et avec lequel les relations, soit pacifiques, soit hostiles, seraient plus avantageuses. De son côté le jeune sultan sentait que la paix lui était indispensable pour organiser sa puissance et se constituer une souveraineté que d'envieux compétiteurs lui disputaient encore. Il voulait aussi organiser le pays et donner de la cohésion et de la consistance à son système d'administration des tribus.

Il envoya à cet effet, le 8 février 1834, auprès du général Desmichels, deux grands personnages de son armée, l'agha Mouloud ben Harrach et Khalifa-ould-Mamoud avec mission de conférer en dehors d'Oran avec le juif Mardoukaï-Amar et de lui faire connaître ses propositions.

Le général leur fit porter des tentes et des rafraîchissements à une demi-lieue des remparts ; il appela ensuite auprès de lui les principales autorités civiles et militaires de la division pour rédiger un projet de traité de paix. Les conditions furent portées aux envoyés de l'Emir par M. le sous-intendant civil Sol et par le commandant Delmas, chef d'état-major de la division, accompagnés des deux officiers d'ordonnance de Forges et de Vaisnes. Elles étaient enfermées, ainsi que les lettres d'envoi, dans un porte-feuille élégant que le général offrait à Abd-el-Kader.

Quelques jours après, l'agha Ben-Harrach revenait à Oran pour y prendre les conditions définitives et les porter à l'Emir qui s'était rapproché jusqu'à l'Habra.

A son départ, le général Desmichels jugea convenable de le faire accompagner par le chef d'escadron Abdalla d'Asbonne qui, venu d'Egypte avec notre armée, avait gagné dans la garde impériale le grade dont il était revêtu et qui connaissait parfaitement la langue arabe, et par les juifs Busnach et Mardoukaï. Ils étaient chargés de présenter le projet de traité à Abd-el-Kader et de lui offrir un fusil richement garni à l'orientale.

Le 25 février, nos envoyés revinrent accompagnés de l'agha Ben-Harrach et Khalifa-ould-Mamoud, du caïd Ben-Daoud et d'Hadj Abd-el-Kader, chefs de tribus suivis d'une centaine de leurs meilleurs cavaliers ; l'Emir renvoyait en même temps les prisonniers détenus depuis le mois d'octobre 1833 dans les prisons de Mascara.

Ce fut un touchant spectacle de voir les soldats accueillir avec mille cris de joie leurs camarades qu'ils désespéraient de revoir.

Toute la population de la ville, avertie de l'arrivée des envoyés par le canon du poste de Dar-Beïda, s'était portée à leur rencontre.

Les chefs arabes, au-devant desquels le général avait envoyé les officiers de son état-major avec un peloton du 2e chasseurs et la musique de ce régiment, firent leur entrée dans la ville au milieu d'une foule considérable de soldats et d'habitants qui les accompagnèrent jusqu'au Château-Neuf. Le général Desmichels les y reçut en audience solennelle et publique. Ceux-ci lui remirent une lettre de l'Emir et lui offrirent de sa part quatre superbes chevaux.

Le traité de paix fut lu et discuté : l'Emir avait eu l'audace de demander la remise de Mostaganem et d'Arzeu, mais le général sut faire comprendre aux envoyés que cette demande était inadmissible. Il n'en signa pas moins, le 26 février, ce fameux traité dont il ne dut pas sentir la portée. Il ne vit pas qu'il sanctionnait les prétentions et la souveraineté d'un jeune chef arabe en le reconnaissant comme prince des croyants, comme centre de la résistance arabe, comme protecteur de l'islamisme.

« Je m'estime heureux, écrivait-il même à Abd-el-Kader, d'attacher mon nom à une pacification dont vous devez apprécier comme moi tous les avantages, à un arrangement fait dans l'intérêt de deux peuples qui ne se considèreront plus à l'avenir que comme des frères, que Dieu veut unir en leur laissant la pleine et entière liberté de leurs croyances. »

Le traité fut conclu dans les termes suivants :

CONDITIONS DE LA PAIX ARRÊTÉES ENTRE LE PRINCE DES CROYANTS (EMIR EL MOUMENIN) ABD-EL-KADER, FILS DE MAHEDDINE ET LE GÉNÉRAL DESMICHELS, COMMANDANT LES TROUPES FRANÇAISES A ORAN.

ARTICLE 1er. — A dater de ce jour, les hostilités entre les Français et les Arabes cesseront.

Le général commandant les troupes françaises et l'Emir ne négligeront rien pour faire régner l'union et l'amitié entre deux peuples que Dieu a destinés à vivre sous la même domination. A cet effet, des représentants de l'Emir résideront à Oran, Mostaganem et Arzeu. De même que, pour prévenir toute collision entre les Français et les Arabes, des officiers français résideront à Mascara.

ART. 2. — La religion et les usages musulmans seront respectés et protégés.

ART. 3. — Les prisonniers seront rendus immédiatement de part et d'autre.

ART. 4. — La liberté de commerce sera pleine et entière.

ART. 5. — Les militaires de l'armée française qui abandonneraient leurs drapeaux, seront ramenés par les Arabes. De même, les malfaiteurs arabes qui, pour se soustraire à un châtiment mérité, fuiraient leurs tribus et viendraient chercher un refuge auprès des Français, seront immédiatement remis aux représentants de l'Emir résidant dans les trois villes maritimes occupées par les Français.

Art. 6. — Tout Européen qui serait dans le cas de voyager dans l'intérieur, sera muni d'un passeport visé par le représentant de l'Emir à Oran et approuvé par le général commandant.

Oran, le 26 février 1834.

Le général,

Signé : DESMICHELS.

(Cachet d'Abd-el-Kader).

Ce traité fut rédigé dans les deux langues en double original. Le général en envoya immédiatement copie au ministre de la guerre avec prière de le soumettre à l'approbation du Roi. Il écrivit ensuite au lieutenant-général Voirol pour lui annoncer la pacification de la province et pria l'Emir de faire parvenir cette lettre à Alger par quelques-uns de ses cavaliers.

Un journal du temps et quelques auteurs, parmi lesquels M. le général Walsin-Esterhazy, dans sa notice historique sur le maghzen d'Oran, ont prétendu qu'à côté de ce traité avoué et rendu public, il y eut un traité secret, ignoré du gouvernement français, qui était ainsi libellé :

Conditions des Arabes pour la paix:

1° Les Arabes auront la liberté de vendre et acheter de la poudre, des armes, du soufre, enfin tout ce qui concerne la guerre.

2° Le commerce de la Mersa (Arzeu) sera sous le gouvernement du prince des croyants, comme par le passé. Il n'y aura de marché qu'à Arzeu. Quant à Mostaganem et Oran, il n'entrera dans ces deux villes que ce qui peut suffire à leur consommation ; personne ne pourra y faire le négoce, et tout individu qui voudra commercer sur le marché devra se rendre à Arzeu pour y charger son navire.

3° Le général rendra enchaîné tout individu qui ira de nous à lui et il ne recevra pas chez lui ceux qui se seraient rendus coupables de quelque méfait.

4° On ne pourra empêcher un Musulman de retourner chez lui quand il le voudra.

Nous nous refusons à croire qu'un général ait pu à ce point compromettre la dignité de la France et humilier nos intérêts devant ceux d'un chef arabe et nous partageons l'indignation du général Desmichels, répondant ainsi aux inculpations dont il fut l'objet :

« Je demande s'il est possible d'admettre que j'aie pu accueillir une proposition qui aurait tant blessé l'amour-propre national et que je me fusse soumis à recevoir des conditions de celui qui, bien loin de pouvoir m'en imposer, était réduit à accepter toutes celles que je lui dictais. Le prétendu monopole de grains que j'aurais concédé à l'Emir en lui abandonnant le port d'Arzeu, est une invention grossière dont l'absurdité sera facilement démontrée par ce seul fait que cette place, gardée par nos troupes, est uniquement habitée par des négociants européens et que les grains qu'Abd-el-Kader y fait apporter sont soumis, comme ceux des autres Arabes, aux taxes des douanes françaises (1) ».

Après la signature du traité, le général fit assister les envoyés à un exercice à feu et à des mouvements de troupes dont la régularité les frappa d'étonnement.

Le soir, un bal fut donné en leur honneur au Château-Neuf.

Le lendemain, ils reprirent le chemin de Mascara accompagnés de M. le chef d'escadron de Thorigny et de M. de Forges, officier d'ordonnance, désignés pour aller offrir à l'Emir cent fusils et cinq cents kilogrammes de poudre. M. Collin, chirurgien en chef de l'hôpital, fut adjoint à ces officiers pour donner des soins à un des plus grands personnages de Mascara auquel Abd-el-Kader s'intéressait beaucoup.

Cette mission fut reçue avec la plus grande affabilité par l'Emir qui donna un cheval à chaque officier.

Hadj-el-Habib, un des plus grands personnages du pays et parent d'Abd-el-Kader, vint résider à Oran en qualité d'oukil ou consul. De son côté, le général Desmichels envoya, pour résider auprès de l'Emir, le commandant Abdalla auquel fu-

---

(1) *Oran sous le commandement du général Desmichels.* page 126.

rent adjoints les officiers d'état-major de Maligny et de Radepont, qui devaient s'occuper de travaux statistiques et géographiques.

La cessation des hostilités ne fut pas sans utilité pour nous ; elle nous permit d'affermir notre autorité dans les établissements que nous avions formés. Les marchés d'Oran furent abondamment approvisionnés et les Européens purent voyager avec sécurité jusque dans le centre de la province.

CHAPITRE IV

LE GÉNÉRAL DESMICHELS

(*Suite*)

IIe Partie. — (Du 26 Février 1834 au 3 Avril 1835)

SOMMAIRE. — Ligue des Arabes contre Abd-el-Kader. — Démonstration du général Desmichels à Misserghin en faveur de l'Emir. — Des Douairs se réfugient à Oran. — Ils reçoivent un bon accueil de nos soldats. — Le bataillon espagnol de la légion étrangère est licencié et remplacé par le bataillon polonais. — Nouvelle émeute du 2e chasseurs d'Afrique. — Ordonnance royale du 22 juillet 1834 sur l'administration générale. — Phases successives des attributions de l'autorité depuis 1830 — Ordonnance royale du 10 août 1834 sur l'organisation de la justice. — Ses défectuosités. — Constitution du tribunal d'Oran — Arrêté ministériel du 1er septembre 1834 sur les conseils municipaux. — Le maire n'est qu'un officier de l'état civil. — Succès de l'Emir. — Ses vues ambitieuses. — Voyage à Alger du général Desmichels. — Son retour provoqué par l'apparition du choléra à Oran. — Commission d'assainissement. — Commissaires des sections ; leurs rapports. — Ravages du fléau à Oran. — Arrêté du 23 décembre nommant les membres du conseil municipal d'Oran. — Population européenne au 1er janvier 1835. — Travaux militaires exécutés à Oran de 1833 à 1835. — Travaux civils.

1835 — Installation du conseil municipal, le 2 janvier. — Discours de M. Sol, sous-intendant civil. — Sommaire des délibérations du conseil municipal — Budget des recettes et des dépenses. — Le nouveau gouverneur Drouet d'Erlon désapprouve la politique du général Desmichels. — Brusque rappel de ce dernier. — Arrivée à Oran du général Trezel.

Plusieurs chefs de tribus ne virent pas d'un bon œil les négociations d'Abd-el-Kader avec les Français et se liguèrent entre eux, prêts à susciter des embarras à celui qui voulait les dominer. Les Beni-Amer refusèrent de lui payer l'impôt. L'Emir ordonna aux Douairs et aux Zmélas de les châtier, mais leur chef Mustapha ben-Ismaël, au lieu de marcher contre eux, surprit, pendant la nuit du 12 avril 1834, le camp d'Abd-el-Kader. Celui-ci n'eut que le temps de monter à cheval. Entouré, jeté à bas de son coursier, il allait être prisonnier, quand un de ses cousins, le mari de sa sœur, Mouloud-ben-Sidi-Boutatel, espèce d'hercule arabe, l'enleva dans ses bras, le jeta sur un cheval frais et s'échappa avec lui.

L'aveuglement était arrivé à un tel point que la défaite de l'Emir fut publiquement célébrée à Oran par des salves d'artillerie comme une éclatante victoire.

Le général Desmichels écrivit aussitôt à Abd-el-Kader une lettre de condoléance dans laquelle il lui promettait son concours. Il lui envoya en effet, bientôt après, un convoi de poudre et quatre cents fusils; il établit ensuite son camp à Misserghin pour observer de plus près l'agha Mustapha dont il venait de rejeter les propositions de soumission, et relever auprès des Arabes surpris le crédit de leur sultan.

Les Douairs, effrayés de ces démonstrations, se rapprochèrent de Tlemcen, abandonnant leur pays plein de richesses. Harcelés pendant leur marche par les Beni-Amer, une partie d'entre eux se jetèrent dans la montagne de Merdjadjou et arrivèrent exténués jusque sous le blockhaus élevé à l'entrée de Mers-el-Kébir.

Les chefs vinrent en tremblant solliciter notre protection. Le général leur désigna le lieu où ils devaient asseoir leur camp et il leur fit distribuer du pain dont ils manquaient et de l'orge pour leurs chevaux.

Leurs blessés furent pansés au fort de Mers-el-Kébir. Des tentes leur furent données pour mettre à l'abri les familles qui avaient perdu leurs bagages dans la poursuite.

« C'était un coup d'œil singulier, dit le général Desmichels, que le mélange de leurs tentes de laine noire qui contrastaient avec les nôtres, blanchies par un long usage, et dont le bariolage de leurs inscriptions nous rappelait le camp de Grenelle et les premières campagnes du Rhin et des Alpes.

« Les soldats du détachement qui fut envoyé au-devant de ces Arabes pour les protéger, se montrèrent aussi humains qu'ils avaient été braves pendant la guerre. Ils leur donnèrent le pain qu'ils venaient de recevoir pour leur propre subsistance et ils tendirent la main à ceux qui naguère s'étaient battus avec tant d'acharnement et de cruauté contre eux. »

Le restant de l'année se passa sans aucun fait de guerre. Le 20 avril, le 4ᵉ bataillon de la légion étrangère fut licencié. Les Espagnols qui le composaient furent rendus à l'armée constitutionnelle de la péninsule. Le 7ᵉ bataillon, formé de Polonais, sous le commandement du major Horain, le remplaça à Oran et prit alors le n° 4.

Le 7 juillet suivant, une émeute se manifesta dans trois escadrons du 2ᵉ chasseurs d'Afrique, à cause de la suppression des allocations extra-règlementaires accordées à l'armée d'Afrique. Les principaux auteurs de cette faute grave furent traduits devant un conseil de guerre et punis selon la rigueur des lois militaires.

L'un d'eux fut fusillé devant toutes les troupes de la place.

Parmi les accusés dans cette affaire se trouvait le lieutenant Cousin de Montauban, remplissant les fonctions d'adjudant-major; on lui avait attribué l'initiative de la révolte; mais le capitaine adjudant-major du bataillon espagnol, qui prit sa défense au conseil de guerre, n'eut pas de peine à faire prononcer son acquittement.

Pendant les deux années de commandement du général Desmichels, la ville d'Oran subit quelques modifications dans son organisation administrative et judiciaire.

Nous avons vu qu'une commission avait été envoyée en Afrique par le maréchal Soult, en juillet 1833, pour faire une enquête sur l'état actuel du pays et sur les mesures que réclamerait son avenir, si la France se décidait à garder ses possessions.

Le rapport présenté aux Chambres en juin 1834, tout en appréciant sévèrement les fautes commises, s'opposait à l'abandon, et le ministre déclara solennellement avec la commission : « Que l'honneur et l'intérêt de la France lui commandaient de conserver ses possessions sur la côte septentrionale de l'Afrique. »

Une ordonnance royale en date du 22 juillet 1834 réorganisa complètement l'administration. Aux termes de cette ordonnance, le commandement général et la haute administration des possessions françaises dans le nord de l'Afrique étaient confiés à un Gouverneur général, exerçant ses pouvoirs sous les ordres du ministre de la guerre et ayant auprès de lui un conseil composé des principaux fonctionnaires.

De 1830 à 1831 l'autorité locale avait été dominante. De 1831 à 1832 l'autorité métropolitaine intervint, mais divisée entre le ministre de la guerre et le président du conseil. En 1832, le ministre de la guerre fut investi de l'autorité centrale ; pourtant, jusqu'en 1834, l'intendant civil avait une autorité indépendante, mais de 1834 à 1848, le Gouverneur général confondit dans sa personne les deux autorités civile et militaire.

L'organisation de la justice, que nous avons vue au début restreinte et défectueuse, fut améliorée par l'ordonnance royale du 10 août 1834. Elle créait à Oran un tribunal composé d'un juge, un juge-suppléant, un substitut du procureur et un greffier. Sa compétence s'étendait aux affaires de commerce ; les tribunaux israélites n'avaient plus de compétence en matière correctionnelle et criminelle.

Néanmoins, cette ordonnance du 10 août ne jouit pas longtemps de son auréole trompeuse ; elle donna vite lieu aux critiques les plus sévères. Tout y était livré au caprice et à l'arbitraire.

Les juges étaient amovibles, et en outre, le procureur général, chef suprême de la magistrature, avait la faculté, en concours avec le Gouverneur général, d'ordonner à sa volonté leur roulement d'un tribunal à un autre, d'une ville à une autre, et il usa largement de ce droit exorbitant.

Le juge correctionnel était en même temps juge d'instruction, en sorte qu'il arrivait sur son siège avec les préventions souvent inévitables du cabinet.

Lorsque le résultat de l'instruction établissait la prévention du crime, le procureur général avait le droit, de sa souveraine puissance, d'absoudre le prévenu et de le mettre en liberté.

On n'avait point créé de chambre d'accusation, de sorte que les prévenus arrivaient de plein saut devant la cour criminelle sur la simple décision du procureur général.

En fait de procédure, il était interdit de faire appel d'un jugement interlocutoire avant le jugement définitif, en sorte que dans un mauvais procès qui aurait pu être terminé à son origine, il fallait suivre jusqu'au bout une procédure longue et coûteuse, à laquelle un appel, dans le principe, aurait tout d'abord mis fin.

Les tribunaux avaient le droit de méconnaître les nullités de procédure et de déclarer valable ce que la loi déclare nul.

Cette ordonnance vécut six ans ; elle fut annulée par l'ordonnance du 28 février 1841.

A la suite de cette ordonnance, le tribunal d'Oran fut ainsi constitué :

Juge, M. USQUIN ; juge-suppléant, M. GERMAIN ; substitut, M. GAURAN (?) ; greffier, M. FORCIOLI.

Le conseil municipal créé au début n'était composé que de Maures et de Juifs, afin de créer des rapports entre l'administration et les indigènes ; le maire, sous-commissaire du Roi, rétribué par l'Etat, exerçait des fonctions purement nominatives ; il n'avait que des attributions contestées. La direction de la police ne lui était pas même laissée. Quant au corps municipal, il n'existait que pour mémoire ; on ne le rassemblait que très rarement : il n'avait aucun revenu à administrer ; les fonds du budget de l'Etat subvenaient aux dépenses.

Le sous-commissaire du Roi se bornait à tenir les registres de l'état-civil et servait de commis au sous-intendant civil.

L'arrêté ministériel du 1er septembre 1834 donna une organisation plus sérieuse à un régime municipal qui n'existait qu'à l'état embryonnaire.

Comme attributions et comme mode de nomination on mit le conseil municipal sous le régime de la loi du 28 pluviôse an VII et des arrêtés postérieurs, sans toutefois le faire jouir du bénéfice de la loi de 1830 qui établit le régime électif.

Sans avoir encore l'indépendance et l'autorité dont jouissaient alors les corps identiques en France, le conseil municipal de 1834 n'avait du moins plus qu'un pas à franchir pour une assimilation plus complète après une période d'initiation.

Le maire était assisté d'adjoints français, musulmans et juifs. Les conseillers étaient au nombre de neuf : cinq français, trois juifs et un musulman. Il n'était pas encore question de l'introduction des étrangers.

Le maire et les adjoints étaient rétribués sur les fonds communaux.

Une restriction amoindrissait considérablement la position du maire : l'administration municipale était confiée au sous-intendant civil ; le corps municipal était sous sa direction immédiate ; le maire ne le présidait qu'à défaut de ce haut fonctionnaire.

Malgré cela la commune existait ; elle allait vivre dans son budget propre, spécialisant ses recettes et ses dépenses.

Cette seconde phase dura de 1835 à 1839.

La coalition s'était formée redoutable contre l'Emir, du Chélif à Tlemcen. Le général Desmichels conseilla à son allié de feindre une marche sur Tlemcen et de se retourner brusquement ensuite sur les tribus de l'est, afin d'attaquer ainsi séparément la moitié de ses adversaires. Cette manœuvre eut un plein succès. Les coalisés de l'est, surpris à l'improviste, furent écrasés. Ceux de l'ouest subirent bientôt le même sort ; les Turcs du Méchouar de Tlemcen résistèrent seuls à ses attaques. Abd-el-Kader fit demander deux obusiers au général Desmichels qui, malgré son désir de lui plaire, ne crut pas devoir les accorder sans l'autorisation du ministre de la guerre (1).

---

(1) Le maréchal Gérard consentit au désir d'Abd-el-Kader, mais quand cette autorisation arriva à Oran, l'Emir avait quitté Tlemcen.

L'Emir, mécontent, refusa de son côté au général une entrevue qu'il lui demandait et rentra à Mascara. Après ces derniers succès, son ambition n'eut plus de pudeur; il rêva la domination de toute la zone intérieure de l'Algérie, de l'est à l'ouest, et il ne craignit pas d'écrire au général Voyrol pour sonder ses dispositions; celui-ci lui répondit que le passage du Chélif serait considéré comme une rupture. Le général Desmichels ne dissimulait pourtant nullement ses sympathies pour les projets de l'Emir, qui semblaient concorder avec les siens, sur la pacification générale de nos possessions barbaresques. Il combinait les moyens de les réaliser, lorsqu'à la fin de septembre il apprit le remplacement du général Voyrol, à Alger, par le général Drouet d'Erlon.

Juste à ce moment, quelques symptômes de choléra se manifestèrent à Oran et à Mers-el-Kébir. Sur la déclaration du comité de santé que les cas observés n'appartenaient pas au choléra asiatique, le général Desmichels se rendit à Alger pour présenter ses devoirs au nouveau Gouverneur général, lui donner en même temps des renseignements sur la province qu'il commandait et lui développer ses vues sur la pacification générale.

Il n'eut pas le temps d'obtenir une solution, car la nouvelle de la gravité de la marche du fléau à Oran lui fit hâter son retour à son poste, après avoir demandé pour le service des hôpitaux une augmentation d'officiers de santé et tous les médicaments qui étaient nécessaires pour combattre ce terrible mal.

Une commission d'assainissement avait été organisée à Oran en vue du choléra. Elle était ainsi composée :

MM. Sol, sous-intendant civil, président.
Delmas, chef d'état-major.
Savart, commandant, chef du génie.
Pezerat, ingénieur civil.
Desmichels, chirurgien-major du bataillon d'Afrique, médecin du dispensaire.

MM. Arrazat, receveur, chef du service de la douane.

Fabre, vérificateur, chef du service des domaines.

Pour faciliter l'inspection de tous les locaux, la ville fut divisée par sections, savoir :

La haute-ville   (27 rues)   en quatre sections.
La ville espagnole (24 rues)   en trois sections.
La marine   (14 rues)   en deux sections.

Nous croyons intéressant de transcrire ici les noms des commissaires de chaque section :

1re section
Dupré, capitaine au 2e chasseurs.
Carlotta, négociant.
Stefanopoli, id.
Bakir, chef des bains.

2e section
Forcioli, greffier du tribunal.
Monty, interprète
Berzel, négociant.

3e section
Ganci, lieutenant à la légion étrangère.
Maklouf-Kalfan, négociant.
Mardoukai-Darmon, négociant.
Pasetti,   id
Abraham Senos,   id.
Abraham Alumbé,   id

4e section
Brun, lieutenant au 66e.
Judas Sabat,   négociant.
Abraham Monti,   id.
Gali Guenoun,   id.

5o section
Walsin Esterhazy, capitaine d'artillerie.
Dalzel, vice-consul anglais.
Bollard, négociant.

6e section
Destrés, secrétaire de la mairie.
Chapeneaux, courtier de commerce.
Israel Safalti, négociant.
Moïse Bedouk,   id.
Romieux, fabricant de chandelles.

7e section
Lamonta, contrôleur des Domaines.
De Montlouis, lieutenant au 66e
Nahon interprète.
Facio, marchand de vins.
Viard,   id.

8e section
Doucet, lieutenant du train.
Laujoulet, notaire.
Villarey, entrepreneur lits militaires.
Messaoud, chef des nègres.
Dumont, lieutenant au 66e.

9e section
Plumeau, concierge du dispensaire.
Grandjean, propriétaire.
Bailly, inspecteur des eaux.
Richino, armurier.
Gilly, négociant.
Ricca,   id.

Les rapports de tous ces commissaires signalèrent à l'unanimité que toutes les rues, surtout les rues principales et les plus passantes, étaient malpropres et encombrées d'immondices, de débris d'animaux et de végétaux en putréfaction. Dans le bas de la ville, le trop-plein des fontaines s'écoulait et formait des cloaques infects. Certaines échoppes d'indigents étaient hideusement sales ; dans des chambres longues, étroites, non aérées, étaient entassés des individus sur des nattes sordides. Toutes les latrines, mal tenues, répandaient des odeurs nauséabondes. Les débits de boissons étaient considérables et se faisaient une concurrence mutuelle aux dépens de la qualité de leurs consommations.

Des ordres sévères furent donnés en vue de la salubrité générale, mais ne purent conjurer le fléau.

L'épidémie, signalée depuis un mois environ en Espagne et à Gibraltar, s'était d'abord déclarée au fort de Mers-el-Kébir, où elle emporta quelques vétérans et des soldats de l'atelier des condamnés. Bientôt elle envahit Oran avec une effrayante rapidité, frappant indistinctement toutes les classes. Les hôpitaux se remplirent de cholériques. Le zèle et le dévouement des officiers de santé et de l'administration militaire suppléèrent à tout.

Les premiers cholériques avaient été mis au dispensaire, puis dans le dortoir des infirmiers de l'hôpital. Presque tous ceux-ci s'enfuirent par crainte de l'épidémie ; ils furent remplacés par une quarantaine d'hommes de l'atelier des condamnés, auxquels on promit de demander leur grâce au Roi.

Toutes les mesures imaginables furent prises pour l'assainissement des casernes et de la ville, mais les ravages continuèrent avec la même violence. La consternation régnait parmi les habitants européens et les indigènes.

On prescrivit d'allumer matin et soir de grands feux dans les rues, sur les places et principalement dans les cours des casernes et de l'hôpital militaire, ensuite de tirer de tous les forts quelques coups de canon et de faire en même temps des décharges de mousqueterie dans les casernes.

Ces mesures eurent pour effet du moins de distraire le moral des habitants et de les exciter à la gaieté momentanée qui se manifesta dans des rondes autour des feux.

La troupe sortait en outre de ses quartiers, après le repas du matin, pour aller travailler aux voies de communication entre les blockhaus. Tous les officiers et la musique du corps assistaient à ce travail qui finissait à l'heure de la soupe du soir. Un supplément d'un quart de ration de vin fut alloué aux travailleurs.

Le nombre des victimes fut considérable. Le général Fitz-James, ancien commandant de la place, qui avait remplacé à Oran le général Sauzet (1), le docteur Desmichels, frère du général commandant la division, vingt-six officiers de tout grade et environ cinq cents sous-officiers et soldats succombèrent aux horribles souffrances de cette épidémie.

La population juive fut particulièrement éprouvée.

Les bulletins sanitaires signés par M. Avio signalèrent pour la population civile, depuis le 26 septembre, époque de l'apparition du choléra, jusqu'à sa disparition le 1er décembre, sept cent cinquante-trois cas de maladie, deux cent soixante-quatre guérisons et quatre cent soixante-huit décès ainsi répartis : soixante-trois à Mers-el Kébir, deux cent cinquante et un à l'hôpital, sept au dispensaire, cent quarante-sept à domicile, soit 9,3 pour cent sur une population civile de cinq mille habitants (2).

La prospérité croissante de la ville d'Oran s'était vue arrêter subitement à la suite de l'invasion du choléra. Les navires européens, qui chaque jour venaient mouiller dans la rade de Mers-el-Kébir, avaient cessé d'y paraître; le commerce ne reprit son énergie que dans les premiers jours de décembre, après l'entière disparition du fléau.

Le 8 décembre 1834 parut un arrêté qui chargea l'administration des domaines de la perception des contributions diverses.

Un arrêté du 23 décembre suivant nomma les membres du conseil municipal d'Oran, savoir :

Cinq français : MM. Bollard, Galland, Gilly, Peraldi et Romieux ;

---

(1) Il a été enterré dans un des bastions du Château-Neuf, à côté du colonel Lefol.
(2) En 1849, l'épidémie fut moins meurtrière ; il y eut deux cents décès sur vingt-huit mille trois cents habitants (militaires compris), soit 7,1 pour cent.

Trois Israélites : Cohen-Scalli, Juda-Benizeria, Juda Sabbat ;
Un Musulman : Mohamed-ben-Kandoura.

Les adjoints ne furent nommés que le 24 juillet 1835.

Au 1er janvier 1835, la population européenne était de quatorze cent quatre-vingt-quatre habitants répartis ainsi :

Français	465	Anglais	89
Espagnols	440	Allemands	43
Italiens	132	Portugais	15

TRAVAUX MILITAIRES EXÉCUTÉS A ORAN DE 1833 A 1835

L'administration militaire fit exécuter un moulin neuf au prix de quarante-huit mille francs, et pouvant convertir en farine quatre-vingt-huit hectolitres de grains par vingt-quatre heures.

L'artillerie, sous la direction du chef d'escadron Blanchard, fit construire un arsenal comprenant six forges, des ateliers de limeurs, une machine à alézer, une machine à tarauder, un fourneau de fonderie et autres accessoires.

Le génie, sous la direction du commandant Savart, fit ouvrir une route d'Oran à Mers-el-Kébir. La portion taillée dans le roc du côté d'Oran était terminée, en avril 1835, sur une longueur de deux mille mètres.

Le quartier de la mosquée de Karguentah était achevé dans le commencement d'avril 1834 et pouvait loger quatre cents hommes et cent quatorze chevaux ; de nouveaux bâtiments furent entrepris le 1er février 1835 pour trois cents hommes et deux cent quatre-vingts chevaux.

La ferme de Dar-Beïda a été transformée en caserne défensive pour cent trente hommes ; elle était achevée en juin 1834.

On a commencé le pavage en dalles du fort Saint-Grégoire ; une carrière a été ouverte près du fort : on en a extrait la pierre et taillé des dalles.

Un chemin carrossable a été établi dans le Château-Neuf. Dans la vieille Casbah on a restauré un bâtiment pour loger cinq cents hommes. On a ajouté à la caserne des pionniers un bâtiment de quatre-vingts lits. Une baraque a été élevée pour augmenter le logement de la compagnie de fusiliers de discipline ; un bâtiment a été reconstruit pour servir de pavillon aux officiers.

A ces travaux, il faut ajouter la construction d'une manutention et de la caserne d'artillerie, l'installation d'un atelier de condamnés à Mers-el-Kébir et l'aplanissement du terrain entre les forts Saint-André et Saint-Philippe.

L'établissement des postes avancés a commencé dans le mois de mai 1833 par la pose du blockhaus d'Orléans. On en a placé ensuite deux sur les hauteurs qui dominaient Mers-el-Kébir et cinq dans la plaine, à l'est et au sud d'Oran. Ces postes sont fortifiés par des redoutes, excepté les deux de la gauche. On a construit deux routes conduisant de la place aux deux postes de droite, dans la plaine, et entrepris celle du blockhaus d'Orléans qui, étant prolongée, deviendra la route d'Arzeu. (Voir le *Plan d'Oran en 1848*, à la fin du volume).

Le service des ponts et chaussées s'est occupé des déblais et des remblais des rues d'Oran et de leur rectification, puis a fait exécuter les travaux suivants :

1º Construction : d'un château-d'eau, d'une grande fontaine sur la place de Nemours, d'une fontaine aiguade dans la grotte du refuge, d'un quai des magasins par enrochement, d'un tribunal, de la façade de la mairie, d'une caserne de gendarmerie, d'un dispensaire, d'une tour d'horloge, d'un abattoir;

2º Installation d'une grande école d'enseignement mutuel, de la sous-intendance civile, de la maison des ponts et chaussées, du logement du juge royal, de la douane et de la prison civile dans les bains maures de la rue de Gênes.

Le mémoire des dépenses de M. l'ingénieur Pézerat, pour 1833, mentionne les sommes ci-après pour les travaux neufs :

Ecole d'enseignement mutuel,	3,477 04
Tribunal et mairie,	3,588 20
Dispensaire,	2,316 »
Ateliers et magasins des ponts et chaussées,	4,551 80
Maison du juge royal,	1,582 60
TOTAL...	15,515 64

Le détail des réparations aux immeubles loués pour certains fonctionnaires nous donne les adresses suivantes à cette époque :

Commandant des Turcs, rue de Vienne, 20 ;

Bureau des domaines, rue du Rempart, 25 ;

Lieutenant de la douane, rue Bassano, 1 ;

Receveur des domaines, rue de Lodi, 14.

Le tribunal était alors dans le haut de la rue Philippe; la mairie et la caserne de gendarmerie au bas de la même rue, sur l'emplacement d'une mosquée.

1835

L'installation du conseil eut lieu le 2 janvier 1835 par le général Desmichels, en présence de M. Sol, sous-intendant civil, président du conseil, et du sous-commissaire du Roi, Lesseps, faisant fonctions de maire.

Dans un chaleureux discours, M. Sol fit appel au dévouement et au concours de ses collaborateurs ; il rappela les travaux accomplis depuis deux ans, dans une ville où tout était à créer et ayant pour but de pourvoir aux nécessités les plus impérieuses.

« L'avenir, dit en terminant M. Sol, peut donc être envisagé avec sécurité. La ville d'Oran ne peut que gagner à la conclusion du traité de paix, résultat des sages mesures prises par l'habile général que le Roi a investi du commandement de la province ».

Nous croyons intéressant de relater ici le sommaire des délibérations du premier conseil municipal d'Oran pendant l'année 1835, comme témoignage du zèle et de la bonne volonté de nos édiles d'alors, en présence des difficultés de la situation, de l'exiguité des ressources budgétaires et surtout des entraves apportées aux décisions du conseil par le veto du Gouverneur général.

Sommaire des Délibérations de la première session du Conseil municipal d'Oran

5 Janvier 1835. — La première question à traiter était celle du budget ; mais, quelques jours auparavant, le 29 décembre 1834, un éboulement considérable s'était produit dans les rochers formant la base des pentes de la montagne de Santa-Cruz, vers les quais, et avait comblé le nouveau bassin de refuge. Le débarquement à quai était devenu impossible ; on vota, avant tout, la construction d'un débarcadère en bois.

BUDGET DES RECETTES. — On ouvrit ensuite la discussion sur le budget des recettes. Le président présenta le cahier des charges de l'octroi de terre, fixant des droits d'entrée sur les charges apportées par les Arabes et comprenant les articles suivants : peaux, laines, cire, miel, savon, tabac, bois, sel, blé, orge.

Ce même jour, un arrêté créa à Oran une commission provinciale appelée à donner son avis sur toutes les matières dont la connaissance est en France dévolue aux conseils de préfecture, ainsi que sur toutes les questions d'intérêt général ou provenant de la compétence des conseils d'administration. Elle pouvait aussi exprimer des vœux sur les questions se rattachant à l'administration générale.

Cette commission était ainsi composée :

Le général commandant, président ; le sous-intendant civil, le substitut du procureur, le sous-intendant militaire et les agents supérieurs des douanes et des domaines.

Ces commissions, contrairement au but que l'on s'était proposé, créèrent des embarras à l'autorité supérieure. Les chefs de service usaient trop largement de la faculté de saisir la commission de toutes les questions ; l'unité d'action parut altérée et bientôt (arrêté du 10 octobre 1836) ces commissions ne se réunirent plus que sur l'autorisation spéciale du Gouverneur général, pour émettre leurs avis sur les matières déterminées dans cette autorisation.

8 Janvier. — Droits en argent pour le mesurage des grains. — Poids public. — Les cafés, sucres, chocolats, thés, épices sont compris au tarif pour les droits d'octroi. Un membre propose d'assimiler aux vins, pour les droits, la boisson que les Israélites fabriquent eux-mêmes avec des figues fermentées.

15 Janvier. — Droit sur les bateaux de transport et de pêche fixé à 0 fr. 35 cent. par tonneau. — Produit du bureau sanitaire à Mers-el-Kébir. — Balayage par mois, maison 1 franc, boutique 0 fr. 50 c., échoppe 0 fr. 10 c. — Redevance des Biskris 3 francs par mois.

Ajournement de l'arrêté du 8 octobre 1832 imposant les constructeurs. — Produit des amendes et des contraventions. — Produit des halles et des marchés.

Redevances pour concessions de prises d'eau : 1,000 francs seulement en attendant le rapport de la commission.

Ferme de l'abattoir : bœuf et vache 1 franc, veau 0 fr. 75 c., mouton 0 fr. 25 centimes.

Ferme du Mezouard (dispensaire) 5 francs par mois et par femme.

Le budget des recettes est adopté au chiffre de 212,370 fr. 81 cent.

BUDGET DES DÉPENSES. — *17 Janvier*. — Appointements du commissaire du Roi, 5,000 francs.

Receveur municipal, 2,400 francs, doit fournir un cautionnement.

Secrétaire de la mairie, 1,600 francs.

Frais de bureau de l'administration municipale, 600 francs.

Rétablissement du commissaire de police, 2,400 francs.

Trois agents indigènes à 400 francs et frais de bureau, 400 francs, soit 1,600 francs.

Création de l'emploi de médecin des établissements civils, 600 francs, emploi confié à M. le médecin militaire Collin en attendant un titulaire.

Agent-voyer (Plumeau), sous-commissaire de police, 900 francs.
Interprète inspecteur de police (Narciano), 600 francs.

Sergent de ville indigène (Jusef Abraham), 600 francs.

Mobilier de la salle des délibérations, 400 francs.

Concierge de la prison civile, 600 francs.

Amélioration de la nourriture des prisonniers, 600 francs.

Remonteur de l'horloge publique, 150 francs.
Achat d'une pompe à incendie, 1,500 francs.

19 Janvier. — Balayage, arrosage, empierrement, adjugés à 9,640 francs par an.

Eclairage public, neuf réverbères à deux becs, et huile nécessaire, 3,600 francs. Ces neuf réverbères ne se trouvent que dans les rues Philippe et Napoléon; il en faudra plus tard cinquante-trois, espacés de soixante mètres, pour les trois mille six cents mètres de rues.

Prison civile pour vingt à trente détenus, 20,000 francs.
Egouts de la rue Philippe, reconstruction et restauration, 4,000 fr.
Latrines publiques au quai de la Moune, 2,000 francs.
Murs de soutènement, 1,500 francs.
Aqueducs et fontaines, 3,000 francs; entretien annuel, 3,000 francs.
Halles et marchés, entretien et construction, 600 francs.
Reconstruction des quais, 4,000 francs.
Plantations d'arbres sur les boulevards, 3,000 francs.
Chemin entre la rue de Berlin et la Marine, 2,500 francs.
Rectification des rues, 4,000 francs.
Cimetière chrétien : gardien, 200 francs; porte d'entrée, 100 francs.

21 Janvier. — Abattoir, porc 1 franc.
Achèvement de la tour de l'horloge, 2,000 francs.
Dispensaire : ameublement, 1,500 francs; concierge, 200 francs.
Bureau de bienfaisance, 250 francs ; secours aux indigents, 250 fr.
Ecole (Padovani) d'enseignement mutuel, 1,500 francs; entretien du bâtiment, 300 francs.
Cours d'arabe, 2,400 francs, quand il y aura un professeur.

L'interprète Nahon avait déjà ouvert un cours d'arabe gratuit pour les sous-officiers de la garnison et un autre pour les habitants dans le local de l'enseignement mutuel. Le sous-intendant civil Sol fut le premier inscrit pour suivre ce cours. La chaire d'arabe ne fut inaugurée que onze ans plus tard, le 22 décembre 1846, avec M. Hadamart, ancien interprète, comme professeur.

Dans cette séance du 21 janvier, le conseil décida que le marché aux bestiaux se tiendrait à l'avenir hors de la ville, et émit des vœux pour la réorganisation des pompiers et la suppression du logement des militaires chez l'habitant.

24 Janvier. — Suite de la discussion du budget des dépenses.

Eglise chrétienne : son achèvement, 600 francs; concierge, sacristain, 200 francs; presbytère, 205 francs.

Tribunal maure : cadi, 900 francs; muphti, 700 francs; deux chaouchs à 400 francs.

Mosquée du pacha : iman, 600 francs; muezzin, 250 francs; balayeur, 250 francs; gardien, 130 francs; allumeur, 130 francs; surveillant du cimetière, 120 francs; éclairage, 297 fr. 60 c.; indigents arabes, 720 francs.

Fêtes publiques, 200 francs.

Inhumation des condamnés 300 francs.

Indemnité de logement du maire, 600 francs.

Vœu pour que la gestion des biens des mosquées soit laissée au Domaine et que les revenus soient abandonnés aux caisses municipales.

Le budget des dépenses est voté au chiffre de 94,987 fr. 60 cent.

A Alger, le nouveau Gouverneur général, comte Drouet d'Erlon, était loin d'approuver la politique du général Desmichels, et il déclara nettement à l'Emir qu'il s'opposait à ses intolérables prétentions sur les tribus de Médéa et de Miliana. Abd-el-Kader envoya à Alger comme chargé d'affaires le juif Durand. Interrogé par le gouverneur au sujet des réclamations des commerçants d'Oran, concernant le monopole exercé par Abd-el-Kader, Durand répondit qu'un traité autorisait l'Emir à donner au commerce d'Arzeu la direction qui lui convenait et lui montra alors le traité secret.

Sommé par son chef de donner des explications, le général Desmichels lui adressa un rapport, le 26 janvier 1835, dans lequel il nia énergiquement de nouveau une convention aussi honteuse. Nous en extrayons en effet ce qui suit :

« Il est à regretter, Monsieur le Gouverneur, que pour atteindre les résultats avantageux vers lesquels je tends, les difficultés naturelles qui s'y rattachent ne soient pas les seules à surmonter, et que j'aie en outre à combattre les insinuations perfides et malveillantes par lesquelles l'intrigue cherche à arrêter l'activité du commerce ou à diminuer mon autorité. Ainsi, tantôt pour empêcher les Israélites de se livrer au commerce des grains dans l'intérieur, on fait circuler le bruit qu'Abd-el-Kader y met entrave et que les acheteurs courent risque d'être arrêtés par ses ordres; et cependant aucune violation du traité qui porte que le commerce sera libre entre les deux nations n'a eu lieu de sa part........

« Je n'appellerais pas votre attention sur ces bruits en leur accordant plus d'importance qu'ils ne méritent et je me dispenserais de vous en parler, Monsieur le Gouverneur, si je n'avais la certitude que ceux qui, par leur position, sont plus à même de connaître la vérité, ne donnent lieu, par insouciance ou perfidie, aux sottises qui se débitent. Quelle excuse un employé des douanes peut-il opposer à l'invention adressée par lui à Alger concernant le monopole d'Arzeu, concédé soi-disant à l'Emir, et la présence d'un agent de ce chef chargé de prélever des droits sur cette place? Quelle excuse le sieur Durand, oukil d'Abd-el-Kader, peut-il trouver pour expliquer le prétendu traité secret de paix, en effet bien secret, puisqu'aucune de ses clauses n'a jamais été revendiquée par les contractants? »

Comme on le voit, le général Desmichels était de bonne foi, mais sa confiance en l'Emir parut dangereuse à Alger, où l'on jugea que l'autorité militaire à Oran ne pouvait rester entre les mains d'un général qui eût été condamné à se désavouer lui-même, à moins d'être la dupe ou de devenir le complice d'Abd-el-Kader. Son remplacement fut décidé.

Avant son départ nous devons signaler l'arrêté du 27 janvier 1835, qui créa trois défenseurs à Oran, MM. Caussanel, Aussenat, Lussac, avec un cautionnement de 3,000 francs, et deux huissiers, MM. Larrat et Cuguillère, avec un cautionnement de 200 francs.

Le Conseil municipal tint encore trois séances dont voici le sommaire:

31 Janvier. — Une commission est nommée pour faire un rapport sur la situation des aqueducs publics. Elle est composée de MM. Lesseps, Galland, Romieux, Scalli, Ben-Kandoura.

On demandera seize condamnés militaires de Mers-el-Kébir pour être employés aux travaux de chargements et déchargements du port.

10 Mars. — Communication de l'arrêté du Gouverneur général relatif au budget de 1835. Les tarifs proposés pour l'octroi de terre, le mesurage des grains, le pesage ne sont pas sanctionnés; leur mise en adjudication est différée. Les amendes de simple police reviendront intégralement à la commune. Une commission établira un nouveau projet de tarif pour la rétribution du balayeur et les droits de halles et de marchés. Le tarif du bureau sanitaire sera celui d'Alger. Le traitement du commissaire du Roi à 5,000 francs est rejeté. Le traitement du receveur municipal est augmenté.

M. Marin demande pour l'établissement d'un moulin à farines, la concession pour quatre-vingt-dix-neuf ans d'un emplacement appartenant à la dotation des mosquées, moyennant 4,000 francs. Une commission est nommée pour examiner cette affaire.

21 Mars. — Octroi de mer. — Les receveurs des douanes auront un pour cent sur le versement à la caisse municipale. — Les droits de balayage des halles et marchés sont adoptés. — On fixe la composition du comité de surveillance des écoles et du conseil de fabrique.

Vers la fin du mois de mars 1835, le général Trézel, chef de l'état-major général de l'armée d'Afrique, reçut du Gouverneur l'ordre de partir sur le champ d'Alger pour aller prendre le commandement de la division d'Oran. Un bateau à vapeur fut mis à sa disposition et arriva sans perte de temps à Mers-el-Kébir, où il mouilla pendant la nuit. Un officier de la marine fut expédié, à une heure du matin, à Oran pour porter au général Desmichels l'ordre de son rappel et le prévenir que le général Trézel arriverait dans la matinée avec ses bagages à la Casbah.

La *Caravane* devait embarquer le général Desmichels et se remettre à la voile immédiatement ; mais une violente tempête la retint encore quelques jours à Oran. Celui-ci profita de ce retard pour annoncer son rappel à Abd-el-Kader et lui conseiller de persévérer dans sa conduite loyale. Son aide de camp, le capitaine Levret, et M. Allegro, africain d'origine, officier d'ordonnance du général Trézel, se rendirent à cet effet à Mascara.

Le 3 avril 1835, la mer s'étant calmée, le général Desmichels s'embarqua, accompagné du général Trézel et entouré des chefs de corps et officiers de tous grades : il s'éloignait « emportant la conviction d'avoir conquis l'estime générale et marqué son passage dans cette province par des mesures favorables aux intérêts de la France et à la prospérité de la colonie » (1).

---

(1) *Oran sous le commandement du général Desmichels*, page 189.

CHAPITRE V

LE GÉNÉRAL TRÉZEL

(Du 3 Avril 1835 au 12 Juillet 1835)

SOMMAIRE. — Caractère du général Trézel. — Il débute à Oran par un acte de désintéressement. — Dernière séance de la 1ʳᵉ session du conseil municipal. — Les succès de l'Emir exaspèrent le général Trézel. — Le juif Ben-Durand. — Sa funeste influence auprès du Gouverneur — Projets de l'Emir contrariés par le général Trézel. — Capture d'un brick chargé de poudre et destiné à Abd-el-Kader. — Le général Drouet d'Erlon à Oran. — Pourparlers inutiles. — Abd-el-Kader attaque nos alliés les Douairs et les Zmelas. — Le général Trézel délivre les prisonniers. — Session d'été du conseil municipal. — Mission du commandant de La Moricière. — Il arrive après le désastre de la Macta, mais il ramène fièrement les troupes à Oran. — Disgrâce du général Trézel. — Estime qu'Abd-el-Kader et les Arabes avaient pour lui. — La légion étrangère est cédée à l'Espagne.

Le général Trézel s'était fait remarquer à Alger par son énergie et ses idées bien arrêtées sur la nécessité de la conquête. Son intégrité parfaite, son intraitabilité vis-à-vis des nullités, avaient indisposé contre lui l'entourage du Gouverneur.

Le comte d'Erlon, de son côté, supportait difficilement les opinions opposées de son chef d'état-major, et, pour se débarrasser d'un conseiller trop hardi, tout en ayant l'air de rendre hommage à ses hautes capacités, il le fit désigner pour remplacer à Oran le général Desmichels (3 avril 1835).

Son premier soin fut de mettre à la disposition du domaine les revenus que jusqu'alors ses prédécesseurs avaient retirés du jardin de Bastrana, dont la jouissance avait été réservée aux commandants de la division.

Ce désintéressement fut remarqué.

Quelques jours après, le 9 avril, le conseil municipal tenait sa dernière séance de la première session de 1835.

Il y adopta le règlement de l'octroi de mer, ajourna la demande du commandant Guerbe, relative à la concession de l'impasse Napoléon, émit un vœu pour le maintien d'un facteur de la poste aux lettres, et décida que les agents de police israélites seraient rétribués par les contribuables de la même religion.

La demande relative aux condamnés de Mers-el-Kébir fut renvoyée à la commission provinciale.

A peine installé dans son nouveau poste, le général Trézel comprit qu'il était de l'intérêt de la France d'apporter des modifications sérieuses dans les rapports du chef de la division avec Abd-el-Kader.

La province d'Oran était pacifiée ou du moins en grande partie soumise à l'Emir, mais nous avons vu les prétentions croissantes de ce dernier sur les provinces de l'est et, malgré les sommations du général d'Erlon, il avait franchi le Chélif, s'était fait reconnaître à Miliana et était entré à Médéa, après avoir mis en déroute les bandes fanatiques du chérif Mouça, qui lui avait déclaré la guerre.

Ces succès exaspérèrent le général Trézel. Il demanda au Gouverneur de répondre au passage du Chélif par une marche sur Mascara, mais le comte d'Erlon s'y opposa ; il avait, disait-il, mission de revenir autant que possible sur les concessions faites à l'Emir, mais sans rompre avec lui. Il subissait d'ailleurs déjà la funeste influence du juif Ben-Dram, que l'Emir avait accrédité à Alger comme son représentant.

Cet israélite, appelé *Ben Durand* par les Français, était un négociant d'une moralité équivoque, cachant une rare finesse sous une apparence de franchise et de bonhomie. Tout en s'occupant officiellement d'achat d'armes et de vente de denrées, Durand avait bientôt reconnu la faiblesse du vieux Gouverneur et il avait engagé l'Emir à tout oser.

Le comte d'Erlon crut sortir d'embarras en faisant dire à Abd-el-Kader qu'il avait, de son côté, des présents et une ambassade à lui envoyer, mais qu'une escorte arabe serait nécessaire. Le conquérant de Médéa daigna faire partir pour

Alger trois musulmans de basse extraction, chargés en même temps d'annoncer de sa part la victoire remportée sur les ennemis des Français. Le Gouverneur dévora cette humiliation et envoya le capitaine d'état-major Saint-Hippolyte avec un traité encore moins avouable que le traité Desmichels.

Le juif Durand accompagnait l'officier français comme interprète. Abd-el-Kader répondit à l'aveu d'impuissance du Gouverneur par un contre-projet des plus insolents, stipulant que les Français renonceraient à toute conquête, demandant l'évacuation du camp d'Erlon, promettant seulement en échange qu'il ferait connaître les chefs de son choix et les expéditions qu'il tenterait dans la province de Constantine. Puis il revint triomphalement à Mascara pour organiser ses troupes et son gouvernement. Il châtia, en passant, les Flittas, sur le territoire desquels avaient été assassinés deux de ses officiers, et leur imposa une amende de deux cent cinquante mille francs.

Ce fut l'apogée de la gloire de l'Emir. Il avait à Mascara une fabrique d'armes qui lui donnait un fusil par jour; il y faisait de la poudre et y formait un second bataillon de réguliers et des compagnies de canonniers. Ses finances étaient prospères; le chef inconnu était, grâce à nous, devenu un souverain. Il n'avait d'ennemis dans la province que les Koulouglis, enfermés à Tlemcen, et les Douairs et les Zmélas qui commerçaient avec nous sans subir ses exigences. Il prétendit les arracher de leur territoire et les transporter de force au milieu des Hachem.

Le général Trézel n'était pas homme à se faire le complice d'une abdication de dignité aussi complète. Il ne pouvait consentir à abandonner au ressentiment d'un ennemi implacable, les tribus dont le seul crime était d'avoir vécu jusqu'à ce jour sous notre protection.

Abd-el-Kader et Durand, gênés dans leur projet par son incorruptible fermeté, et désespérant de rencontrer en lui le puéril engouement et la crédulité naïve qui avaient jusqu'alors si bien servi leurs projets, affectaient de n'avoir aucun rapport avec lui et le traitaient avec la dernière raideur, tandis qu'ils comblaient le Gouverneur de caresses et lui demandaient le rappel d'un lieutenant dont les violences, disaient-ils, allaient tout compromettre.

En attendant, Abd-el-Kader, en homme habile, essaya de tourner la difficulté.

Une spéculation encouragée par lui s'organisa entre des juifs d'Oran et des négociants de Gibraltar; c'était, disait-il, pour l'exploitation du commerce des grains de l'embouchure du Rio-Salado, où de grandes exportations avaient eu lieu en 1830. Mais le but réel était la contrebande des armes et des munitions de guerre dont il avait besoin pour organiser sa puissance contre nous.

Cette manœuvre fut découverte par un de nos plus braves et des plus fidèles chefs indigènes qui prit plus tard un rôle actif dans les évènements politiques de la province, Ismaël-Ould-el-Kadi, neveu du général Mustapha-ben-Ismaël.

Le général Trézel, informé de l'état des choses, provoqua une interdiction commerciale sur ce point.

Abd-el-Kader ne se déconcerta pas; battu à Oran, il tourna ses efforts vers Alger, et, grâce à ses amis, un brick napolitain, où se trouvait Ben-Durand, entrait, quelques jours après, chargé de poudre dans la baie d'Oran.

Il y fut capturé, malgré son sauf-conduit, par ordre du commandant de la division.

Ce fut à la suite de cette capture que, partagé entre les rapports de son lieutenant et les réclamations de l'Emir, le Gouverneur comte Drouet d'Erlon prit le parti de se rendre à Oran pour juger du véritable état des choses.

Il arriva dans cette ville le 6 juin 1835. Abd-el-Kader eut l'impudence de lui écrire qu'il était heureux de le savoir dans son royaume et il lui fit demander un mortier et deux obusiers pour assiéger le Méchouar.

La cession en eût été faite sans les énergiques observations du général Trézel.

Le 7 juin, le conseil municipal se réunit pour rédiger une allocution des plus flatteuses au général comte Drouet d'Erlon.

Après d'inutiles pourparlers, le Gouverneur partit sans avoir donné d'ordres positifs. Il enjoignait au général Trezel d'attendre les instructions du Ministre et d'éviter à tout prix une rupture.

C'était prononcer l'arrêt de mort de nos alliés. Une circonstance, toute insignifiante qu'elle parût d'abord, en hâta l'exécution.

Ismaël-Ould-el-Kadi, que nous avons déjà cité à propos de la contrebande faite dans l'ouest, avait consenti à recevoir dans son douar des Andalouses, près d'Oran, deux cultivateurs français, les sieurs Landsman et Michel, avec lesquels il s'était associé pour créer et exploiter de grandes cultures potagères. Ses amis avaient ainsi voulu introduire parmi les Arabes les procédés agricoles français.

Cet essai réussit ; déjà plusieurs indigènes, à l'exemple d'Ismaël, cherchaient à attirer auprès d'eux des colons particuliers.

Ben-Yakoub, consul de l'Emir à Oran, informa son maître de ce qui se passait.

Abd-el-Kader, craignant la contagion de l'exemple et prenant aussi ombrage de la bienveillance bien connue du général français pour les principaux chefs du Maghzen, intima l'ordre aux Douairs et aux Zmélas de rompre immédiatement tous rapports avec les chrétiens.

Il adressa même un chaouch à Ismaël pour le sommer d'abandonner son entreprise et de renvoyer ses associés européens.

Ismaël, comptant avec raison sur l'autorité de la France, dédaigna les menaces du chef arabe.

Le lendemain, un goum conduit par l'agha El-Mazari, oncle d'Ismaël, cernait son douar, le chargeait lui-même de chaînes et l'emmenait à Mascara.

A Oran, l'indignation fut grande; les officiers parlèrent de briser leurs épées. Le général Trézel déclara qu'il ne pouvait rester dans une inaction aussi déshonorante et il envoya ses cavaliers délivrer le prisonnier. Lui-même sortit d'Oran, le 14 juin, avec toutes ses troupes, repoussa l'agha El-Mazari, près Misserghin, délivra Ismael et le surlendemain, au camp du Figuier, il signa un traité d'alliance avec les Douairs et les Zmélas. Il écrivit le même jour deux lettres, l'une au Gouverneur pour déclarer qu'il donnait sa démission si sa détermination n'était pas approuvée; l'autre à l'Emir pour le sommer de ne plus inquiéter nos alliés à l'avenir.

Pendant ce temps la municipalité continuait, dans sa session d'été, la série de ses travaux.

Dans la séance du 17 juin, le conseil prit connaissance du rapport de M. l'ingénieur Pézerat, sur le service des eaux, dont nous parlerons plus loin. Il arrêta que le nombre des boulangers à Oran serait de huit et que chacun devrait avoir un approvisionnement de deux mille kilos de farine.

Le prix de la journée de travail fut fixé à un franc cinquante centimes pour les Européens et à un franc vingt-cinq centimes pour les indigènes.

Le 24 juin, le sous-intendant civil, président du conseil, annonça que la part d'Oran sur l'octroi de mer, en 1835, était fixée à quatre-vingt mille francs.

Un nouvel arrêté avait rendu les fonctions de Commissaire de police au Commissaire du Roi. Un inspecteur de police devait lui être adjoint. Le sous-commissaire actuel prit alors le titre de sous-inspecteur.

Le conseil émit enfin un vœu pour le rétablissement des droits sur les grains et décida l'entrée libre pour les cuirs, les laines et les huiles.

Les communications avec Alger n'étaient pas rapides alors et les évènements se précipitèrent avant l'arrivée de la réponse du comte d'Erlon.

A la nouvelle de la rupture qu'il aurait tant voulu éviter, le Gouverneur se trouva dans un grand embarras. Il n'osait ni désavouer, ni soutenir son lieutenant ; l'intervention du juif Durand lui parut seule de nature à sauver la situation. Il supplia cet agent de se rendre auprès d'Abd-el-Kader, d'obtenir une suspension d'armes et de reprendre les négociations encore pendantes ; il lui adjoignit, par bonheur, le jeune commandant de La Moricière (il avait alors vingt-huit ans et commandait le bataillon de zouaves qui venait de se former à Alger), qu'il jugeait apte à contenir et à calmer le général Trézel, avec lequel il était extrêmement lié. La lettre que cet officier supérieur devait porter à Oran, était conçue dans les termes suivants :

« Je suis peiné d'apprendre votre mouvement offensif. Après vous avoir tant recommandé d'éviter tout ce qui pourrait troubler la paix, je ne comprends pas que vous ayez saisi avec tant d'empressement la première occasion pour intervenir à main armée. Les offres de Mustapha et des Koulouglis de Tlemcen nous seront avantageuses si nous sommes absolument forcés de rompre avec Abd-el-Kader. Mais j'attendrai l'issue des négociations que je charge le chef de bataillon de La Moricière d'entamer en mon nom avec l'Emir. Cet officier tâchera d'obtenir de lui le désistement de ses projets sur les tribus des environs d'Oran. Si, contre mon attente, tout moyen de conciliation devenait impossible, je préfère que vous attaquiez promptement pour forcer l'ennemi à entrer en arrangement ».

Le général Trézel n'avait pas attendu pour prendre ce dernier parti, le seul digne de la France. L'Emir avait répondu à sa lettre avec hauteur ; il lui signifiait qu'il aurait raison des tribus passées sous le drapeau français et qu'il les reprendrait, fussent-elles abritées sous les murailles d'Oran.

Le général Trézel n'hésita pas un seul instant à relever le gant qui venait de lui être jeté.

« La responsabilité, cet épouvantail des hommes qui dépendent de l'opinion publique, ce fantôme qui s'évanouit lorsqu'on le regarde en face, n'effraya point cet homme consciencieux et dévoué qui se sacrifiait pour épargner à son pays une attitude indigne de lui (1). »

Le 26 juin, il marcha résolument dans la direction de Mascara, avec les troupes de la garnison d'Oran, formant un total de deux mille cinq cents hommes et composées alors des corps suivants :

Un bataillon du 66e de ligne ;

Un bataillon d'infanterie légère d'Afrique ;

Un bataillon et demi de la légion étrangère ;

Cinq escadrons du 2e chasseurs d'Afrique ;

Un détachement du génie ;

Une batterie d'artillerie (2 pièces de 8 et 4 obusiers de montagne).

Il arriva au Sig, après un brillant combat dans la forêt de Muley-Ismael, mais où fut tué le colonel Oudinot, du 2e chasseurs d'Afrique.

Comme je l'ai dit plus haut, le cadre de cet ouvrage ne comprenant que l'histoire d'Oran, je ne relaterai que très sommairement les évènements militaires accomplis à l'extérieur.

Le 28 juin, la colonne française n'avait plus de vivres ; les Arabes se montraient en outre en si grande quantité, que le général Trézel donna l'ordre de la retraite sur Arzeu, par l'embouchure de la Macta, à travers un pays marécageux et très mal connu. L'ennemi devança la colonne à un défilé où il parvint à la couper ; le désordre se mit dans les rangs, la voix des officiers fut méconnue. Ce fut une déroute complète et la masse des fuyards se rua sur Arzeu, abandonnant voi-

---

(1) Duc d'Orléans. Extrait de la *Relation de ses Campagnes*.

tures, munitions, une pièce de canon et deux cent cinquante morts. Le général Trézel fut admirable de dévouement et d'énergie ; il rivalisa de bravoure avec les officiers de l'arrière-garde et parvint à lasser la fureur de ses adversaires.

C'est à ce moment que le commandant de La Morcière débarquait à Arzeu, trop tard pour empêcher un désastre, mais encore assez tôt pour en atténuer les tristes conséquences et pour en couvrir l'humiliation par un brillant acte de courage. Les soldats, démoralisés, demandaient à grands cris qu'on les ramenât à Oran par mer ; le brave Trézel déclara qu'il reviendrait plutôt seul par terre. De La Morcière, sans hésiter, s'embarque pour Oran ; il y arrive à trois heures du matin, monte à cheval et se rend chez les Douairs et les Zmélas ; il leur dépeint la situation du chef qui a livré bataille pour les protéger. A sept heures il avait réuni trois cents cavaliers ; il se met à leur tête avec les capitaines Cavaignac et de Montauban, et fait, en six heures, les treize lieues qui le séparent d'Arzeu.

Sa hardiesse rend confiance aux plus démoralisés ; le général Trézel ordonne de monter à cheval et le même jour, 3 juillet, à neuf heures et demie du soir, toute la cavalerie rentrait dans Oran où l'infanterie et l'artillerie venaient d'arriver par mer.

Pendant ce temps, le capitaine Bolle, du *Loiret*, saisissait à Mers-el-Kébir un bâtiment chargé de poudre et de fusils destinés pour l'Emir et allant à Rachgoun.

Le général Trézel, après avoir été aussi hardi dans le conseil que brave dans le combat, fut noble dans le malheur ; il réclama pour lui seul la responsabilité d'un revers qu'il sut avouer avec franchise et supporter avec fermeté.

« Dans ce fatal combat, écrivit-il au Ministre, j'ai vu perdre des espérances qui me paraissaient raisonnables ; je suis oppressé par le poids de la responsabilité que j'ai prise et me soumettrai sans murmure au blâme et à toute la sévérité que le gouvernement du Roi jugera nécessaire à mon égard, espérant qu'il ne refusera pas de récompenser les braves qui se sont distingués dans ces deux combats. »

Le Gouverneur fut fort irrité du désastre que de La Moricière lui fit connaître à son retour à Alger ; il désavoua complètement son lieutenant d'Oran et, le 12 juillet 1835, lui ôta son commandement pour le donner au général d'Arlanges qui venait d'arriver à Alger.

Malgré sa mauvaise fortune, le général Trézel se retirait avec l'estime de l'armée, et l'histoire ne saurait le blâmer, car on lui doit d'avoir forcé l'Emir à jeter le masque et le gouvernement à rentrer dans la voie de sa vraie politique.

Abd-el-Kader lui-même sut rendre justice à son adversaire.

Plus tard, lorsqu'il eut l'occasion de causer avec des Français, il ne manqua jamais de demander des nouvelles du général Trézel.

Interrogé sur la cause de l'intérêt qu'il portait à un général chrétien et à ce seul général : « C'est que, répondait-il, *el ama* (le borgne) (1) est un brave guerrier ; il m'a fait perdre plus de monde à la Macta que je n'en ai jamais perdu dans aucune défaite. »

Les khalifas de l'Emir s'exprimaient comme lui à son égard, et pendant longtemps, dans l'ouest, les Arabes ne parlèrent de l'ama qu'avec une crainte respectueuse.

La disgrâce du général Trézel ne fut d'ailleurs que momentanée. Le désintéressement, le vrai patriotisme et l'élévation de caractère d'un tel soldat ne devaient pas échapper au Roi qui, douze ans plus tard, lui confia le portefeuille de la guerre et la haute direction des affaires algériennes.

Le comte d'Erlon voulait renouer, à quelque prix que ce fût, des relations pacifiques avec l'Emir ; l'opposition du conseil administratif d'Alger et du général Rapatel parvinrent difficilement à l'en détourner.

---

(1) Le général Trézel avait perdu un œil à la bataille de Waterloo.

A la même époque et sans nul souci des affaires d'Afrique, le ministère français cédait à l'Espagne notre légion étrangère composée de cinq mille hommes, et dont les 4e et 5e bataillons se trouvaient dans la province d'Oran.

Une nouvelle légion fut formée à la fin de l'année, mais ses bataillons ne furent employés que dans les provinces d'Alger et de Constantine. On ne les voit apparaître dans la province d'Oran qu'au mois de décembre 1841, à Mostaganem, pour faire partie de la colonne Bedeau.

CHAPITRE VI

LE GÉNÉRAL D'ARLANGES

Du 12 Juillet 1835 au 10 Août 1836

SOMMAIRE. — Choléra à Toulon. — Commission sanitaire d'Oran. — Arrêté du 6 juillet 1835 donnant à M. Lesseps le titre de maire. — Nomination des trois premiers adjoints. — Question des eaux. — Sources alimentant Oran. — Situation militaire — Le général d'Arlanges reste spectateur du combat du 9 octobre. — Session d'automne du conseil municipal. — Le maréchal Clauzel à Oran. — Expédition de Mascara. — Composition de la colonne. — Tentative de fuite des chameliers. — Résultats négatifs de l'expédition. — Population européenne au 1er janvier 1836.

1836. — Expédition sur Tlemcen. — Expédition du général Perrégaux vers la Mina. — Installation du nouveau conseil municipal. — Budget. — Le général d'Arlanges bloqué à la Tafna — Arrivée du général Bugeaud. — Coup de main sur les Gharabas. — Composition de la Commission des fontaines. — Résumé des opérations du général Bugeaud. — Fêtes des 28 et 29 Juillet, à Oran. — Le général de Letang remplace le général d'Arlanges. — Arrête du 12 août 1836 sur l'Administration — Le rôle de la Commune est complètement annihilé.

La nouvelle du remplacement du général Trézel arriva à Oran en même temps que celle de l'apparition du choléra à Toulon. Le général d'Arlanges, qui s'était embarqué dans ce dernier port, avait dû faire une quarantaine de sept jours à Alger.

La commission sanitaire se réunit aussitôt à Oran et prescrivit une quarantaine de même durée pour les bateaux venant de France.

Cette commission était alors ainsi composée :

Président, M. de Lesseps, commissaire du Roi ; membres : MM. Berlié, sous-intendant militaire, Bolle, Fleury, Collin, Bollard, Clinchard, Avio.

Le 16 juillet, un arrêté du Gouverneur général conféra le titre de maire à M. Paschal Lesseps.

Un arrêté du 24 du même mois lui donna comme adjoints MM. Bollard, Scalli et Ben-Kandoura.

Jusqu'à la session d'octobre, nous n'avons à signaler que la convocation extraordinaire du conseil municipal, le 18 août, pour rédiger une adresse de félicitations au Gouverneur, au sujet de la non réussite de l'attentat contre le Roi, pendant le mois de juin.

QUESTION DES EAUX

Une question importante, celle des eaux, fut l'objet de toute la sollicitude de M. le sous-intendant civil Sol.

Oran, du temps des Espagnols et des Turcs, était alimentée par les trois sources de Ras-el-Aïn, de Bill-el et du Santon, au moyen de conduites en poterie que nous trouvâmes en très mauvais état ou à moitié détruites.

La première, la plus importante, qui faillit disparaître complètement lors du tremblement de terre de 1790, débouchait par un aqueduc souterrain à l'extrémité du ravin de Ras-el-Aïn, à douze cents mètres des portes de la ville.

M. l'ingénieur Pézerat examina scrupuleusement les travaux en 1834 et certifia que la source était susceptible de fournir un débit de quinze mille mètres cubes d'eau par vingt-quatre heures.

Il s'engagea dans la galerie souterraine qui lui parut de construction punique ou romaine, mais les éboulements du terrain ne lui permirent pas de la suivre jusqu'au bout et de constater le point exact de la tête des eaux. Les aqueducs étaient en très mauvais état : les dégradations augmentaient de jour en jour.

En 1833, un château d'eau avait été construit à l'issue de la galerie ; il en partait deux aqueducs, l'un, sur la rive droite, irriguait les jardins et alimentait quelques moulins et une partie d'Oran ; l'autre, sur la rive gauche, servait aux jardins de ce côté et à la vieille casbah.

Mille mètres cubes par vingt-quatre heures étaient réservés aux fontaines ; 4,000 aux irrigations; 10,000 aux moulins, avec une chute de 6 à 8 mètres. Le débit de la source de Ras-el-Aïn a beaucoup varié par la suite. En 1841, M. Aucour le constate à 4,500 mètres cubes seulement. En 1847, il est de 18,052 mètres 17 centimètres cubes, d'après un jaugeage de M. l'ingénieur Lagout.

En 1864 il descend à 4,500 mètres cubes, pour remonter à 5,800 en 1866. Aujourd'hui il varie entre 5 à 6,000 mètres cubes.

La source de Bill-el est située sur la rive gauche du ravin de Ras-el-Aïn, à 200 mètres des remparts. Elle débouche à 6 mètres au-dessous du sol dans un jardin; un escalier permet d'arriver à l'entrée de la galerie souterraine qui a 5 mètres de longueur; l'eau en sort ensuite dans des tuyaux de poterie pour alimenter quelques fontaines du quartier de la Blança.

Son débit n'est que de 300 mètres cubes par vingt-quatre heures.

A 1,200 mètres d'Oran, sur le versant sud de la montagne du Santon, jaillissait, au fond d'un ravin, la source dite *du Santon*. Des tuyaux en poterie amenaient l'eau dans la ville ; 25 mètres cubes seulement par vingt-quatre heures. La conduite en était complètement détruite au moment de notre entrée à Oran.

Il y avait encore au delà de la mosquée, à 2,000 mètres d'Oran, sur la rive gauche du Ravin-Blanc, une source débitant 120 mètres cubes par vingt-quatre heures. Elle irriguait les jardins de Karguentah dans un aqueduc maçonné, mais dégradé, qui ne fut reconstruit qu'en 1843.

L'origine de cette source est invisible ; l'eau débouche dans un banc de rochers et de tuf, par un conduit souterrain naturel mis à découvert par quelques tranchées ; elle était reçue ensuite dans l'aqueduc en poterie mentionné plus haut. Cette eau était de très mauvaise qualité.

Depuis notre entrée dans la ville la distribution des eaux de Ras-el-Aïn s'était faite comme par le passé.

Tous les terrains du ravin étaient du domaine civil qui les avait loués à des jardiniers ou à des usiniers. Les concessions d'eau étaient gratuites et un peu arbitraires. Une règlementation des eaux devenait urgente. Aussi la commission provinciale vota-t-elle, le 25 août 1835, l'application à la ville d'Oran de l'arrêté du 1er juillet 1835 instituant une commission des fontaines à Alger. Mais cette commission ne fut nommée que le 5 juin 1836, comme nous le verrons plus loin.

La situation militaire n'était pas alors des plus brillantes.

L'Emir, depuis notre échec de la Macta, continuait ses provocations à l'égard de nos tribus alliées, jusque sous les murs d'Oran, où la garnison, affaiblie par le départ des légionnaires et fortement ébranlée par les fatigues et les souffrances de la dernière expédition, ne donnait plus signe de vie en dehors des portes.

Les chefs des Douairs et des Zmélas avaient sollicité un chef musulman. Sur leur demande, Ibrahim, le Bosniaque, que nous avions trouvé renfermé dans Mostaganem avec les débris des milices turques de la province et qui avait résisté vaillamment aux attaques d'Abd-el-Kader, fut nommé leur chef avec le titre de Roi.

Néanmoins, au mois de septembre, l'irrésolution commençait à gagner tous les esprits. Les tribus resserrées autour d'Oran manquaient d'espace pour nourrir leurs troupeaux sur un terrain brûlé par le soleil d'été. Les Arabes des environs les attaquaient tous les jours et leur enlevaient du bétail; l'incertitude et le découragement régnaient au sein du Maghzen.

Ibrahim parvint pourtant, avec l'autorisation du Gouverneur, à se recruter, parmi les Turcs et les Koulouglis, une garde d'honneur de cinq cents hommes environ et vint fixer son camp à Misserghin, pour protéger les tentes et les troupeaux de ses administrés.

Abd-el-Kader n'avait nullement renoncé à son projet d'enlever ces tribus, et le 8 octobre 1835 il vint de son côté camper au Tlélat.

Le général d'Arlanges laissait ses troupes se refaire en attendant des renforts ; il se souciait peu, du reste, de compromettre l'honneur de nos armes dans un nouveau combat. Il donna donc l'ordre à Ibrahim de se replier sur Oran et d'appuyer ses derrières sur la ligne de nos blockhaus.

Le 9 octobre, à la pointe du jour, les goums ennemis se déployèrent sur un immense arc de cercle entre la mer à l'est et le rideau de mamelons qui couvrent Misserghin à l'ouest ; les femmes, les enfants, les troupeaux se réfugièrent en désordre vers la ville ; mais ce grand déploiement de forces ne sut intimider nos alliés, qui repoussèrent toutes les attaques et ne se laissèrent entamer sur aucun point. Abd-el-Kader fut obligé, le lendemain, de se retirer avec des pertes considérables, tandis que le Maghzen n'avait eu que douze tués et trente blessés. Le bey Ibrahim alla camper à la Sénia pour rester en communication avec Oran.

Le général d'Arlanges, fidèle à son programme, était resté spectateur de ce fait d'armes.

Le conseil municipal avait ouvert, le 5 octobre 1835, la session d'automne ; nos édiles continuèrent à consacrer leurs efforts à subvenir aux besoins si nombreux de la cité naissante.

Le gouvernement s'apprêtait pourtant à venger l'affront subi par notre drapeau à la Macta ; il décida que l'on irait détruire la puissance de l'Emir dans sa capitale même à Mascara.

Le maréchal Clauzel, nommé Gouverneur général des possessions françaises dans le nord de l'Afrique et arrivé à Alger le 10 août 1835, deux jours après le départ du comte d'Erlon, fut chargé de diriger cette entreprise.

Mais le choléra exerçait alors de tels ravages que la guerre dut ajourner les siens jusqu'à la fin du mois de novembre.

Le maréchal Clauzel réunit à cette époque douze mille hommes des meilleures troupes, commandées par les officiers les plus intrépides; le bataillon de zouaves formé à Alger fut envoyé à Oran, sous le commandement de de La Moricière, pour servir d'avant-garde à la colonne.

Le prince royal Ferdinand-Philippe, duc d'Orléans, arriva pour prendre part à l'expédition, que l'on regardait comme devant avoir un grand retentissement, alors qu'elle ne présenta rien de héroïque ni de chevaleresque ; elle fut sagement conduite mais nulle quant aux résultats.

Le maréchal Clauzel débarqua à Oran le 21 novembre 1835. Le Maghzen mit avec joie à sa disposition cinq cents cavaliers pour le combat et mille chameaux pour le transport des approvisionnements.

Avant de rien entreprendre le maréchal Clauzel fit occuper l'île de Rachgoun, à l'embouchure de la Tafna, afin d'en imposer aux tribus par la crainte continuelle de l'arrivée de nouvelles forces. Le commandant d'état-major Sol y fut envoyé avec cent cinquante hommes.

Le 26 novembre la colonne expéditionnaire était réunie au camp du Figuier; elle comprenait quatre brigades, ainsi composées :

1re Brigade. — Général Oudinot. — Douairs, Zmélas et Turcs d'Ibrahim ; 2e Chasseurs d'Afrique (colonel de Gouy) ; Zouaves (commandant de La Moricière); 2e léger (colonel Menne) ; une compagnie de mineurs ; une compagnie de sapeurs, deux obusiers de montagne.

2me Brigade. — Général Perrégaux. — Trois compagnies d'élite des 10e léger, 13e et 63e de ligne ; 17e léger (colonel Corbin) ; deux obusiers de montagne.

3me Brigade. — Général d'Arlanges. — 1er bataillon d'Afrique (commandant Secourgeon); 11e de ligne (colonel de Vilmorin) ; deux obusiers de montagne.

4me Brigade. — Colonel Combes, 47e de ligne et deux obusiers de montagne.

Réserve. — Lieutenant-colonel de Beaufort, du 47ᵉ. — Un bataillon du 66ᵉ de ligne ; une compagnie de sapeurs : quatre obusiers de montagne ; une batterie de campagne.

La nuit qui précéda le départ d'Oran eut lieu un incident qui aurait pu nous créer de graves embarras, en nous condamnant à l'inaction.

Le service du train des équipages n'était pas encore organisé et, comme nous l'avons dit plus haut, les Douairs et les Zmélas avaient promis un millier de chameaux pour les transports de l'armée. Sept cent soixante et quatorze chameliers avaient répondu à l'appel et stationnaient en dehors des remparts. La corvée ne leur parut pas, paraît-il, après réflexion, des plus séduisantes, car vers minuit ils disparurent tous avec leurs chameaux. La nouvelle en est vite annoncée au Château-Neuf. Le sous-intendant de Guiroye saute à cheval et demande des cavaliers pour rallier les fuyards. Deux escadrons sont aussitôt mis sur pied ; l'aide de camp du maréchal, le capitaine d'état-major de Rancé (1), en prend la direction, et, après une battue échevelée de plusieurs heures, chameliers et chameaux se trouvaient groupés aux portes d'Oran.

Le 29 novembre, la colonne se met en marche sur le Sig ; le 6 décembre elle entrait à Mascara où il ne restait plus que les juifs : Abd-el-Kader et les siens s'étaient retirés à Cacherou. L'armée apprit avec étonnement que Mascara ne serait point occupé mais brûlé, ce qui fut exécuté le 9, et le 10 on battait en retraite sur Mostaganem. Le retour ressembla fort à une véritable déroute. Les chemins étaient défoncés par les pluies ; les soldats, ne pouvant s'y traîner que difficilement, avaient jeté une grande partie de leurs vivres. Aux privations vint bientôt se joindre une dyssenterie presque gé-

---

(1) Elu député de l'Algérie en 1848.

nérale. De retour à Oran, un quart de l'effectif entra à l'hôpital ; un dixième y mourut.

Presque toutes les expéditions finissaient ainsi ; nos troupes embarrassées par de longs convois et ne sachant pas vivre en pays ennemi, n'avançaient que très lentement et ne pouvaient résister à plusieurs jours de marche. Les Zouaves se firent remarquer par leur tenue et leur fermeté. Le maréchal Clauzel insista pour qu'ils fussent portés à deux bataillons. De La Moricière en eut le commandement avec le grade de lieutenant-colonel.

Le 18 décembre, la division rentrait à Oran, sauf les compagnies du centre du 2ᵉ léger que l'on avait dirigées de Mostaganem sur Alger. Les juifs de Mascara qui avaient suivi la colonne se partagèrent entre Oran et Mostaganem.

Le maréchal Clauzel, désirant effacer l'insuccès politique de l'expédition, signa un arrêté qui divisait la province d'Oran en trois beylicks : Tlemcen, Chélif et Mostaganem. Ibrahim fut placé à la tête de ce dernier. L'agha El-Mazari, neveu de Mustapha-ben-Ismael, qui s'était rallié à Abd-el-Kader, vint faire sa soumission à Mostaganem avec les Douairs et les Zmélas qui l'avaient suivi. Le commandant Yusuf fut chargé de l'amener à Oran où il reçut le meilleur accueil ; on le nomma agha de la plaine d'Oran.

Citons encore, avant la fin de l'année, l'arrêté du 20 décembre 1835, qui chargea provisoirement le receveur de l'enregistrement et du domaine du bureau d'Oran, de la tenue des hypothèques dans cette localité, tenue qui auparavant était confiée aux greffiers.

Au 31 décembre 1835, la population européenne était de 2,212 individus, comprenant :

709 Français ; 718 Espagnols ; 148 Anglais ; 560 Italiens ; 63 Allemands ; 14 Portugais.

1836

A peine rentré à Oran, le maréchal Clauzel songea à préparer une expédition sur Tlemcen ; mais les frères Durand qui s'étaient présentés à lui pour tenter un essai de négociations avec Abd-el-Kader, informèrent celui-ci de nos projets et lorsque le maréchal arriva à Tlemcen, le 13 janvier 1836, avec les sept mille cinq cents hommes des trois brigades Perrégaux, d'Arlanges et Vilmorin, l'Emir en partait après avoir décimé les Angad qui voulaient débloquer le Méchouar et coupé la tête à soixante-quinze Koulouglis qui étaient sortis au devant d'eux.

Après un combat heureux contre Abd-el-Kader et un essai infructueux de communication avec Rachgoun, le maréchal rentra à Oran, le 12 février.

Cavaignac avait été laissé à Tlemcen avec un bataillon de six cents volontaires et pour couvrir les frais de la campagne, cette ville, ennemie d'Abd-el-Kader, fut par un vertige inexplicable, impitoyablement rançonnée par quelques agents.

Ces deux expéditions avaient ébranlé la puissance d'Abd-el-Kader mais sans l'abattre. Il eût fallu pour cela continuer avec persévérance les opérations dans la province d'Oran ; au lieu de cela, le gouvernement réclamait déjà le retour en France des renforts envoyés pour venger l'échec de la Macta et semblait ainsi ne rien négliger pour perdre le fruit de cette campagne et pour laisser à Abd-el-Kader le temps et les moyens de réparer ses revers.

Cependant le maréchal Clauzel avant de quitter Oran, pour rentrer à Alger, voulut profiter encore de la présence des troupes. Il laissa au général Perrégaux, l'ordre de se diriger avec une forte colonne dans l'est, où les tribus de l'Habra et de la Mina manifestaient des intentions de se rapprocher de nous.

Le 14 mars 1836, le général Perrégaux sortit donc à la tête d'environ six mille hommes de toutes armes. Mustapha-ben-Ismaël, nommé agha supérieur des Douairs et des Zmélas, l'accompagnait avec six cents chevaux du Maghzen. La colonne prenant la direction de Goudiel et du vieil Arzeu, traversa le pays des Abid-Chéragas, refoula et culbuta les Gharabas et les Hachem jusque dans les montagnes des Beni-Chougran; de là, il fit la promenade la plus heureuse le long du Chélif, soumettant la plupart des tribus de cette contrée et rentra à Oran, avec deux mille têtes de bétail qui furent les bienvenues, car la ville manquait de viande depuis plusieurs semaines.

Le général Perrégaux ayant accompli sa mission retourna à Alger, (25 mars 1836). Il fut vivement regretté par les soldats qui avaient trouvé en lui un chef sévère mais juste et d'une rare affabilité.

Le conseil municipal de 1835, qui devait être renouvelé le 1ᵉʳ janvier 1836 fut prorogé par divers arrêtés successifs jusqu'au 1ᵉʳ avril, et, le 4 du même mois, eut lieu l'installation du nouveau conseil sous la présidence de M. le sous-intendant civil Sol.

Ce conseil était ainsi composé :

Maire, M. Paschal Lesseps ;

Adjoints : MM. Bollard, Cohen Scalli et Mohammed Ben-Kandoura, membres sortants ;

Conseillers : MM. Gilly, Maufrais, Léoni, Judas Sabbat, membres sortants ; MM. Guyon et Maklouf Kalfan, membres nouveaux.

La formalité du serment de fidélité au Roi fut appliquée en cette circonstance à tous les membres ; le serment de Ben-Kandoura fut reçu par le muphti Ben-Marzouk, assesseur musulman du tribunal de première instance, sur le Coran ; celui des trois membres israélites fut prononcé sur le Pentateuque en présence du grand rabbin Massoud Darmon, président du tribunal israélite.

L'ancien conseil avait, dans le mois de janvier, arrêté le budget de 1836 aux chiffres suivants :

Recettes ordinaires . . . . 136,730 francs.
Dépenses ordinaires . . . . . 54,960 ⎫
   id.   extraordinaires. . . 77,400 ⎬ 132,360 »

Les *Recettes* se composaient des produits suivants :

Octroi de mer	80,000 francs.
Octroi de terre	17,200 »
Abattoir	6,000 »
Mezouard (dispensaire) . . .	1,200 »
Mesurage des grains	300 »
Pesage public	300 »
Droits des halles	2,400 »
Droits de péage	3,500 »
Droits sanitaires	5,000 »
Ecoles	500 »
Amendes	150 »
Concessions d'eau	2,000 »
Biens des mosquées	18,000 »
Dotation des fontaines . . .	180 »
TOTAL	136.730 francs.

Les *Dépenses* ordinaires sont à peu près les mêmes qu'en 1835 ; on n'y voit qu'une dépense nouvelle de 1,900 francs pour la garde civique, ainsi répartie :

Garde civique	1,000 francs.
Adjudant-major	300 »
Tambour	300 »
Entretien des armes	200 »
Eclairage du corps de garde	100 »
TOTAL	1.900 francs.

Parmi les dépenses extraordinaires nous voyons figurer 3,000 francs pour le pavage de la rue Philippe ; 4,150 francs pour réparations à l'église et aux mosquées ; 11,000 francs pour la construction d'une deuxième cale et d'une grue sur les quais, et 12,000 francs pour l'établissement d'un entrepôt réel.

Ce budget fut réglé l'année suivante ; les recettes étaient montées à 140,460 francs 19 centimes, les dépenses à 113,697 francs 91 centimes ; il y eut, par suite, un excédent de recettes de 26,762 francs 48 centimes.

L'excédent des recettes du budget de 1835 n'avait été que de 8,355 francs qui furent employés à l'établissement de la mairie, au premier étage de la gendarmerie.

Le budget de 1837 ne comporte que 122,920 francs de recettes, à cause des hostilités qui rendirent plus rares les importations arabes et diminuèrent d'autant les revenus de l'octroi de terre. Les dépenses furent au contraire un peu plus fortes et furent évaluées à 123,761 francs, dont 50,771 francs pour les dépenses extraordinaires.

Le traitement du maire, qui avait été jusqu'alors de quatre mille francs, fut porté à cinq mille pour l'année 1837.

Les séances du conseil municipal de 1836 furent employées presque exclusivement à la discussion du budget et ne présentèrent rien de remarquable.

Après le départ du général Perrégaux une partie des troupes fut rappelée et quitta la province. Ce fut avec le faible effectif de trois mille hommes que le général d'Arlanges resta chargé d'accomplir deux missions difficiles et dangereuses : l'établissement d'un camp retranché à l'embouchure de la Tafna et le ravitaillement de la petite garnison française laissée dans le Méchouar de Tlemcen.

Le 7 avril 1836, la colonne se met en mouvement ; le général se dirige, avec Mustapha-ben-Ismaël, au sud du Grand lac Salé, sur la chaîne du Tessala, et fait une razzia chez les Beni-Amer ; d'Hammam-bou-Hadjar, il envoie ses prises à

Oran, et, le 17 avril, il atteignait l'embouchure de la Tafna, après avoir repoussé une attaque de l'Emir à l'Oued-el-Ghaza.

Abd-el-Kader avait réuni tous ses contingents; le 25 avril, après une terrible mêlée, il obligea la colonne à se renfermer dans ses retranchements, où il la tint hermétiquement bloquée. Le général d'Arlanges, blessé pendant le combat d'une balle au cou, dut remettre momentanément le commandement au colonel Combes, du 47e de ligne.

La situation était des plus critiques. Dès qu'elle fut connue en France, le gouvernement comprit que le défaut d'une force suffisante compromettait la conquête, et des ordres furent donnés pour l'embarquement immédiat de trois régiments, le 23e, le 24e et le 62e de ligne, afin de débloquer le camp de la Tafna et d'assurer l'existence de l'héroïque garnison du Méchouar.

Le commandement des troupes fut confié au général Bugeaud, alors maréchal de camp, et qui inspirait au roi Louis-Philippe la plus grande confiance.

Pendant ce temps les Gharabas infestaient les environs d'Oran; le général d'Arlanges, à peine remis de sa blessure, dut s'y rendre de sa personne, par mer, avec un détachement du 66e de ligne, pour assurer les mesures de défense nécessaires et il retourna immédiatement à la Tafna, au poste du danger. Il rapporta avec lui un ravitaillement de foin pour les chevaux, car le blocus était si restreint qu'il n'y avait plus d'herbes dans les environs du camp.

Le 5 juin 1836, la commission des fontaines fut instituée à Oran; sa composition fut la suivante :

MM. Sol, sous-intendant civil, président; Lesseps, maire; Romieux, conseiller municipal; Arrazat, cultivateur-propriétaire; Galland, négociant; Ben-Kandoura, adjoint musulman; Cohen Scalli, adjoint israélite.

Cette commission devait s'occuper de vérifier tous les titres, quelle qu'en soit l'origine, établissant les droits à une concession d'eau et, avant tout, de pourvoir aux besoins de la consommation publique.

Dans son rapport, elle demanda d'intervenir dans les propriétés particulières pour cause d'utilité publique « afin que les plaisirs et les commodités d'un seul ne nuisent pas à l'inrêt et à la santé de tous les habitants. »

Les jardins arrosés par les eaux de Ras-el-Aïn appartenaient alors aux propriétaires dont les noms suivent :

1° Jardins extra-muros (courant supérieur) : Général Létang (anciens jardins de Barkoum et Halyma, filles du Bey); Pacifico ; général Sauzet ; Judas, le juif; Pezerat, ingénieur; Intendant militaire ; jardin des Palmiers du consul ; jardin du domaine sous le Château-Neuf ; jardin du général en chef sous l'escarpe ; deux jardins au 66° de ligne près de la porte du marché ; Bourgeois; Maklouf-ben-Dahr; Ricca; Carlo Facio; Mahi-ed-Din, dit Rousso; Welsfort; Lasry ; Duplantier, sous-intendant militaire.

2° Jardins intra-muros (courant inférieur) : Ben-Hattab ; jardin du vieux château ; colonel des chasseurs ; Ibrahim (plus tard à Lanjoulet, notaire) ; jardin de Tchina (des orangers), au domaine ; jardin des amandiers, au domaine.

3° Jardins arrosés par le courant du fond, sans prise d'eau: Mouley-Hamed ; Ben-Allou ; Kadour-ben-Kosos ; Bou-Chentouf; Tchouroumlé ; Falcon, payeur; Sous-Intendant civil; marine ; Consul Anglais ; Bollard.

Les jardins de Kargueutah étaient au nombre de dix-huit; ils avaient droit chacun à une prise d'eau de neuf heures vingt minutes par semaine sur l'aqueduc du Ravin-Blanc.

Cinq de ces jardins appartenaient à Podesta, neuf à Arrazat, deux au Maire, un à Frédéric Kochler, et un à Mériger-Kim.

Parties de Port-Vendres et de Marseille avec le général Bugeaud, les troupes débarquèrent sur la plage de la Tafna du 3 au 6 juin 1836. Nous ne suivrons pas le général dans ses différentes marches. Le 15 juin il rentrait à Oran avec la cavalerie, laissant l'infanterie campée à Misserghin. Il prit sans tarder les dispositions nécessaires pour le ravitaillement du Méchouar; il réunit à cet effet cinq ou six cents bêtes de somme du Maghzen. Le 24 juin il est à Tlemcen; il se porte ensuite sur les magasins de la Tafna et revient à Tlemcen le 7 juillet, après avoir gagné ses épaulettes de lieutenant-général au brillant combat de la Sikkak.

Le 18, il rentrait à Oran par Tellout, la Mekerra et le Tlélat, en ravageant tout le pays qu'il traversait.

Oran vit arriver avec la colonne les premiers prisonniers arabes que nous ayons faits à la Sikkak. Ils furent dirigés sur Alger et ensuite sur la France.

Après avoir ainsi accompli sa mission, le général Bugeaud ne tarda pas à s'embarquer pour Alger, le 30 juillet, laissant de nouveau la direction des affaires au commandant titulaire de la province, le général d'Arlanges.

Quelques jours après, le général d'Arlanges lui-même était remplacé dans son commandement par le général de Létang, qui, au début de notre occupation, avait brillamment commandé le 2e chasseurs d'Afrique dans la province.

Avant de rentrer en France, le général Bugeaud avait pu assister aux fêtes données à Oran, les 28 et 29 juillet 1836, pour célébrer le sixième anniversaire de l'avènement au trône du chef de la famille d'Orléans. Les diverses autorités, qui s'étaient réunies, au Château-Neuf, aux généraux Bugeaud et de Létang, se rendirent à l'église, où un *Te Deum* fut chanté en actions de grâces, pour la préservation des jours du Roi, à l'occasion de l'attentat d'Alibaud, du 25 juin.

Des prières publiques eurent lieu à la même occasion dans les mosquées et les synagogues. Des distributions de secours en argent furent faites aux indigents de toutes nations. Dans l'après-midi, des courses de chevaux eurent lieu, suivies de courses à pied exécutées par des fantassins équipés, armés, ayant le sac au dos. Il y eut, le soir, un concours de six musiques militaires.

Huit jours avant le départ du général d'Arlanges parut l'arrêté du 2 août 1836, qui réglait les attributions du Gouverneur général, des chefs de service des administrations civiles et du conseil d'administration.

Nous avons vu fonctionner le conseil municipal en 1835, mais sans action sérieuse, sans initiative, tenu en bride par l'omnipotence de l'intendance civile.

Il avait pourtant encore une ombre d'existence, mais l'arrêté néfaste du 2 août fut l'écueil sur lequel vint sombrer ce régime.

Cet arrêté, qui abrogeait l'organisation de 1834, réunissait toutes les recettes et dépenses autres que celles de l'Etat dans un seul budget colonial et faisait disparaître, avec l'existence financière des communes, la commune elle-même.

Le maire, comme par le passé, n'eut d'autres attributions que celles de l'état-civil ; le droit même qu'il avait en principe de remplacer le sous-intendant civil par délégation, dans ses fonctions municipales, droit dont d'ailleurs il n'avait été fait aucun usage, disparut dans cet arrêté.

Toutes ses autres attributions passèrent aux mains de l'administration provinciale.

La commune, simple circonscription administrative, n'eut alors aucune existence civile et les conseils municipaux privés de moyens d'action, faute de budget à administrer et de renouvellement à l'expiration de leur pouvoir, s'éteignirent peu à peu ; du crepuscule, la commune était retombée dans la nuit complète ; ce ne fut qu'en 1847 que l'organisation municipale fut sérieusement et utilement décrétée en Algérie.

Ainsi, pendant onze années, les habitants d'Oran furent privés non seulement du droit d'administrer leurs affaires mais de l'avantage de les voir gérer sous leurs yeux.

Rien de semblable ne s'était jamais vu, surtout à l'origine des sociétés coloniales.

Une cité naissante a des besoins si nombreux, si variés, si changeants, si particuliers, que le pouvoir local seul peut les connaître à temps, en comprendre l'étendue et les satisfaire.

La commune, privée de représentants particuliers, dépourvue d'un ordonnateur unique pour ses dépenses et placée loin du pouvoir qui les dirigeait, n'obtint presque jamais à propos ou d'une manière suffisante les fonds nécessaires à ses besoins.

CHAPITRE VII

LES GÉNÉRAUX DE LÉTANG DE BROSSARD, AUVRAY

(DU 10 Août 1836 au 25 Janvier 1838)

SOMMAIRE. — **LE GÉNÉRAL DE LÉTANG.** — Ses expéditions. — Les spahis d'Oran. — M. Arrazat, conseiller municipal et adjoint. — Ravitaillement de Tlemcen. — Situation des esprits.
LE GÉNÉRAL DE BROSSARD — Ses antécédents. — Funeste influence du juif Ben Durand. — Session d'hiver 1837, du conseil municipal. — Transformation de la cité. — Fautes commises a l'instigation de Ben Durand. — Double rôle de cet israélite. — Aveuglement du général de Brossard. — Arrivée du général Bugeaud. — But de sa mission. — Traité de la Tafna, condamné par l'opinion publique, mais ratifié par le Roi. — Installation du conseil municipal dans la nouvelle mairie. — Composition de la Commission sanitaire. — Le général Bugeaud decouvre les fraudes de ben Durand et la complicité du général de Brossard. — Mise en accusation de ce dernier. — Composition du troisième conseil municipal. — Bugeaud rentre en France.
LE GÉNÉRAL AUVRAY. — Son court séjour à Oran. — Situation d'Oran à la fin de 1837. — Constructions. — Population. — Commerce. — Marchés. — Ecoles. — Cafés. — Colonisation. — Milice.

GÉNÉRAL DE LÉTANG
(10 Août 1836 — 13 Janvier 1837)

Le général de Létang connaissait les hommes et les choses du pays où il allait opérer. C'était un précieux avantage; il savait qu'il fallait constamment inquiéter les Arabes, les menacer dans leurs intérêts et les tenir incessamment en haleine par des incursions fréquentes et inopinées sur leur territoire. Le 19 août, il fait une razzia sur les Oulad-Ali, qui font leur soumission. Le 4 octobre, nouvelle expédition au sud de Mostaganem avec les troupes d'Ibrahim et les quatre escadrons de spahis d'Oran, qui venaient d'être formés par ordonnance royale du 12 août, sous le commandement provisoire du chef d'escadron Cousin de Montauban, du 2ᵉ chasseurs d'Afrique, en attendant l'arrivée du lieutenant-colonel Thorigny.

Rappelons, pour suivre l'ordre chronologique, que le 13 octobre, un arrêté nomma M. Arrazat, conseiller municipal, en remplacement de M. Gilly demissionnaire, et adjoint, en remplacement de M. Bollard, remis simple conseiller sur sa demande.

La colonne expéditionnaire rentra à Oran, le 21 octobre, sans avoir obtenu de grands résultats.

Le 62e de ligne avait été appelé à Bône pour prendre part à l'expédition du maréchal Clauzel sur Constantine.

Cette diminution de troupes était on ne peut plus intempestive, car les approvisionnements accumulés à Tlemcen depuis quatre mois et demi étaient près d'être épuisés et il était urgent de ravitailler notre garnison du Méchouar. Le général de Létang déploya dans cette occasion beaucoup d'habileté. Pour donner le change sur ses intentions, il commença à se montrer dans toutes les directions, dans des excursions de deux à trois jours, après lesquelles il rentra à Oran. Il habitua ainsi l'ennemi à le voir dans un rayon de quelques lieues autour de la place.

Le 23 novembre, il prit inopinément la route de Tlemcen avec son convoi, et le 4 décembre il rentrait a Oran après avoir livré un brillant combat à l'Emir qui lui disputait le passage au Chabet-el-Lahm.

La nouvelle de l'échec du maréchal Clauzel sur Constantine et de sa belle mais désastreuse retraite venait de se répandre dans la province et augmentait la confiance et l'arrogance de nos adversaires. Les garnisons du Méchouar et du camp de la Tafna furent de nouveau bloquées, et Abd-el-Kader, dont le prestige n'avait nullement été affaibli par les promenades militaires de nos troupes, se prépara à renouveler ses tentatives sur la province de Titteri.

Telle était la situation lorsque, le 13 janvier 1837, le général de Brossard fut envoyé à Oran pour remplacer le général de Létang qui, sur sa demande, rentra en France.

GÉNÉRAL DE BROSSARD

(13 Janvier 1837 — 22 Septembre 1837)

Le général de Brossard qui, en 1830, comme colonel, avait été le chef d'état-major de la division Berthezène et qui, comme général, avait pris part à diverses expéditions dans la Mitidja, était un homme de grandes ressources ; il comprit immédiatement la situation, mais son énergie fut, dès le début, paralysée par le contact des frères Durand, ces juifs malfaisants auxquels notre ignorance du pays avait donné une si fatale influence et avec lesquels il eut le malheur d'entrer en relations au sujet de négociations commerciales avec l'Emir.

Il nous est pénible d'aborder ici cette triste page de l'histoire d'Oran, mais nous ne pouvons passer sous silence l'incident si douloureux qui eut trop de retentissement à l'époque où il éclata.

Signalons auparavant les principales décisions prises par le conseil municipal dans sa session d'hiver de 1837 et relatives à la transformation de la cité.

Dans la séance du 21 janvier 1837, il fut décidé que l'on attribuerait le nom de *Létang* à la promenade créée par la troupe par les ordres de cet officier général, entre la rue de Turin et le Château-Neuf, et le nom de *Richepanse* à la petite rue de Gênes traversant la cour de la prison civile.

Le 28 février, on adopta pour le pavage de la rue Philippe, dans la partie haute, entre le tribunal de première instance et la rue de la Mosquée, le système de rails-road, consistant en deux courses en dalles de grès ; la partie inférieure fut empierrée à la macadam.

On fixa, le même jour, à 3,062 kilos l'approvisionnement de farines à tenir par chaque boulanger.

Le 24 mars. les droits d'abatage furent ainsi fixés provisoirement :

Taureau, 3 fr. 75; bœuf, 3 francs; vache, 2 fr. 50; veau, 2 francs; porc, 2 fr. 50; mouton, 75 centimes; agneau, 25 centimes.

Un arrêté du 3 juillet les régla définitivement.

L'impasse Napoléon fut transformée en rue Mustapha-ben-Ismael.

Une somme de 1,020 francs 72 centimes fut votée pour l'installation de vingt-six nouveaux réverbères.

Le Maghzen ne vit pas, sans de tristes pressentiments de l'avenir, arriver le nouveau général accompagné de ses émissaires, les frères Durand, dont l'aîné, admis dans les conseils du comte d'Erlon, avait été un des plus ardents soutiens de la cause d'Abd-el-Kader et un de leurs ennemis les plus acharnés.

Le funeste résultat de l'intervention de ces deux israélites ne tarda pas à se manifester à Oran, « au grand regret de tous et à la consternation de nos Arabes alliés; l'on sut bientôt que des voitures chargées de toutes sortes de marchandises de guerre, fer, acier, soufre, etc., sortaient tous les soirs jusqu'en avant de Dar-Beïda, où livraison en était faite à des agents de l'ennemi. Le nombre considérable de ces expéditions, qui se succédaient presque journellement, divulgué chaque soir aux Arabes par le gardien musulman de la porte, l'espèce de secret dont on semblait vouloir les couvrir, justifiaient toutes les craintes et légitimaient tous les soupçons. Or, voici ce qui s'était passé et les circonstances qui avaient amené cette incroyable transaction. Les Gharabas ayant enlevé le troupeau de l'administration, il ne restait plus, dans la place, d'approvisionnement en viande pour la troupe et les marchés locaux, taris par la guerre, ne pouvaient plus en fournir. Au lieu d'avoir recours à l'extérieur, à des achats faits en Espagne, par exemple, comme cela s'est pratiqué facilement plus tard, on aima mieux écouter les propositions des frères Durand, qui promettaient de faire arriver des ressources en viande en s'adressant à Abd-el-Kader lui-même, s'il leur était permis de lui fournir en échange les matières premières de guerre qu'il ne pouvait se procurer que dans nos ports. (1) »

Chose incroyable, on vit ces deux israélites devenir les arbitres de la situation, ravitailler les garnisons d'Oran et du Méchouar, par les propres richesses d'Abd-el-Kader. Celui-ci, en autorisant ses agents à fournir aux besoins de Tlemcen, avait l'espoir de recevoir en échange les prisonniers faits à la Sikkak. C'est du moins ce que lui promettait Durand qui, d'un autre côté, représentant l'Emir vis-à-vis de l'autorité française, passait un marché avec l'administration et touchait le montant des fournitures sans qu'il fût un seul instant question de prisonniers.

Les gens du Maghzen essayèrent, mais inutilement, de dessiller les yeux du général de Brossard, en lui révélant le double rôle joué par cet homme.

Des bruits étranges de trahison circulaient parmi les Douairs et les Zmélas. Des avis officieux, partis de Mascara, jetaient la perturbation parmi nos alliés; ils apprenaient, en effet, que le général de Brossard aurait adressé à Durand des propositions pour passer au service d'Abd-el-Kader. On allait même jusqu'à dire que le général était sûr du concours de vingt mille carlistes pour chasser les Français d'Algérie. Le général, dans un mémoire imprimé, s'efforça de tourner en ridicule ce projet fantastique dont il fut accusé plus tard.

« Des femmes indigènes, admises dans les petits soupers du Château-Neuf, racontaient, dans leurs indiscrétions, des propos bizarres, des conversations extraordinaires qui ajoutaient un nouveau poids et donnaient un nouveau crédit à toutes ces rumeurs. Tous les Arabes, grands et petits, étaient sous une impression profonde de crainte et de vague terreur qui n'aurait pas tardé à les pousser à une résolution extrême si cette situation se fût prolongée quelque temps encore. (2) »

---

(1) *Notice historique sur le Maghzen*, par le colonel Walsin Esterhazy.
(2) *Note historique sur le Maghzen d'Oran*, par le colonel Walsin Esterhazy, page 83.

C'est sur ces entrefaites qu'arriva pour la deuxième fois le général Bugeaud. Le gouvernement avait reconnu la gravité de la situation de l'Algérie. Sept ans après la prise d'Alger, on n'était guère plus avancé qu'aux premiers jours. On occupait les ports et presque rien au delà. Aussi décida-t-on à Paris de renoncer à une conquête simultanée de tous les points de la colonie, conquête qui eût demandé une armée entière et la majeure partie du budget, pour concentrer désormais ses forces sur un seul point et frapper à coup sûr. La revanche de l'échec de Constantine devait être le premier objectif du cabinet français et la principale tâche du nouveau gouverneur, le général Damrémont.

Mais, pour ne pas diviser nos forces au moment de l'attaque de Constantine, il était nécessaire de faire préalablement la paix dans l'ouest. Il fallait choisir un homme de guerre qui fût à la fois négociateur; le vainqueur de la Sikkak fut naturellement désigné pour remplir cette mission.

Le général Bugeaud débarqua à Oran le 5 avril 1837, sur le *Sphinx*, qui l'avait pris à Port-Vendres. Il arrivait avec une autorité assez vaguement définie, mal connue du Gouverneur général, mais qui, en fait, le rendait indépendant de celui-ci.

Aussitôt son arrivée, le général Bugeaud eut des entretiens avec les principaux chefs arabes, notamment avec Mustapha-ben-Ismaël.

Le 6, il reçut la visite des officiers de la garnison et commença, immédiatement après, l'organisation de la division qui était déjà prête à entrer en campagne et dont l'effectif se montait à douze mille hommes environ. Elle forma trois brigades, commandées par les généraux Rulhières et Laidet, et le colonel Combes, du 47e de ligne, et composées des 1er, 23e, 24e et 27e de ligne, 2e chasseurs d'Afrique, spahis réguliers d'Oran, 3e bataillon d'Afrique et Arabes auxiliaires.

D'après un ordre du jour, les soldats devaient être en capotes, n'avoir dans le sac qu'une paire de souliers, des chemises et les petits objets nécessaires pour réparer les effets.

Le général de Brossard devait rester à Oran avec quelques troupes de ligne, du génie et de l'artillerie.

Le premier acte du général Bugeaud fut de lancer un manifeste menaçant contre les tribus qui se montraient hostiles à la France.

Il fit ensuite sonder Abd-el-Kader au sujet de ses dispositions à la paix par l'entremise inévitable du juif Durand, dont il subissait déjà l'ascendant. Mais l'Emir s'était dérobé du côté de Titteri et avait laissé ses propositions sans réponse. Le général impatienté entra en campagne, malgré son désir de faire la paix selon ses instructions.

Il partit d'Oran le 18 mai avec neuf mille hommes ; il ravitailla Tlemcen, et le 23 il atteignit la Tafna. Ces incursions eurent pour but de faire revenir l'Emir. Les négociations se renouèrent au moyen des frères Durand. Abd-el-Kader, jusqu'alors hésitant, se décida, en présence des conditions inespérées qui étaient promises, à entrer en pourparlers, et, le 30 mai 1837, fut signé ce honteux traité de la Tafna, au moment même où le général Damrémont, ayant pacifié la province d'Alger, pouvait faire sa jonction avec Bugeaud pour écraser l'Emir, de concert avec lui, et finir la guerre dix ans plus tôt.

Ce traité rappelait en tous points le traité Desmichels. Les avantages assurés à l'Emir étaient tels qu'il s'en serait certainement contenté, alors qu'il tenait le général d'Arlanges bloqué, avant l'affaire de la Sikkak. Nous ne conservions dans la province que Mostaganem, Mazagran et leurs territoires, Arzeu, Oran, plus le territoire compris entre la Macta et le Rio-Salado d'un côté, et de l'autre entre la mer et une ligne partant des marais de la Macta, passant au sud de la Sebkha et aboutissant vers Sidi-Saïd, au Rio-Salado.

L'Emir avait la cession de Tlemcen, de Rachgoun et du port et du district de Cherchell. En échange il ne reconnaissait même pas notre souveraineté sur ces territoires, il ne payait aucun tribut annuel qui eût été le signe de son vasselage. Dans son entrevue avec Bugeaud, l'Emir joua à merveille son rôle de souverain et se montra d'une fierté qui étonna le général et humilia son état-major. Les conventions de la Tafna, peu honorables pour nos armes, soulevèrent l'opinion publique et les Chambres. Le ministère, effrayé de cette manifestation, protesta, le 15 juin, par l'organe du comte Molé, président du conseil, que le traité ne serait pas ratifié sans des modifications importantes ; mais le Roi, qui voulait se délivrer de toute inquiétude à l'ouest pour assurer la chute de Constantine, en décida autrement, et le 16 juin, le lieutenant-colonel de la Rue partait de Paris pour porter à Oran l'approbation du traité.

Le 25 juin, M. Allegro, lieutenant de spahis, et le capitaine d'état-major Rouvray partaient pour Mascara, portant la ratification du traité à Abd-el-Kader.

Le général Damrémont et l'armée regardèrent ce traité comme une honte et comme un malheur. Quant au négociateur, l'amour-propre l'aveugla d'abord, mais, dans la suite, il reconnut la faute politique dont il s'était si précipitamment rendu coupable.

Le 9 juin, le corps expéditionnaire était rentré à Oran. Un escadron de spahis était resté à Oran et les trois autres s'installèrent à Misserghin.

Le 7 juillet 1837, le conseil municipal, qui se réunissait jusqu'alors dans une salle de la sous-intendance civile, inaugura son installation dans la nouvelle mairie. M. Sol prononça un discours à cette occasion.

Dans cette séance les tarifs de l'octroi de terre furent révisés pour les charges de peaux et d'étoffes, le savon, le miel, le tabac, les fruits secs, le sel, le blé et l'orge.

Le 24 août, on décida que les 12,000 francs qui avaient été attribués à la construction de bains maures seraient affectés à l'entrepôt réel et à l'installation de l'école mutuelle dans la maison domaniale de la rue Bassano, numéro 2.

La commission sanitaire à cette époque était ainsi composée :

MM. Sol, sous-intendant civil; de Brossard, général; Lesseps, maire; Aumont, directeur du port; Bollard, Marrot, Escoffier, Sargat, de Sanfort.

Le général Bugeaud, dégagé de toute préoccupation extérieure, put enfin porter ses regards sur ce qui l'entourait; il ne tarda pas à connaître le secret des manœuvres occultes qui se continuaient jusque auprès de lui, et ce fut alors qu'il commença à soupçonner une partie des intrigues dans lesquelles trempait le général de Brossard.

Nous avons signalé plus haut le double rôle frauduleux joué par le juif oranais ben Durand. Abd-el-Kader croyait avoir racheté des prisonniers pour des denrées ; l'autorité française croyait avoir acheté les denrées argent comptant et livré les prisonniers à titre de mesure politique et de générosité. Ben Durand gardait l'argent français et se faisait récompenser par l'Emir pour ses bons services.

A l'occasion d'une demande en restitution gracieuse de prisonniers français amenés de la province d'Alger, restitution à laquelle l'Emir, une fois le traité signé, paraissait disposé à se prêter, un de ses familiers lui dit publiquement : « Comment! tu rendrais aux Français leurs prisonniers gratuitement quand ils te font payer les tiens! » Ce propos, rapporté au général Bugeaud, éveilla ses soupçons. Son officier d'ordonnance Allegro, dépêché par lui à Mascara, apprit la vérité de la bouche de l'Emir.

Le général Bugeaud interrogea en personne Ben Durand. « Mon métier est de gagner de l'argent, répondit effrontément l'israélite. J'ai fidèlement exécuté les clauses de mon contrat avec l'intendance; que vous importent les bénéfices que j'ai pu faire et la façon dont je me les suis procurés ! J'ai d'ailleurs partagé ces bénéfices avec le général de Brossard et j'ai la conscience parfaitement en repos. »

Une partie de ces aveux, peu dignes de foi venant d'un

mendiant aussi sordide (1), concordèrent malheureusement avec d'autres renseignements, et les présomptions du général Bugeaud devinrent des certitudes.

Il fit appeler le général de Brossard dans son cabinet et lui montra, sur son registre de correspondance, les passages où il faisait son éloge pompeux au ministre de la guerre :

« Que penseriez-vous, lui dit-il, d'un homme qui, ayant été traité ainsi, n'aurait travaillé qu'à nuire à son bienfaiteur ? — Ce serait un misérable ! — Eh bien ! général, c'est vous-même qui vous êtes qualifié ! » (2)

Le général fut frappé comme d'un coup de foudre. Il nia un instant, mais avoua ensuite une grande partie des faits qui lui étaient imputés : il sanglota et implora la pitié du général Bugeaud pour sa femme et ses trois enfants. Celui-ci avait déjà envoyé son rapport, où le général de Brossard était prévenu : 1° de concussion ; 2° de s'être immiscé dans des affaires incompatibles avec sa qualité de fonctionnaire ; 3° d'avoir cherché à exécuter un complot contre l'autorité royale.

Dans une seconde lettre il conjura le Ministre de ne donner aucune suite judiciaire à son premier rapport, et d'autoriser M. de Brossard à aller terminer sa carrière au service du Portugal. Il s'adressa même, à cette occasion, à l'indulgence du Roi. La famille du général de Brossard s'était, en effet, rendue à Oran pour implorer la pitié du général Bugeaud, et celui-ci s'était senti ému de compassion. Mais il était trop tard ; ces faits graves avaient transpiré dans le public, et la justice dut en être saisie (3).

---

(1) C'est en ces termes que le général Bugeaud qualifiait Durand dans une de ses lettres au Gouverneur. Abd-el-Kader acquit plus tard la conviction qu'il était dupe de sa cupidité et de ses intrigues. Il le fit empoisonner à Miliana, au mois de mars 1839, après son retour d'Aïn-Madhi.

(2) Rapport du général Bugeaud au ministre de la guerre du 21 septembre 1837.

(3) Les débats s'ouvrirent le 27 août 1838, devant le 1er conseil de guerre de la 2e division militaire siégeant à Perpignan, sous la présidence du général Thilorier.

Un arrêté du 17 septembre, nomma comme adjoints au maire d'Oran, MM. Arrazat, Ben-Kandoura et Maklouf-Kalfan, et, le 20 octobre, le troisième conseil municipal fut ainsi composé :

Maire : Paschal Lesseps.

Adjoints : Arrazat, propriétaire ; Ben-Kandoura, cadi ; Maklouf-Kalfan, négociant.

Conseillers : Léoni, négociant ; Maufrais, propriétaire ; Guyon, libraire ; Sauzède, notaire ; Cohen-Scalli, négociant ; Abraham Senos, négociant.

Ce conseil ne fut plus renouvelé jusqu'au mois de septembre 1847 ; les seules mutations inscrites au *Moniteur Algérien* sont la révocation de l'adjoint Maklouf-Kalfan, le 3 décembre 1845, la nomination de M. Boyer, le 27 février 1847, comme deuxième adjoint français au maire, pour administrer le faubourg de la Mosquée.

Le général Bugeaud, qui avait été chargé de l'inspection des troupes d'infanterie placées sous son commandement, ne prit point part à la seconde expédition de Constantine, qui eut lieu en octobre 1837.

Il ne s'embarqua, pour rentrer en France, que le 6 décembre 1837, laissant le commandement de la province au général Auvray, qui avait succédé au général de Brossard.

Le général Bugeaud, Mustapha-ben-Ismael, le juif Durand y figurèrent comme témoins. Le général de Brossard fut habilement défendu par l'avocat Boinvilliers, qui, par sa froide et sévère logique, fit perdre plus d'une fois le sang-froid au général Bugeaud, qu'il qualifia de dénonciateur.

Le conseil de guerre écarta tous les chefs d'accusation, excepté celui relatif à l'immixtion dans des affaires incompatibles avec sa qualité de commandant à Oran. Le général de Brossard fut, en conséquence, condamné à six mois de prison et à 800 francs d'amende : il fut, en outre, déclaré incapable d'exercer des fonctions publiques. M. de Brossard se pourvut en révision. Le jugement du 1er conseil ayant été cassé pour vice de forme, le 2e conseil de guerre siégeant encore à Perpignan, sous la présidence du maréchal de camp Pailhan, rendit, le 28 juin 1839, un arrêt d'acquittement. Mais le 4 juillet, à la requête de plusieurs créanciers, le général de Brossard fut transféré, de la citadelle, à la maison de détention pour dettes

LE GÉNÉRAL AUVRAY

(6 Décembre 1837 — 25 Janvier 1838)

Cet officier général ne resta que quelques jours à Oran.

Le 25 janvier 1838, le maréchal Valée l'appela à Alger pour remplir auprès de lui les fonctions de chef d'état-major général de l'armée d'Afrique.

SITUATION D'ORAN A LA FIN DE 1837

Avant d'aller plus loin, nous croyons utile de jeter un coup d'œil sur la situation de la ville d'Oran à la fin de l'année 1837.

CONSTRUCTIONS. — Elles commençaient alors à sortir de leurs ruines; les anciens édifices étaient réparés, des constructions nouvelles s'élevaient de tous côtés, surtout entre le Château-Neuf et le quartier israélite. Chaque jour un arrêté du maire autorisait quelques particuliers à construire ou à réparer, ou bien interdisait à d'autres un empiètement sur des alignements projetés; des arbres avaient été plantés sur les talus du Château-Neuf formant la belle promenade de Létang.

POPULATION. — La population européenne, depuis quatre ans, augmentait de 800 habitants environ par an; de 1,484 en 1834, elle était montée à 3,805 au 1er janvier 1838, dont 1,183 Français, 1,555 Espagnols, 747 Italiens, 190 Anglais, 105 Allemands et 25 Portugais.

Le commerce avait, de son côté, pris une extension des plus encourageantes pour l'avenir, comme le font voir les chiffres suivants :

IMPORTATIONS A ORAN.

1835 : 3,066.134 fr. 83 — **1836** : 4,115,194 fr. 44 — **1837** : 8,804,606 fr. 89

EXPORTATIONS D'ORAN.

1835 : 193,376 fr. 65 — **1836** : 460,926 fr. 25 — **1837** : 598,486 fr. 64

Le port d'Oran recevait chaque année des aménagements nouveaux. Une tempête avait enlevé le débarcadère en bois construit en 1834; on en construisit un nouveau en 1837. L'élargissement des quais en 1839 le fit disparaître; on dut alors en enraciner un troisième dans le rivage.

Une grue, un treuil de halage et deux cales avaient en outre été installés.

Il y avait alors (1837) sept marchés à Oran : un marché aux grains, gibier, volaille, beurre, œufs, dans les fossés du Château-Neuf à l'est, où est actuellement le bureau du recrutement; quatre marchés aux fruits et légumes, place d'Armes, place Kléber, place Blanche et boulevard d'Orléans; un marché au poisson près de la porte nord de la place Kléber; un marché aux bois, charbon, paille et foin, entre les fossés du Château-Neuf et la rue du Rempart (un deuxième marché au charbon fut créé en 1839 sur la place de l'Hôpital); un marché aux bestiaux en dehors de la porte du Marché.

Il y avait, en 1837, quatre écoles à Oran, deux pour les filles et deux pour les garçons.

Il n'y avait pas encore de théâtre; quelques cafés chantants commençaient à s'ouvrir.

Les officiers de la garnison fréquentaient de préférence le grand café de la place d'Armes, tenu par madame Blot, le café de l'impasse des Quatre-Bras, tenu par Podesta, le café de la rue Philippe, numéro 61, tenu par Réchaud.

L'élément civil se réunissait surtout au grand café de la place Napoléon.

Colonisation. — En dehors d'Oran, la colonisation était presque nulle; les hostilités continuelles y mettaient obstacle. M. Daudrieu seul eut le courage de commencer, en 1837, sa création agricole sous le feu de l'ennemi.

On avait ouvert la route d'Oran à Brédéa et commencé celle d'Oran à Mers-el-Kébir.

Au mois de décembre 1836 on avait établi à Misserghin une colonie militaire dont le corps des spahis réguliers, composé en grande partie d'hommes mariés, a fourni les premiers éléments. Cet établissement, assis auprès des ruines de l'ancienne maison de plaisance du Bey et défendu par un fossé et quelques retranchements, n'était peuplé que de cultivateurs combattants.

Des chasseurs à cheval faisaient tous les jours le service des correspondances entre Oran et Misserghin.

Citons, en terminant ce chapitre, l'ordre du jour du 7 août 1837, du lieutenant-général Bugeaud, qui plaça la milice d'Oran sous le régime de l'état de guerre. L'état de guerre était d'ailleurs déclaré toutes les fois que la garnison sortait de la place.

La milice formait alors un bataillon de sept cent cinquante hommes; elle dut concourir au service des postes. M. Wandernoot, officier d'état-major de la place, avait été désigné pour remplir les fonctions d'adjudant-major de cette milice.

CHAPITRE VIII

LE GÉNÉRAL RAPATEL, LE GÉNÉRAL GUÉHÉNEUC

(du 25 Janvier 1838 au 20 Août 1840)

SOMMAIRE. — **LE GÉNÉRAL RAPATEL.** — Ses antecedents. — Son rôle d'observation incompatible avec son caractère. — Administration du sous-intendant civil Sol. — Conflit à propos de la question des eaux.

LE GÉNÉRAL GUÉHÉNEUC. — Il est condamné à l'inaction. — Situation précaire de nos alliés du Maghzen. — Defection d'une partie d'entre eux. — Ordonnance royale du 18 décembre 1838, creant les sous-directions de l'interieur. — M Dussert, sous-directeur à Oran. — Population au 31 décembre 1838.

1839. — Conflit entre les autorités civiles et militaires a propos de l'affaire Lanjoulet. — Condamnation puis acquittement du capitaine de gendarmerie Dagard. — Commission des eaux en 1839. — Situation à l'extérieur. — Chaleur exceptionnelle de l'été. — Le duc d'Orleans à Oran. — Rupture de la paix. — Attaque des Gharabas. — Arrivée à Oran de l'interprete Leon Roche, secretaire d'Abd-el-Kader. — Population d'Oran au 31 décembre 1839.

1840. — Formation de deux brigades a Oran. — Escarmouches. — Situation défensive decourageante. — Divers arrêtés du 1er janvier au 20 août 1840. — Travaux militaires et civils de 1838 à 1840.

1838

LE GÉNÉRAL RAPATEL

(25 Janvier — 1er Septembre)

Le général Auvray fut remplacé par le général Rapatel, qui avait commandé les troupes à Alger sous les gouvernements du comte d'Erlon et du maréchal Clauzel, pendant lesquels il avait rempli plusieurs fois les fonctions intérimaires de gouverneur général. Le rôle d'observation qui lui était imposé par le traité de paix, ne convenait guère à son activité de soldat; il était d'ailleurs peu partisan de la paix qu'il était chargé de maintenir dans la province de l'ouest. Malgré son énergie et sa résignation, il ne tarda pas a tomber malade et partit vers la fin du mois d'août 1838.

Quelques jours auparavant, Mustapha-ben-Ismael, appelé comme témoin dans la cause qui s'instruisait à Perpignan contre le général de Brossard, avait quitté Oran pour quelques mois; il reçut en France un accueil des plus brillants et des plus sympathiques.

Pendant les sept mois de commandement du général Rapatel, il n'y eut rien de remarquable à Oran. Le conseil municipal n'avait pas été renouvelé. Le maire et les adjoints n'étaient que de simples officiers de l'état-civil.

Le sous-intendant civil Sol poursuivait énergiquement l'œuvre de la transformation de notre cité. Depuis cinq ans qu'il l'administrait il n'avait cessé de porter son attention sur toutes les questions d'intérêt public, l'assainissement et l'embellissement de la ville, les eaux et les plantations. Il n'eut que le tort de vouloir agir seul, quelquefois même, comme nous le verrons plus loin, sans se préoccuper de prendre l'avis des chefs de service compétents.

Le 28 mars 1838, il publia un arrêté sur l'organisation des inhumations à Oran.

Le 2 avril, il autorisa le sieur Nicolas Joseph à ouvrir une école primaire.

Son arrêté du 25 avril 1838 fut sur le point d'amener un conflit entre les diverses administrations. Cet arrêté répartissait à nouveau les eaux qui alimentaient le moulin de l'Etat et les jardins, afin d'assurer le fonctionnement des trois meules de la manutention militaire.

Le général Rapatel se plaignit, à juste titre, qu'une telle décision eût été prise sans que l'autorité militaire eût été consultée.

Le chef du service des domaines, de son côté, M. Guillochin, n'avait été ni consulté, ni avisé; il écrivit au sous-intendant civil que, mettant de côté tout froissement personnel, il regrettait en cette circonstance d'être obligé de prendre en main les intérêts des propriétaires, qui, lésés dans leurs droits, étaient venus lui adresser leurs réclamations.

Le Gouverneur général, en conséquence, annula l'arrêté de M. Sol, et fit nommer une commission pour constater et fixer les besoins des divers services.

MM. Thomas, sous-intendant militaire, Texier, de la sous-intendance civile, Lebleu, capitaine du génie, et Aucour, ingénieur ordinaire, composèrent cette commission en 1838.

Il fut décidé que les établissements militaires suivants recevraient :

La vieille casbah	5m.c. d'eau par jour	à toute heure.
L'hôpital militaire	18 »	»
Le Château-Neuf	24 »	pendant 12 heures.
La manutention	6 »	à toute heure.

Les moulins de l'administration, toutes les eaux de Ras-el-Aïn, sauf celles des particuliers, pendant vingt heures sur vingt-quatre heures,

La commission des eaux de 1838, composée de MM. Sol, sous-intendant civil, Perreau, commandant du génie, Thomas, sous-intendant militaire, Aucour, ingénieur, proposa de réduire à 600 mètres cubes les eaux attribuées aux irrigations, en imposant aux concessionnaires une redevance annuelle de 15 francs par mètre cube.

Le 15 mai 1838, un arrêté du Gouverneur détermina les droits de la juridiction criminelle des tribunaux ordinaires de la province d'Oran.

Le 18 juillet, enfin, un arrêté de M. Sol mit en demeure de justifier de son titre, toute personne jouissant d'une prise d'eau dans les aqueducs publics.

LE GÉNÉRAL GUÉHÉNEUC

(1ᵉʳ Septembre 1838 — 20 Août 1840)

Le lieutenant-général Guéhéneuc, qui avait commandé avec distinction le corps d'occupation de la Morée, fut désigné pour venir prendre la direction des affaires à Oran (1ᵉʳ septembre 1838).

L'état de pacification dans lequel se trouvait la province le condamnait à l'inaction. Nous avons vu dans quelles limites étroites nous avait confinés le traité de la Tafna, mais ceux qui souffraient le plus de cette situation, étaient nos alliés du Maghzen.

Resserrées entre le grand lac et la mer, leurs tribus manquaient d'espace tant pour leurs cultures que pour le pâturage de leurs troupeaux ; leurs faibles récoltes étaient fréquemment soumises aux dévastations de l'ennemi, et elles ne voyaient pas sans amertume, au delà de la Sebkha, le pays de leurs pères, la terre fertile de la Mléta, cultivée par des mains étrangères et couverte de riches moissons. Abd-el-Kader n'avait pas manqué d'exploiter cette situation en les engageant à se rallier à lui, leur promettant de belles terres et leur réhabilitation dans le sein de la famille musulmane.

Le général Guéhéneuc, malgré tous ses efforts, ne put empêcher la défection d'un grand nombre de Douairs.

L'année 1838 se termina par un acte administratif qui modifia l'organisation des services civils. Le 18 décembre fut promulguée l'ordonnance royale définissant les attributions des chefs de service placés sous l'autorité du Gouverneur général.

L'intendance civile fut remplacée par la direction de l'intérieur et, par suite, le sous-intendant civil d'Oran fit place à un sous-directeur de l'intérieur.

Une ordonnance royale du même jour nomma M. Eugène Guyot directeur de l'intérieur, et M. Louis Dussert sous-directeur de la province d'Oran.

M. Sol, dont on avait apprécié les hautes qualités, fut appelé au poste de secrétaire général de la direction de l'intérieur à Alger.

M. Calendini était nommé, peu de temps après, secrétaire de la sous-direction à Oran.

Au 31 décembre 1838, la population d'Oran est de 11,091 habitants, ainsi répartis :

Européens	Hommes	2,500	4,510
	Femmes	1,006	
	Enfants	1,004	
Israélites	Hommes	3,156	5,637
	Femmes	804	
	Enfants	1,677	
Musulmans	Hommes	394	944
	Femmes	290	
	Enfants	260	
	TOTAL		11,091

Les Européens comprenaient les nationalités suivantes :

Français	1,324	4,510
Espagnols	2,073	
Anglais	189	
Italiens	777	
Allemands	123	
Portugais	24	

Pendant l'année, le mouvement de la population s'est effectué ainsi qu'il suit :

Naissances	Français	72	377
	Etrangers	94	
	Musulmans	20	
	Israélites	191	
Décès	Français	44	306
	Etrangers	84	
	Musulmans	72	
	Israélites	106	

Ce qui fait une naissance pour 30 habitants et un décès pour 36.

Il y eut enfin 23 mariages entre Européens pendant cette année 1838, 14 mariages israélites et 8 mariages musulmans.

1839

L'année 1839 débuta par un conflit curieux entre les autorités militaires et judiciaires d'Oran.

M. le notaire Laujoulet avait obtenu du tribunal d'Oran, contre M. Guérimand, commandant le camp de Misserghin, un jugement qui reconnaissait le premier, propriétaire d'un terrain compris par le général Bugeaud dans les limites de ce camp, et ordonnait, en conséquence, que le demandeur serait réintégré dans la possession de son bien.

L'huissier chargé de mettre ce jugement à exécution fut, paraît-il, assez mal reçu au camp, car il revint à Oran requérir le capitaine Dagard, commandant la gendarmerie, de lui prêter main-forte.

Cet officier en référa aussitôt au général Guéhéneuc, qui lui signifia de ne pas obtempérer à la réquisition de l'huissier.

Le lendemain, 22 janvier, le substitut du procureur vint à son tour requérir la gendarmerie. M. le capitaine Dagard en informa une seconde fois le général, qui lui envoya l'ordre du jour suivant :

« Il est ordonné à M. le capitaine Dagard, commandant la gendarmerie de la province d'Oran, de surseoir, jusqu'à décision de M. le maréchal gouverneur, à l'exécution du réquisitoire de M. le procureur général, attendu qu'il s'agit d'une question fort grave, intéressant à la fois l'Etat et la défense de la place ».

Le capitaine Dagard persista donc à refuser main-forte. Cité alors devant le tribunal correctionnel, il fut condamné à quinze jours de prison pour refus d'un service légalement requis. Ce jugement fut confirmé par la cour d'appel le 11 septembre suivant. L'affaire fut portée devant la cour de Cassation, qui se décida enfin à absoudre un militaire d'avoir obéi à son chef en campagne et en présence de l'ennemi (1).

---

(1) Fait cité dans l'*Histoire de la Gendarmerie d'Afrique*, par MM. Touchard et Lacoste.

M. Dagard n'en fut pas moins envoyé à Gap et remplacé à Oran par le capitaine Millaudon Coudurier.

A part cet incident, l'année 1839 ne fut signalée à Oran par aucun événement remarquable.

Le nouveau sous-directeur de l'intérieur eut à donner de nombreuses autorisations de bâtir; parmi ses autres arrêtés nous n'avons à citer que ceux du 10 janvier 1839, autorisant la dame Gaillot et le sieur Mayer à donner des bals le samedi, la première, dans son café de la place Napoléon, le second, dans son café de la rue Philippe ;

Du 28 juillet, autorisant le sieur Wandernod à construire des bains de mer entre le fort Lamoune et la pointe de ce nom ;

Des 8 août et 23 septembre, invitant les personnes jouissant de prises d'eau dans les aqueducs à produire leurs titres ;

Et celui du 22 novembre, décidant que les concessions d'eau non justifiées seraient interceptées.

La commission des eaux pour 1839 fut ainsi composée :

MM. Louis Dussert, président; Thomas, sous-intendant militaire; Aucour, ingénieur; Bizot, commandant du génie.

Le 11 août enfin parut un arrêté ministériel qui nomma M. Leroy à l'office d'huissier près le tribunal de première instance d'Oran.

Pendant ce temps, Abd-el-Kader, qui n'attendait qu'une occasion pour recommencer la guerre, profitait des loisirs que lui laissait la paix avec nous pour essayer d'étendre son autorité sur toute l'Algérie. Après une expédition sur Aïn-Madhi, il se porta dans l'est, jusque sous les murs de Bougie, pour réchauffer partout le fanatisme des populations.

De là, il se rendit à Thaza, où il avait fondé un poste d'approvisionnement sur la même ligne que Tagdemt, Saïda et Sebdou.

Cette absence de l'Emir pendant une grande partie de l'année 1839 avait apaisé toute hostilité contre nous dans la province d'Oran, et le général Guéhéneuc put donner ses soins à l'organisation défensive de nos postes de Mostaganem, d'Arzeu, et des camps de la Sénia, de Misserghin et de Brédéa.

Les fortes chaleurs du mois d'août furent fatales à l'armée d'Afrique. Malgré les plus sages précautions, le nombre des malades augmenta dans une telle proportion que les hôpitaux se trouvèrent bientôt encombrés. Cette fâcheuse situation détournait le gouvernement d'adopter des résolutions violentes pour mettre fin aux incertitudes de la conduite d'Abd-el-Kader à notre égard. Cependant le Roi envoya en Afrique son fils, le duc d'Orléans, avec mission de porter à l'armée le témoignage de sa sympathie et celle du gouvernement, pour ses travaux et ses souffrances.

Le duc d'Orléans s'embarqua à Port-Vendres et arriva a Oran le 24 septembre 1839. Après un court séjour dans cette ville, il partit pour Alger et de là pour Constantine par Philippeville.

Il en repartit le 21 octobre avec le corps expéditionnaire du maréchal Valée, et rentrait à Alger après avoir occupé le fort de Hamza et traversé, le 30 octobre, les fameuses Portes de fer.

Cette marche hardie fut considérée par Abd-el-Kader comme une rupture du traité de la Tafna et la guerre sainte fut solennellement proclamée ; les hostilités recommencèrent aussitôt de toutes parts. Les Gharabas, les premiers, se rapprochèrent d'Oran et harcelèrent nos tribus alliées par d'incessantes attaques ; à partir de cette époque, chaque mois fut marqué par un nouveau combat, chaque jour par une tentative nouvelle.

Le 7 novembre on vit arriver à Oran, un Arabe richement vêtu, montant un cheval noir magnifique et plein de feu. L'étonnement fut grand lorsqu'on le vit donner en pleurant l'accolade à plusieurs officiers. C'était l'interprète Léon Roche, qui venait de passer deux ans auprès d'Abd-el-Kader comme secrétaire intime et qui ne l'avait quitté que parce que la paix était rompue. Le général et la garnison lui firent un accueil des plus sympathiques.

Au 31 décembre 1839 la population européenne d'Oran est de 4,837 habitants dont 1,342 Français.

Pendant l'année, le mouvement de cette population s'est effectué ainsi qu'il suit :

Naissances 179
Décès . . . 162

1840

Le général Guéhéneuc avait réparti les troupes d'Oran en deux brigades, commandées par le général Parchappe et le colonel Devaux.

L'infanterie comprenait les 1er, 4e, 41e de ligne ; les 13e et 15e léger, et le 1er bataillon d'infanterie légère d'Afrique.

La cavalerie était formée du 2e chasseurs d'Afrique (colonel Randon), et des spahis réguliers d'Oran (lieutenant-colonel Yusuf).

Le chef de bataillon Bizot commandait les troupes du génie ; l'artillerie était sous les ordres du commandant Fauchon.

Nous ne signalerons que les principaux combats qui furent livrés aux époques suivantes :

Le 22 janvier 1840, combat de Bou-Techich, en avant de Dar-Beïda.

Le 26 février, héroïque défense de Mazagran.

Le 12 mars, combat de Tem-Salmet, entre Misserghin et Brédéa.

Le 14 mai, combat de Brédéa.

Le 28 juin, combat d'Aïn-Khedidja, entre Mers-el-Kébir et Bou-Sfer.

Toutes ces affaires furent des pages glorieuses pour nos troupes, mais n'amélioraient nullement la situation. Nous etions réduits à un état de défensive tel que nous ne pouvions même plus communiquer avec nos postes extérieurs sans un appareil de force considérable.

Autour d'Oran, les alertes étaient continuelles ; des attaques incessantes, des vols de nuit et de jour tenaient constamment nos tribus alliées en éveil. Le mécontentement était général. Nos officiers s'étonnaient à juste titre que le général Guéhéneuc eût interprété, d'une manière trop absolue, les ordres donnés à la division d'Oran de se tenir sur la défensive; car, en présence de notre inaction, l'audace de l'ennemi croissait de jour en jour, en même temps que diminuait la confiance de nos alliés. Aussi, dans un semblable état de choses, il était impossible que quelques tentes des tribus Maghzen ne fissent défection.

Trente-trois douars découragés et démoralisés passèrent à l'ennemi.

Les familles restées fidèles mouraient littéralement de faim et aucune mesure n'était prise pour venir à leur secours. L'avenir paraissait désespéré, lorsque l'arrivée d'un nouveau général, le général de La Moricière, vint mettre, comme par enchantement, un terme à cette difficile position et inaugurer l'ère de jours meilleurs.

L'offensive fut reprise hardiment; les familles nécessiteuses furent secourues sans retard; quelques razzias vinrent augmenter nos ressources en diminuant l'insolence de nos adversaires et, de tous côtés, on vit renaître l'espoir et la confiance (20 août 1840).

Du 1er janvier au 20 août 1840 nous n'avons à signaler que les arrêtés suivants :

9 Janvier. — Arrêté du sous-directeur de l'intérieur organisant la fourrière publique aux prix qui suivent :

Cheval, 1 fr. 25 par jour ; âne et mulet, 0 fr. 75; mouton, chèvre, 0 fr. 30 ; voiture, 0 fr. 25.

1er Février. — Arrêté du Gouverneur qui révoque de ses fonctions Sidi-Ali-ben-Merzouka à Oran, et nomme à sa place, en même temps qu'assesseur près le tribunal français en la même ville, Sid-Mohamed-ben-Ibrahim.

11 Août. — Arrêté ministériel qui révoque de ses fonctions M. Caussanel, défenseur à Oran, et nomme à sa place M. Lussac.

TRAVAUX PUBLICS DE 1838 A 1840

I. Travaux militaires. — En 1838, le génie fit préparer à la casbah, l'assiette d'un hôtel pour le conseil de guerre et commencer les casernes des disciplinaires. On commença aussi l'installation du magasin à fourrages dans le jardin Sainte-Marie, à la marine; on termina le pavillon des officiers au quartier de la cavalerie, et on travailla à l'installation de conduites d'eau pour les abreuvoirs de ce quartier, car, jusqu'alors, les chevaux des chasseurs et de l'artillerie buvaient à deux petites sources qui coulaient, l'une au-dessous du village de Karguentah, l'autre dans un petit ravin en avant et au-dessous de la mosquée.

Le défaut de casernement avait laissé jusqu'en 1839, à la charge des particuliers, une grande partie des logements militaires; cette mesure avait entravé les spéculations des propriétaires au sujet des bâtisses.

Le génie termina au mois de décembre 1838 et remit aux ponts et chaussées la route d'Oran à Mers-el-Kébir.

Cette route, commencée en 1832, avait une longueur de 6,000 mètres, dont 2,400 mètres taillés dans le roc vif et 50 mètres en souterrain.

On continua enfin les travaux de défense du camp du Figuier et de Misserghin.

En 1839, on acheva la transformation du Colysée en caserne pour les dépôts et on construisit sur le plateau Saint-Philippe un baraquement pour trois mille hommes avec ameublements; les ferrures furent apportées de France à grands frais.

Une redoute fut établie à la Sénia pour relier Oran au Figuier et, au point culminant des collines qui séparent la Sénia de Misserghin, on construisit une tour à machicoulis à laquelle on donna le nom de *Tour Combes*, en l'honneur du colonel de ce nom, du 47e de ligne, qui avait pris part aux expeditions des généraux Clauzel et Bugeaud, dans la province d'Oran, et qui était mort vaillamment à Constantine à la tête d'une colonne d'assaut (1).

II. TRAVAUX CIVILS. — Les travaux de la prison civile, de l'abattoir étaient activement poussés sous la direction de M. l'ingénieur Pézerat.

En 1840, l'école d'enseignement mutuel était installée dans son nouveau local ; l'égout de la place d'Armes était terminé et, par suite de nouvelles plantations, la promenade de Létang était ornée de cent soixante arbres d'essences variées.

La situation des bâtiments civils était alors assez mauvaise; l'administration militaire avait fait main-basse sur tous les bâtiments en bon état. L'administration civile n'avait plus eu à sa disposition que des constructions à moitié ruinées ou très dégradées.

Elle se trouva alors en présence de trois alternatives : louer, acheter ou construire. Faute d'argent, elle dut louer, ce qui l'entraîna à de fortes dépenses, en raison de l'accroissement de la valeur immobilière dans un pays où il existait des proportions énormes entre les capitaux et l'intérêt. La direction de l'intérieur à Alger conseilla l'achat en rentes pouvant être rachetées à 10 %, mais ce n'était guère avantageux, et l'on dut s'en tenir pendant de longues années encore au système des locations.

L'église Saint-Louis fut réédifiée à cette époque ; construite en 1679 sur l'emplacement d'une synagogue dont les matériaux provenaient déjà d'une chapelle du couvent des moines de Saint-Bernard, et sous le vocable de Sainte-Patience du Christ, elle fut violée et saccagée par les Arabes en 1708. Le comte duc de Mortemar la rendit au culte catholique en 1732. Le tremblement de terre l'avait complètement détruite. Nous n'y trouvâmes plus, en 1831, qu'une partie de l'abside chancelante, restée debout au milieu de masures renversées.

---

(1) Voir le plan des environs d'Oran, en 1840, page 139.

CHAPITRE IX

GÉNÉRAL DE LA MORICIÈRE

1re PARTIE. — (Du 20 Août 1840 au 31 Décembre 1841)

SOMMAIRE. — Situation militaire en 1840. — Réformes inaugurées par le général. — Combat d'Arbal. — Razzia des Beni-Amer. — Mort du chef d'etat-major de Maussion. — Expédition du Rio Salado. — Divers arrêtés concernant le personnel de la justice. — Population d'Oran au 31 décembre 1840.

1841. — Combat de Sidi Lakhdar. — Assassinat du brigadier de gendarmerie Duvignaud. — M. de Soubeyran, sous-directeur de l'Interieur. — Sauvetage du *Gothenbourg*. — Ordonnance royale du 28 février sur l'organisation de la justice. — Composition du nouveau tribunal d'Oran. — Expedition sur Tagdemt et Mascara. — M. Remy, premier commissaire priseur. — Création d'un entrepôt réel. — Coup de main des Arabes sur des Douairs, aux portes d'Oran, dans la nuit du 21 au 22 octobre. — Rentrée des tribus dissidentes. — Operations à l'exterieur. — Sorties du colonel Tempoure. — Mutations dans le personnel du tribunal d'Oran. — Population au 31 décembre 1841. — Autorités et principaux fonctionnaires d'Oran, à cette époque. — Composition de la milice. — Mouvement commercial en 1841

Le maréchal Valée, en annonçant au général de Guéhéneuc son rappel en France, lui déclara qu'il n'en connaissait pas la cause et qu'il y était complètement étranger. A Paris, on s'était ému de la reprise des hostilités, des moyens d'action dont disposait Abd-el-Kader et on prévoyait qu'il allait nous faire une guerre acharnée et implacable. L'expérience des années précédentes fit voir au ministère qu'il fallait, à la tête de la province d'Oran, un général jeune, énergique, sachant ne pas hésiter et susceptible de tenir tête aux troupes de l'Emir en usant de leur propre tactique.

Le choix se porta tout naturellement sur le maréchal de camp de La Moricière, dont les hautes qualités militaires s'étaient brillamment révélées, depuis qu'il avait quitté l'arme du génie, pour prendre le commandement des zouaves à Alger et, peu de temps après, la direction des affaires indigènes.

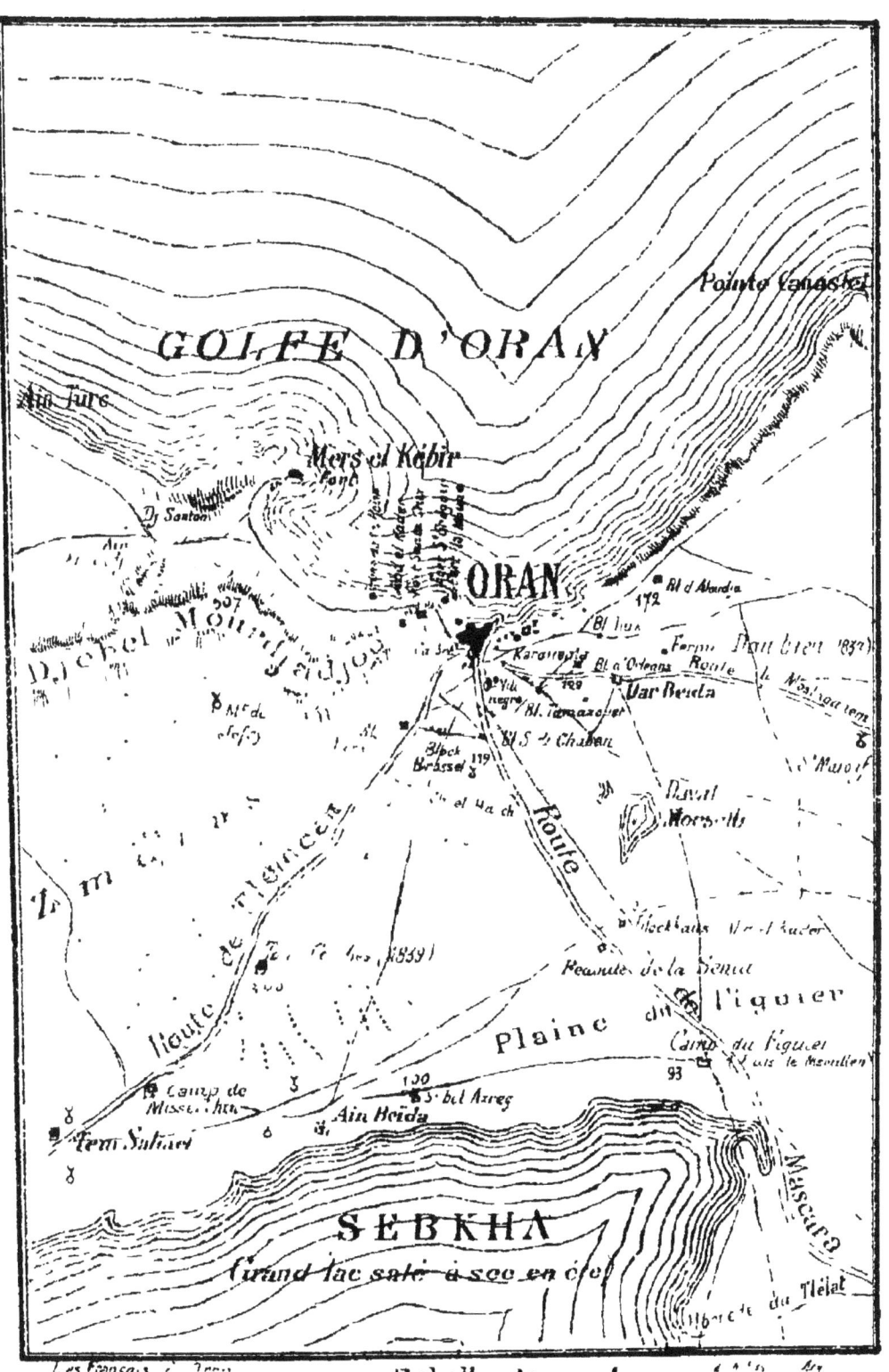

ENVIRONS D'ORAN EN 1840

Il avait trente-quatre ans et demi lorsqu'il fut nommé au commandement de la Province d'Oran, le 20 août 1840 (1).

Il s'occupa tout d'abord de donner une impulsion nouvelle à tous les services. La situation était loin d'être belle à ce moment. Autour d'Oran, nous occupions à peine un espace de trois lieues, du camp du Figuier à Misserghin ; nous occupions, sur la route de Tlemcen, la redoute de Brédéa, séjour malsain et empesté où les troupes qui s'y succédaient étaient décimées par les fièvres. Quelques jardiniers et un petit nombre de cantiniers vivaient à peine à Misserghin du produit de leur commerce avec les troupes du camp. On comptait à peine trois cabarets au Figuier. En dehors de la ville, le faubourg de Karguentah ne subsistait alors que par la présence des casernes de cavalerie, du train et de l'artillerie. La campagne était déserte ; une seule ferme, celle de M. Charles Daudrieu, commencée en 1837, s'élevait au milieu de la vaste plaine comme une oasis au milieu du désert. Partout ailleurs une solitude profonde ; pas une maison, pas une trace de défrichement ou de culture. Cette étendue immense n'était occupée et parcourue que par les Arabes. Les Européens n'osaient s'exposer sur les sentiers indiquant les routes de Tlemcen et de Mascara qu'à la suite des convois bien escortés.

Le lieutenant de l'Emir, Bou-Hamadi, khalifa de Tlemcen, venait sans cesse faire des razzias sur les Douairs et les Zmélas, restés fidèles à notre cause.

« Devant ces attaques, les troupes d'Oran restaient inactives et bloquées comme celles d'Arzew et de Mostaganem. L'état sanitaire était mauvais, le découragement universel ; la détresse de nos alliés était profonde ; on pouvait se croire au lendemain du désastre de la Macta.

« L'Emir était alors tout puissant à l'intérieur. Partout il interceptait les approvisionnements, faisait couper la tête

---

(1) Cristophe-Louis-Léon Juchault de La Moricière naquit à Nantes le 5 février 1806. Il mourut le 10 septembre 1865, au château de Prouzel, près d'Amiens.

de ceux qui avaient l'audace de nous amener des vivres ou des chevaux. » (1).

La santé du soldat fut, avant tout, l'objet de la sollicitude du général de La Moricière ; il y avait alors douze cents hommes à l'hôpital ; le nombre des décès était au moins de sept par jour. Il punit avec une juste sévérité la négligence de quelques officiers de santé, demanda un médecin plus habile à Alger, (M. Jourdain), et fit évacuer le fort de Brédéa.

Il s'occupa ensuite de l'installation des troupes ; il les retira des masures où elles étaient entassées, pour les mettre dans des locaux plus vastes négligés jusqu'alors.

Chaque homme dut avoir une ceinture de flanelle, comme celle des zouaves, une peau de bouc ou un petit bidon revêtu de drap pour emporter de l'eau ; une cravate remplaça le col d'ordonnance ; il fit découdre les sacs de campement pour être réunis et dressés sous la forme d'une petite tente, dite plus tard *tente-abri*. Ces deux dernières réformes, qui étaient contraires aux règlements, ne furent pas tout d'abord approuvées par le ministre de la guerre, et le général de La Moricière fut menacé de payer sur son traitement ces dépenses, mais il triompha grâce à sa fermeté et à sa persévérance.

Il fit donner un mulet par compagnie au lieu d'un mulet par bataillon.

Il organisa enfin un service de renseignements fournis par les indigènes, où il fut aidé par Mustapha-ben-Ismael, par le capitaine d'état-major de Martimprey et surtout par le capitaine Daumas.

Les Douairs et les Zmélas étaient réduits à la dernière misère ; il leur fit distribuer, en plus de la solde propre aux cavaliers du Maghzen, une demi-livre de blé par tête et par jour ; il ramena ainsi la confiance parmi nos alliés.

A la fin de septembre 1840, il apprit que Bou-Hamadi s'avançait avec de forts contingents à Arbal pour attaquer

---

(1) *Vie de La Moricière*, par KELLER, député du Haut-Rhin. Une partie des renseignements qui suivent ont été puisés dans cet ouvrage.

nos tribus. Dès le matin, il fait prendre les armes à la division et se porte en avant avec quatre bataillons et le 2ᵉ chasseurs d'Afrique, ayant à sa droite les troupes de Misserghin et à sa gauche le Maghzen. A eux seuls les chasseurs culbutèrent les Arabes et les poursuivirent jusqu'à cinq lieues d'Oran.

Quelques jours plus tard, pour mettre les troupes en haleine, le général de La Moricière faisait une pointe sur les Beni-Amer.

Le 21 octobre 1840, à trois heures de l'après-midi, il fit prendre les armes à sa division, sous prétexte d'une revue. On marcha toute la nuit et, au point du jour, on tomba sur l'ennemi. Les cavaliers du Maghzen tuèrent quelques hommes et six femmes qui les avaient insultés en les appelant chiens, serviteurs des fils de chien. Nous prîmes un millier de bœufs et deux mille moutons. Les prises furent livrées à l'intendance pour 32,000 francs que l'on partagea entre les soldats, les alliés et les pauvres d'Oran. Les silos des Beni-Amer furent vidés et fournirent à Oran une abondance depuis longtemps inconnue. On eut malheureusement à regretter la mort du chef d'état-major lieutenant-colonel de Maussion ; à la tête d'une poignée de chasseurs d'Afrique, il s'élança au secours d'une compagnie aventurée à l'arrière-garde. Sa bravoure l'emporta trop loin ; trois Arabes l'entourèrent mortellement blessé ; il fut relevé par le chef d'escadron d'état-major de Crény, qui courut lui-même les plus grands dangers.

Le lieutenant-colonel Pélissier remplaça de Maussion comme chef d'état-major.

« Pour rompre complètement le cercle qui nous étreignait, il fallait aussi refouler les Arabes de l'ouest, auxquels s'étaient joints les Beni-Amer en fuite. Il n'était pas possible d'arriver sur eux près du Rio-Salado en une seule nuit. Le général de La Moricière usa alors d'un stratagème ingénieux.

« Tous les jours, deux ou trois bataillons allaient dans la plaine des Andalouses couper de l'halfa, qui servait aux chevaux en remplacement de paille.

« Le 26 novembre 1840, il part avec son infanterie et, au lieu de revenir, il continue dans la même direction. C'était un jour de fête pour les Arabes et jour de courrier qui passait pour être consacré à la correspondance.

« La seconde nuit fut remplie d'émotions ; il faisait d'abord clair de lune, puis, à dix heures, on eut l'obscurité la plus complète ; on marchait un par un dans une broussaille inextricable. Deux vedettes ennemies, que l'on avait enlevées, s'échappèrent et allumèrent des feux sur un pic voisin. Malgré ce signal, on atteignit, à huit heures du matin, le gué du Rio-Salado ; les Arabes étaient en fuite, mais le commandant Montauban, avec deux escadrons de spahis, parvint à couper une troupe et revint avec sept cents bœufs et douze cents moutons ou chèvres, qui, ne pouvant suivre la colonne, furent mangés sur place (1). »

Depuis l'arrivée du général de La Moricière à Oran, jusqu'au 31 décembre 1840, nous n'avons à signaler qu'un arrêté du sous-directeur de l'intérieur, M. Dussert, plaçant un poste de soldats turcs à la grande mosquée pour assurer le bon ordre et la propreté, et les arrêtés suivants portant mutation dans le personnel de la justice d'Oran :

26 Octobre 1840. — Arrêté ministériel nommant M. Maumus défenseur à Oran, en remplacement du sieur Aussenat, révoqué de ses fonctions.

5 Décembre. — Arrêté ministériel nommant M. Germain, juge suppléant démissionnaire, au quatrième office de défenseur institué à Oran.

5 Décembre. — Arrêté ministériel portant que M. Gauran, juge, est attaché au tribunal de première instance d'Oran.

26 Décembre. — Arrêté ministériel qui attache M. Delort, juge suppléant, au tribunal de première instance d'Oran.

---

(1) *Vie de La Moricière* par KELLER.

Au 31 décembre 1840, la population d'Oran est de

Français	1,511	
Etrangers	2,910	8,604
Israélites	3,192	
Musulmans	991	

Pendant l'année, le mouvement de la population européenne s'est effectué ainsi qu'il suit :

Naissances	222
Décès	263

Il y eut enfin trente-trois mariages européens, en 1840, à Oran.

1841

Le général de La Morícière continua sans relâche ses coups de main sur les tribus hostiles des environs d'Oran.

Il restait à agir au sud-est contre les Gharabas protégés par la cavalerie d'Abd-el-Kader au Sig.

Le 12 janvier 1841, le général sortit d'Oran.

Quand on entra dans la forêt de Muley-Ismaël, les Arabes y entraient de leur côté, en sens inverse, pour faire un coup de main sur Oran ; les deux troupes cheminèrent côte à côte sans se rencontrer ; on arriva ainsi sur les tentes des Gharabas sans défense et la razzia fut complète. Les Arabes, qui s'étaient hâtés de revenir sur leurs pas, essayèrent d'inquiéter notre retraite près de Sidi-Lakhdar, mais notre cavalerie les sabra vigoureusement. Ils laissèrent trois cents morts sur le terrain. Dans cette charge se distinguèrent le commandant Montauban et le capitaine d'artillerie Bosquet, qui reçut une balle à la tempe et faillit perdre l'œil.

Le 27 janvier, la division sortit de nouveau dans le but d'opérer une razzia dans la plaine de la Mléta.

Le lendemain, le brigadier de gendarmerie Duvignaud et trois gendarmes à cheval reçurent l'ordre du colonel Montpezat, commandant la place, de se porter à la gauche des troupes qui rentraient, afin de s'assurer qu'il ne restait personne en arrière.

Duvignaud trouva un militaire du 15ᵉ léger qui, trop fatigué, ne pouvait ramener en ville un bœuf dont la conduite lui avait été confiée. Les gendarmes prirent alors l'animal en charge et renvoyèrent le soldat à son corps.

Arrivé à hauteur des premiers moulins à vent, à mille mètres environ des murs d'Oran, ce bœuf s'abattit sans qu'il fût possible de le relever.

Le brigadier Duvignaud ordonna aux gendarmes de le garder et se rendit au bureau de la place pour demander des ordres. Il était neuf heures du soir quand il put se mettre en route pour rejoindre ses hommes.

Il rencontra alors en chemin plusieurs cavaliers arabes qui vinrent à lui. Il leur cria aussitôt : Qui vive? — Zami, zami ! lui fut-il répondu, Douairs de Mustapha !

Duvignaud, pourtant, craignant une surprise, s'arrêta pour retirer sa carabine de la botte.

Mais les cavaliers, s'élançant sur lui, déchargèrent leurs armes à feu. Duvignaud, blessé grièvement et renversé de cheval, fut entouré par les traîtres qui, le yatagan à la main, le dépouillèrent de ses vêtements et de ses armes.

« Pendant un instant, a dit après leur victime, je n'ai vu que lames d'acier s'agiter près de moi. »

Les soldats du blockhaus de Sidi-Chaban, témoins de cette scène, avaient tiré sur les brigands qui s'enfuirent en emmenant le cheval tout harnaché du brigadier.

Duvignaud, ramené à Oran et transporté à l'hôpital, expira quelques jours après.

Il n'y eut plus, jusqu'au mois de mai, d'évènements militaires.

Le 29 janvier, un arrêté du ministre de la guerre rendit définitive la nomination provisoire du sieur Laujoulet, en qualité de notaire à Oran et le soumit à la formalité du serment et à l'obligation du versement d'un cautionnement de 3,000 francs.

Le 2 février, une ordonnance royale nomma M. de Soubeyran, sous-directeur de l'intérieur à Oran, en remplacement de M. Dussert, qui fut nommé secrétaire de la direction de l'intérieur à Alger.

Le 15 février, le navire suédois le *Gothenbourg*, battu par une affreuse tempête et se trouvant en perdition en avant du port d'Oran, fut sauvé grâce aux efforts et au dévouement du capitaine de corvette d'Assigny, commandant le brick le *Dragon*.

Le 28 février, parut l'ordonnance du Roi sur l'organisation de la justice en Algérie.

Cette ordonnance, qui devait être encore modifiée l'année suivante, n'était pas exempte d'imperfections ; elle n'en a pas moins corrigé les plus grands vices de celle du 10 août 1834, dont elle adopta le cadre ; seulement elle l'a élargi dans quelques-unes de ses parties, selon les besoins et les exigences que le développement naturel des affaires avait créés.

Elle a encore étendu l'application des principes de notre souveraineté, en disposant que les tribunaux musulmans ne pourraient connaître des crimes commis par des Musulmans qu'autant qu'ils ne seraient pas prévus par la loi française.

De plus, les juges sont inamovibles pour cinq ans ; les tribunaux de première instance sont composés de trois magistrats, un juge et deux juges adjoints ; le roulement est aboli.

Le juge connaît, en outre, des affaires de commerce, à l'égard desquelles sa compétence en dernier ressort est la même qu'en matière civile.

Une ordonnance du même jour porta fixation des traitements des membres de différents tribunaux.

Celui du juge et du procureur du roi à Oran fut de 5,000 francs ; celui du juge adjoint, de 3,000 francs.

Les titulaires du tribunal d'Oran, nommés par l'ordonnance royale du 13 avril 1841, furent les suivants :

Juge : M. Gauran, actuellement juge.

Juges adjoints : MM. Colonna d'Ornano, procureur du roi à Corte, Pierrey, avocat.

Procureur du roi, M. Lardeur, ancien procureur du roi.

Le 18 avril, un arrêté de M. de Soubeyran autorisa le sieur Blondeau à donner des bals deux fois par semaine dans son café de la rue de Vienne, n° 6.

Le 8 mai, un arrêté ministériel nomma secrétaire de la sous-direction de l'intérieur à Oran, M. Costallat, secrétaire du commissariat civil de Douera, en remplacement de M. Calendini nommé commissaire civil de Mostaganem.

Les opérations militaires du général de La Moricière avaient dégagé Oran et aguerri les troupes ; mais des renforts étaient encore nécessaires, avant d'aller attaquer Abd-el-Kader dans ses positions.

Le général Bugeaud, désigné, le 29 décembre 1840, pour succéder au maréchal Valée, était arrivé à Alger, le 22 février 1841.

Le général de La Moricière lui soumit le plan d'aller s'établir avec sa division à Mascara et y vivre aux dépens des Arabes, transportant ainsi à quinze lieues du littoral, notre base de ravitaillement, au cœur même de la puissance de l'Emir. Le général Bugeaud traita d'abord cette entreprise de chimère et n'en décida pas moins l'expédition de Mascara dont il prit le commandement. Mostaganem fut choisi comme base d'opérations ; il y arriva, le 12 mai 1841, avec le duc de Nemours, commandant une brigade, et le lieutenant-colonel Cavaignac, commandant les zouaves. Le 30 mai, on entra à Mascara, après avoir détruit Tagdemt. On y installa le 15e léger et un bataillon du 41e, sous les ordres du commandant Géry, bientôt après lieutenant-colonel et commandant de place, puis on rentra à Mostaganem.

Rentré à Oran, le général de La Moricière, de concert avec le nouveau sous-directeur de l'intérieur, M. de Soubeyran, l'ingénieur des ponts et chaussées Aucour, le chef du génie

Bizot et le chef du service du domaine Collin, s'occupa activement, comme nous le verrons plus loin, des questions de voirie, d'alignements, d'édifices publics, d'agrandissement de la ville, de distributions d'eau, de défrichements, etc. Il demanda le prolongement et l'élargissement des quais, l'établissement de magasins pour la douane, l'agrandissement de l'abattoir, les réparations des anciens aqueducs et de nombreux travaux de route, entre autres la route d'Oran au Château-d'Eau.

Il fut créé, le 4 juin, un office de commissaire-priseur à Oran et il y fut pourvu par la nomination de M. Rémy.

Un arrêté du 4 juillet créa à Oran un entrepôt réel dans l'immeuble de Puig y Mundo de la rue d'Orléans. La faculté de l'entrepôt fictif fut conservée aux marchandises qui n'étaient passibles que des droits d'octroi.

Le 8 septembre, une ordonnance royale autorisa le général de La Moricière à accepter l'épée d'honneur qui lui fut offerte par les habitants de la ville de Nantes pour rendre hommage à ses brillants services en Algérie.

Le 30 septembre, parurent deux arrêtés : l'un du ministre de la guerre, nommant le sieur Bilhard Feurier défenseur près le tribunal de première instance d'Oran, en remplacement du sieur Lussac, nommé défenseur à Alger ; l'autre du gouverneur général, portant que les milices provisoires de Mers-el-Kébir et de Misserghin formeront deux compagnies régulières rurales, seront organisées comme les autres milices de l'Algérie et feront partie de celle d'Oran.

Au mois d'octobre 1841, pendant que le général de La Moricière était allé avec ses troupes ravitailler Mascara et faire la chasse à l'Emir, de concert avec la colonne Bugeaud, les habitants d'Oran eurent l'occasion d'entendre encore parler la poudre jusque sous leurs remparts.

Dans la nuit du 21 au 22 octobre, entre minuit et une heure, peu de temps après le coucher de la lune, un parti d'Arabes assez nombreux, vraisemblablement informé que pendant les fêtes du Ramadan, qui se célébraient en ce moment, beaucoup de guerriers des Douairs et des Zmélas, au lieu de se tenir dans leurs tentes, passaient volontiers la nuit en ville, traversa, dans le plus profond silence, le fossé de l'enceinte intérieure et se jeta à l'improviste sur deux douars de nos fidèles auxiliaires, qu'ils pillèrent en moins de vingt minutes.

L'ennemi, aussitôt après, se retira en toute hâte, tuant un homme et emmenant avec lui cinquante-huit femmes et enfants.

Il perdit, de son côté, un des siens et laissa un prisonnier. Aux cris d'alarme qui se firent entendre, on tira quelques coups de canon et on se mit à sa poursuite, mais il avait une trop grande avance pour qu'il fût possible de l'atteindre.

On suivit sa trace au-delà de Tem-Salmet, dans la direction de Brédéa.

La colonne du général Bugeaud et le Maghzen ne rentrèrent à Mostaganem que le 5 novembre.

A la nouvelle du malheur qui venait de frapper les Douairs, tous, généraux et officiers, s'associèrent vivement aux désirs de vengeance de nos alliés. L'occasion ne se fit pas longtemps attendre.

Nous avons vu précédemment qu'une fraction des Douairs et des Zmélas avait fait cause commune avec l'Emir.

Mais actuellement les dissidents n'avaient qu'un désir, celui de se séparer d'Abd-el-Kader et de retourner auprès des leurs.

Pendant l'absence des cavaliers du Maghzen opérant dans le sud, une première tentative avait été faite auprès du colonel Tempoure, commandant à Oran. Réduit à des ressources tout à fait insuffisantes, cet officier supérieur était condamné à l'inaction, malgré son bon vouloir. Il tenta, néanmoins, une sortie, mais arrivé à Brédéa, il jugea prudent de rentrer dans la place.

Mustapha, dès sa rentrée à Mostaganem, avait reçu des lettres : il les communiqua au gouverneur général qui, aussitôt, donna l'ordre au général Levasseur d'accompagner à Oran, avec sa brigade, le général Mustapha et son goum et d'appuyer leurs mouvements.

Des émissaires y apprirent à Mustapha que les dissidents s'étaient rapprochés d'Oran autant qu'ils avaient pu et que leurs campements étaient disséminés entre Hammam-bou-Hadjar et le marabout de Si-Abdallah-Berkan.

Le 14 novembre, le général Levasseur sortit d'Oran. Après une marche de jour et de nuit habilement déguisée, sa colonne joignit les Douairs aux lieux qui lui avaient été indiqués et les escorta pour protéger leur retraite.

Vingt six douars, dont vingt appartenant aux Douairs et six aux Zmélas, en tout quatre cent quatre-vingt-quatre tentes, ayant trois cent cinquante cavaliers bien montés, arrivèrent à Oran dans la journée du 20 novembre 1841, au milieu des jeux d'une fantazia des plus enthousiastes. Ils ramenaient avec eux leurs troupeaux consistant en trois mille bœufs, sept mille moutons et cinq cents chameaux, précieuse ressource pour les transports ; en outre un grand nombre de chevaux de bâts, des mulets, des ânes et tous leurs bagages.

Plus de la moitié des femmes indigènes tout récemment enlevées sous les murs d'Oran, étaient revenues en même temps.

Pendant que ces évènements se passaient du côté d'Oran, le général Bugeaud rentrait à Alger, et le général de La Moricière, qui avait reçu l'ordre de s'établir à Mascara, préparait, à Mostaganem, les éléments de cette belle campagne de l'hiver de 1842, qui allait porter les coups les plus décisifs à la puissance d'Abd-el-Kader dans l'ouest.

C'est à ce moment que les ennemis de l'Emir lui opposèrent un compétiteur, le Marabout Si-Mohammed-ben-Abdallah, originaire de la grande tribu des Oulad-Sidi-Chikr, qui depuis plusieurs années s'était fait remarquer à Tlemcen, par sa piété exaltée et son ascétisme.

Nous avions tout intérêt à favoriser ce mouvement, qui venait briser l'unité de cohésion qu'Abd-el-Kader maintenait encore à peu près intacte dans ses tribus.

Mustapha-ben-Ismaël fut autorisé à soutenir le nouveau prétendant, avec la coopération du Maghzen et des troupes françaises.

Une première fois, le 3 décembre 1841, Mustapha et le colonel Tempoure sortirent d'Oran, pour avoir une entrevue avec le Marabout, près d'Aïn-Temouchent ; mais ce dernier, surpris par Bou-Hamadi, le lieutenant d'Abd-el-Kader, avait été complétement battu et s'était réfugié chez les Traras.

Une seconde sortie eut lieu le 18 décembre et l'entrevue eut lieu à Coudiat-ed-Diss, près de la fontaine d'El-Bridge. Le colonel Tempoure remit au Marabout quelques cadeaux et lui promit la protection de la France.

Pendant ce temps des mutations étaient survenues dans le personnel du tribunal de première instance d'Oran.

Une ordonnance royale du 15 décembre, avait nommé juge à Oran, M. Majorel, conseiller adjoint à la cour royale d'Alger, en remplacement de M. Gauran, nommé substitut du procureur général près la cour royale d'Alger.

M. Douesnel de Bosy avait été désigné pour remplacer, comme procureur du roi à Oran, M. Lardeur, nommé procureur du roi à Blidah, mais n'ayant pas accepté, il fut remplacé par M. Hamelin, procureur du roi près le tribunal de Château-Thierry.

Le 31 décembre, un arrêté du gouverneur général fixa, à l'égard des huissiers d'Oran, l'imposition au droit de patente, savoir : droit fixe, à vingt francs ; droit proportionnel, au dixième du loyer.

Au 31 décembre 1841, la population européenne d'Oran était de 5,301 habitants dont : 1.606 Français et 2,999 Espagnols.

Les autorités et principaux fonctionnaires d'Oran au 1er janvier 1842 étaient les suivants :

ARMÉE

MM. Juchault de La Morinière, maréchal de camp, commandant la province; Pélissier, lieutenant-colonel, chef d'état-major; Pauzier, chef d'escadron, commandant l'artillerie ; Vernhet de Laumières, capitaine d'artillerie adjoint; Bizot, chef de bataillon du génie, chef du génie ; de Rocles de Taurier, capitaine commandant la gendarmerie; marquis de Montpezat, colonel, commandant de place ; Martin, chef d'escadron, commandant le train des équipages ; de Saint-Martin, sous-intendant de 1re classe ; de Saint-Brice, sous-intendant de 1re classe ; Clavel, adjoint de 1re classe ; Rolland, adjoint de 1re classe ; Mérillon, commis entretenu de 2e classe ; Picon, Revault, Carrier, Eyraud, commis entretenus de 3e classe ; Bayart, officier comptable (habillement et campement.)

INTÉRIEUR

MM. Soubeyran, sous-directeur de l'intérieur ; Costallat, secrétaire de la sous-direction ; Nahon, interprète.

ADMINISTRATION MUNICIPALE

MM. Lesseps, maire; Dumain, secrétaire de la mairie ; Del Castillo, commissaire de police à Oran ; Samuel, inspecteur de police à Mers-el-Kébir.

PORT ET SANTÉ

MM. Cordè, lieutenant de vaisseau, directeur du port ; Avio, capitaine de santé.

TRAVAUX PUBLICS

MM. Aucour, ingénieur ordinaire de 2e classe des ponts et chaussées ; Liedke, Bogulawski, conducteurs de 2e classe des ponts et chaussées ; Schwartz, conducteur de 3e classe des ponts et chaussées ; Clérin, régisseur-comptable.

CULTE

MM. Drouet, curé d'Oran ; Garnier, vicaire ; Mohammed-ben-Gaïd, cadi ; Mohammed-ben-Ibrahim, muphti.

JUSTICE

TRIBUNAL. — MM. Hamelin, procureur du roi ; Majorel, juge ; Colonna d'Ornano, Pierrey, juges adjoints; Forcioli, greffier; Duffaux, commis-greffier ; Gantès, interprète.

Officiers ministériels. — *Défenseurs* : MM. Jugand, Maumus, Germain, Bilhard. — *Huissiers* : Larrat, Cuguillère. — *Notaires* : Lanjoulet, Sauzède. — *Commissaire-priseur* : Rémy.

FINANCES

MM. Collin, receveur de l'enregistrement, des domaines et hypothèques ; Cailly, sous-inspecteur des douanes ; Viton, receveur des douanes ; Tissié, Joubert, vérificateurs des douanes ; Dauphin, receveur des contributions diverses ; Benet, receveur des douanes et des contributions à Mers-el-Kébir ; Prieur, payeur divisionnaire.

CORPS DIPLOMATIQUE

MM. Bell, Angleterre ; Sgitcowitch, Autriche et Toscane ; Vallin, Deux-Siciles ; Pierre Badan, Espagne ; Philippe Amoretti, Etats du Saint-Siège ; Cayetan Ricca, Sardaigne ; Emmanuel Leoni, Suède et Norwège.

La milice d'Oran était ainsi composee au 1er janvier 1842 :

ÉTAT-MAJOR

MM. Bollard, chef de bataillon ; Prentout, capitaine adjudant-major ; Morel, capitaine trésorier ; Aucour, capitaine rapporteur ; Garavini, lieutenant d'ordonnance ; Lamonta, lieutenant porte-drapeau ; Gilly, Germain, lieutenants secrétaires ; Menet, adjudant.

ARTILLERIE

MM. Galland, capitaine ; Caussade, lieutenant ; Lanjoulet, sous-lieutenant.

GRENADIERS

MM. Lombard, capitaine ; Podesta, lieutenant ; Archivolti, sous-lieutenant.

CHASSEURS

1re *Compagnie*. — MM. Sauzède, capitaine ; Grandjean, lieutenant ; Bordenave, sous-lieutenant.

2e *Compagnie*. — MM. Léoni, capitaine ; Genaro, lieutenant ; Maumus, sous-lieutenant.

3e *Compagnie*. — MM. Jonquier, capitaine ; Renard, lieutenant ; Maroc, sous-lieutenant.

BANLIEUE

MM. Passetti, capitaine ; Renard, lieutenant ; Fauchon, sous-lieutenant.

MARINS

MM. Passetti, capitaine ; Lidon, lieutenant; Bax, sous-lieutenant.

VOLTIGEURS

MM. Marquis, capitaine ; Larrat, lieutenant ; Mayer, sous-lieutenant.

Pendant l'année 1841, le mouvement commercial s'était ainsi effectué :

    Importations. 14,300,135 francs.
    Exportations. 1,191,033 francs.

A Alger le chiffre de ces dernières n'avait été que de 1,121,258 francs.

CHAPITRE X

GÉNÉRAL DE LA MORICIÈRE
(Suite)

(1842 — 1843 — 1844)

SOMMAIRE. — **1842**. — Le général Bugeaud à Oran — Il faut occuper Tlemcen. Soumission des Gharabas. — Pluies diluviennes à Oran. — Courriers entre Oran et Mascara. — Le baron Larrey à Oran. —Mutations dans le personnel de la justice. — Dépôt de la légion étrangère à Oran. — Création d'un oratoire protestant. — Composition du nouveau tribunal créé par l'ordonnance du 20 novembre 1842. — M. Melon-Pradoux, juge de paix. — Transfert de l'entrepôt à Mers-el-Kebir — Son mouvement depuis le 1er juillet. — Vérification des poids et mesures. — Travaux publics à Oran en 1842 — Ecoles. — Théâtre. — Population au 31 décembre 1842.

1843. — Opérations militaires à l'extérieur. — Mort du général Mustapha-ben-Ismael. — M. Berlier de Sauvigny, sous-directeur à l'intérieur. — De La Moricière, lieutenant-général à 37 ans — M Prieur, premier trésorier-payeur d'Oran.—Rigueurs prohibitives à propos des droits de douanes.—Incendie du 25 décembre. — Travaux militaires et civils. — Population au 31 décembre 1843.

1844. — Resumé des faits militaires extérieurs. - Bataille d'Isly. — Réfugiés espagnols à Oran. — Divers actes administratifs — Fêtes du carnaval — Bal au Château Neuf.— Création d'une chambre de commerce.—L'*Echo d'Oran*, premier journal de la localité. — Situation dérisoire du conseil municipal. — Le général Bourjolly, commandant par interim à Oran. — Hauts fonctionnaires d'Oran et aspect de la ville en 1844. — Divers actes administratifs. — Mutations dans le personnel du tribunal de 1re instance. — Création de la Senia. — Impulsion donnée à la colonisation. — Répartition nouvelle des eaux. — Ordonnances royales sur la propriété et sur la justice. — Composition du nouveau tribunal. — Banquet offert à de La Moricière — Courtiers nommés à Oran. — L'évêque d'Alger à Oran. — Travaux divers en 1844. — Huîtrière des bains de la Reine.

1842

Le général Bugeaud apprit avec satisfaction les symptômes de dissolution que l'avènement d'un nouveau sultan devait apporter au pouvoir d'Abd-el-Kader. Il jugea les faits assez graves pour nécessiter sa présence dans l'ouest et, le 11 janvier 1842, il s'embarqua avec ses aides de camp sur le *Cocyte* pour se rendre à Oran.

Le colonel Tempoure, du 15e de ligne, y commandait la garnison, pendant que le général de La Moricière manœuvrait autour de Mascara.

La saison était des plus rigoureuses ; les pluies obligèrent le gouverneur général à séjourner quelques jours à Oran.

Le 20 janvier, il y rendit un arrêté qui instituait dans cette ville une compagnie d'artilleurs pompiers.

Le 24, il se mit en route avec la colonne et, malgré toutes les difficultés que la rigueur du temps, l'état des routes, les cours d'eau débordés opposèrent à sa marche, il arriva, le 30 janvier, à Tlemcen, qui fut enfin occupée définitivement.

Il y laissa le général Bedeau, avec un bataillon et les cavaliers de Mustapha-ben-Ismaël et rentra à Oran, après avoir fait occuper le poste de Sebdou.

Les cavaliers et les chefs des Gharabas, qui avaient joué, près d'Oran, le même rôle que les Hadjoutes dans les environs d'Alger, vinrent au devant du général Bugeaud et demandèrent à faire partie du Maghzen d'Oran, ce qui leur fut accordé.

Ces cavaliers habiles et entreprenants devaient être d'utiles auxiliaires sous les ordres de Mustapha.

Pendant ce temps, le général de La Moricière continuait ses battues autour de Mascara, infatigable malgré le mauvais temps, vivant du pays sur le pays lui-même, et ne laissant ni trêve, ni repos aux Hachem.

Il avait, en effet, étudié la prévoyante industrie des Arabes ; il les avait épiés creusant le sol, enfouissant la récolte et la retrouvant intacte, après notre passage, au fond des greniers souterrains ou *silos* sur lesquels nous avions campé sans les découvrir. Dès lors, sans autres bagages que de petits moulins à bras, il marchait rapidement contre l'ennemi. Avec quatre jours de provisions, il tint la campagne pendant trois semaines et plus.

« Où trouverons-nous des vivres ? demandaient les soldats. — Fouillez la terre, elle vous en donnera, » répondait leur général.

On les voyait donc, pressés par la nécessité, chercher les grains dans les silos cachés des Arabes. Spectacle étrange !
« Sur une largeur d'une ou deux lieues se formait une ligne

d'hommes sondant le sol avec des baguettes de fusil et des lames de sabre jusqu'à ce qu'ils eussent rencontré la pierre qui ferme les greniers souterrains. Pour la viande, une razzia la fournissait. On vivait moins bien, mais on marchait plus vite, et on se consolait, en battant les Arabes, des mauvais repas qu'on avait faits » (1).

De La Moricière ne rentra à Oran qu'à la fin du mois de mars, pour pourvoir ses hommes de vêtements et de chaussures.

Le 29 avril, il retournait à Mascara.

Le mois d'avril 1842 fut signalé par des pluies diluviennes ; de véritables trombes d'eau s'abattirent sur Oran et occasionnèrent de sérieux dégats ; le mur de soutènement de la rue d'Orléans s'écroula et plusieurs masures espagnoles eurent le même sort.

Le 1er mai, un service régulier de correspondance fut établi entre Oran et Mascara. Jusqu'alors des courriers extraordinaires portaient les dépêches, quand il y avait lieu. Deux brigadiers et dix cavaliers du Maghzen de Mascara furent chargés du nouveau service. Il leur fut alloué, outre les vivres et le fourrage, une somme de dix francs par voyage, aller et retour.

Un brigadier et quatre cavaliers partaient à tour de rôle de Mascara, le mercredi, à 5 heures du soir, arrivaient à Oran, le vendredi matin à 10 heures et en repartaient le samedi à cinq heures du soir.

Un service analogue fut établi entre Oran et Tlemcen.

Une ordonnance royale du 19 mai nomma le lieutenant-colonel Yusuf colonel du corps de cavalerie indigène et le lieutenant-colonel Pellion, au commandement des escadrons de la province d'Oran.

Le 2 juin, arriva à Oran, le baron Larrey, membre du

---

(1) A. Nettement : Tableau de la conquête de l'Algérie.

conseil de santé des armées, chargé d'inspecter les hôpitaux et ambulances de l'Algérie. Il était accompagné du docteur Antonini, médecin en chef de l'armée d'Afrique et de H. Larrey, son fils. Il fut reçu au débarcadère par les officiers de santé des hôpitaux et des corps, qui s'étaient hâtés d'aller au devant d'une célébrité aussi imposante.

Le général commandant le territoire d'Oran envoya aussitôt le major de la place, M. Filippi, ancien compagnon d'armes du baron Larrey, pour lui demander s'il lui serait agréable de recevoir en corps les officiers de la garnison, mais l'inspecteur déclina cet honneur.

« Le lendemain, 3 juin, le baron Larrey et le docteur Antonini commencèrent l'inspection des hôpitaux. La matinée fut employée à passer en revue le service des blessés, et le reste de la journée fut consacré à l'inspection des divisions de fiévreux. Partout, M. Larrey sema de sages maximes et répéta lui-même les heureuses applications qui avaient placé à un degré déjà si élevé, pendant la campagne d'Egypte, le savant chirurgien, mûri par une expérience de cinquante années. Un banquet lui fut offert à l'Hôtel de France. La musique du 15e léger fit entendre, pendant la durée du repas, de délicieuses symphonies, qui prêtèrent de nouveaux charmes à cette réunion de famille.

« Au dessert, M. Jourdain, médecin en chef de la province d'Oran, se leva et prit la parole au nom de tous pour porter un toast : « Au Roi, à la prospérité nationale, à M. le baron
« Larrey, le vénérable doyen du service de santé, à celui que
« l'Empereur désignait comme le plus honnête homme qu'il
« ait connu ! » M. l'inspecteur se leva à son tour pour exprimer au corps qu'il représentait si glorieusement, combien il était sensible et ému de se trouver l'objet de tant de vénération. Il déclara que cette journée marquerait dans ses souvenirs au nombre des plus belles de sa longue et laborieuse carrière.

« Le lendemain, dans la salle des conférences de l'hôpital, il exposa, aux officiers de santé réunis, ses vues théoriques médicales que la veille il leur avait appris à mettre en pratique, avec une fraîcheur d'idées remarquable ; il termina son inspection par des conseils aux jeunes officiers de santé sur les rapports qu'ils doivent entretenir avec les malades qui leur sont confiés. Le soir, l'inspecteur fut conduit jusqu'au bateau qui devait le ramener à Alger, par une nombreuse escorte qui ne voulut se séparer de lui jusqu'au dernier moment. » (*Akhbar* du 12 juin 1842.)

Le 14 juin, un arrêté ministériel nomma M. Sabatéry, docteur en droit, défenseur près le tribunal de 1re instance d'Oran, en remplacement de M. Maumus démissionnaire.

Une ordonnance royale du 25 juin nomma M. Saint-Marc, juge suppléant au tribunal de première instance de Melles, juge adjoint au tribunal d'Oran, en remplacement de M. Pierrey, nommé conseiller adjoint à la cour royale d'Alger.

Le 28 juin, le dépôt de la légion étrangère fut installé à Oran, dans une maison domaniale, rue du Vieux-Château, n° 2, au coin de la rue de Dresde.

Outre le dépôt, il y avait aussi à Oran, à cette époque, les 5e et 6e compagnies du 3e bataillon, sous le commandement du chef de bataillon Manselon, plus la section d'artillerie de la légion (1), occupant la batterie d'Ozara, entre Oran et Mers-el-Kébir.

Le 10 juillet, un oratoire protestant fut créé à Oran, avec un pasteur auxiliaire du consistoire d'Alger.

M. Hoffmann fut désigné pour ces fonctions.

Par décision ministérielle du 16 juillet, le colonel d'état-major Pélissier fut nommé sous-chef d'état-major général à Alger et remplacé provisoirement à Oran, dans ses fonctions de chef d'état-major de la division, par le chef d'escadron d'état-major de Crény.

---

(1) Cette section d'artillerie fut dissoute au mois de juillet 1848.

La justice fut réorganisée de nouveau en Algérie par l'ordonnance royale du 26 septembre 1842.

Sur le rapport du ministre de la guerre et de la justice, le Roi, par une ordonnance du 20 novembre suivant, fixa ainsi la composition du tribunal de 1re instance d'Oran :

Président : M. Planchat, juge au tribunal de Lille ;

Procureur : M. André, procureur du Roi près le tribunal de Chatellerault ;

Substitut : M. Saint-Marc, juge adjoint au tribunal d'Oran ;

Juges : MM. Beaufils, juge adjoint au tribunal civil d'Alger et Colonna d'Ornano, juge adjoint à Oran ;

Juges-adjoints : MM. Esgonnières, juge suppléant au tribunal des Sables d'Olonne et Bonhomme de Lajaumont, avocat à Paris.

M. Majorel passait au tribunal de 1re instance à Alger.

Une ordonnance royale du même jour nomma juge de paix à Oran, M. Melon Pradoux, ancien magistrat.

Plusieurs autres arrêtés parurent encore avant la fin de l'année.

Le 30 novembre, un arrêté ministériel nomma huissier, à la résidence d'Oran, M. Saurine, principal clerc d'huissier à Paris.

L'entrepôt installé provisoirement à Oran fut transféré à Mers-el-Kébir, le 1er décembre 1842, l'exiguité des magasins de la maison Puig y Mundo ne permettant pas au commerce d'y placer toutes les marchandises destinées à la réexportation.

Néanmoins, pendant cette période, c'est-à-dire du 1er juillet 1841 au 1er janvier 1843, le mouvement de l'entrepôt a été de 1,632,537 francs à l'entrée et de 1,390,228 francs à la sortie.

Les réexportations immédiates par transbordement, qui se sont élevées à une valeur de 892,367 francs, n'ont atteint ce chiffre que par suite de l'exiguité du local affecté à l'entrepôt provisoire et de son éloignement du port de Mers-el-Kébir.

Cet établissement a été transféré dans une partie du port que l'on a fait approprier à cet effet. Les magasins, situés à une grande élévation, étaient aussi incommodes pour le public que pour le service ; néanmoins les avantages dus à ces nouveaux magasins, plus vastes que les premiers, furent déjà sensibles pendant le premier semestre : le montant des entrées s'éleva à 696,408 francs et celui des sorties à 574,751 francs.

Le 21 décembre, un arrêté du Gouverneur général porta délimitation du ressort des tribunaux de justice de paix en Algérie. Aux termes de cet arrêté, le ressort du tribunal de 1re instance d'Oran, en matière civile et criminelle, comprenait le territoire délimité par l'arrêté du 7 mai 1838 pour la juridiction dudit tribunal en matière criminelle. Le ressort de la justice de paix d'Oran comprenait la ville d'Oran, sa banlieue et Mers-el-Kébir.

L'arrêté du 22 décembre donna au juge de paix, comme premier et second suppléants, MM. Germain et Sauzéde ; et comme greffier, M. Scipioni.

L'emploi de vérificateur des poids et mesures, créé à Oran par l'arrêté du 26 décembre 1842, fut donné à M. Duplan.

Pendant l'année 1842, les travaux publics reçurent une vigoureuse impulsion de la part des autorités civiles et militaires.

Le génie remit en état ses fortifications, sous la direction du capitaine de Vauban, successeur du commandant Bizot.

On répara les écorchements des escarpes et contrescarpes de la courtine du fort Saint-Philippe. On fit un corps de garde à la porte du Santon.

L'enceinte du plateau Saint-Philippe fut complétée ; la gorge du fort La Moune fut fermée par un mur crénelé de trois mètres de hauteur.

On exécuta le fossé de la ligne extérieure des Blockhaus autour de la place d'Oran, depuis l'escarpement ouest du ravin de Ras-el-Aïn jusqu'à la tour à mâchicoulis du Ravin-Blanc.

Des réparations furent faites au fort Saint-Grégoire.

Les dépenses de ces divers travaux s'élevèrent à 57,700 francs.

Une somme de 145,100 francs fut affectée à l'aménagement des bâtiments militaires :

On améliora le casernement du Château-Neuf, de Saint-André, de la Casbah et du fort La Moune.

On répara le baraquement et le casernement de Karguentah.

Les eaux de Ras-el-Aïn furent amenées dans ce quartier au moyen d'une conduite de deux cents mètres de longueur avec siphon.

Le magasin à fourrages fut entouré d'un mur.

On appropria une maison domaniale pour le dépôt de la Légion étrangère, comme nous l'avons vu plus haut.

Une somme de 116,000 francs fut enfin employée aux constructions neuves suivantes :

Rez de chaussée et premier étage à la caserne du Château-Neuf.

Hangar dans le parc aux bœufs.

Bâtiment neuf à l'hôpital de la mosquée pour quinze cents lits ; un autre pour le laboratoire, la salle d'autopsie, le magasin au linge sec.

Grenier pour séchoir couvert.

Les travaux civils comprirent l'achèvement du hangar de l'abattoir, de l'aqueduc de Ras-el-Aïn, du chemin du Château-d'Eau et de la route d'Oran à Mers-el-Kébir, ainsi que l'empierrement des rues Philippe, Napoléon, d'Orléans et de la Marine.

M. Ferrand, entrepreneur des travaux, termina la prison civile de la rue de Gênes, et fut chargé de l'installation du tribunal dans l'école mutuelle, rue Bassano, 2.

Oran possédait six écoles, en 1842, avec 736 élèves ainsi répartis :

Ecole d'enseignement mutuel,	85 élèves
Ecole privée,	25 »
Ecole française de jeunes israélites,	40 »
Ecole de filles tenue par les sœurs,	232 »
Ecole indigène arabe,	5 »
Ecole indigène juive,	349 ».
Total	736

Un théâtre provisoire avait été installé dans un local de la place Napoléon, entre la rue de Naples et l'impasse des Quatre-Bras.

La troupe dramatique de Madame Curet d'Alger vint y donner des représentations aux mois de juin et de juillet ; elle y fut remplacée, au mois d'août, par la troupe lyrique italienne de M. Menzocchi.

Au 31 décembre 1842, la population européenne d'Oran était de 7,140 habitants, comprenant 1,881 Français, 4,433 Espagnols, 149 Anglais, 609 Italiens et 68 Allemands.

1843

Abd-el-Kader, dans les derniers mois de 1842, avait profité du retour forcé des colonnes de la division d'Alger dans leurs cantonnements, pour envahir les montagnes de l'Ouaransenis, la vallée du Chélif et le Dahra. Cependant les colonnes de la province d'Oran se tenaient constamment en mouvement, malgré les pluies, les neiges, les difficultés des routes et des ravitaillements, pour s'opposer à de nouveaux envahissements.

Le cadre de cette notice historique ne nous permet pas de suivre les belles expéditions du général Gentil autour de Mostaganem, du général Bedeau à l'ouest, ni celles du général de La Moricière, du colonel Géry et du général Tempoure dans la région de Mascara.

Le général Bugeaud avait compris la nécessité d'étendre notre occupation et d'occuper des points importants pour couvrir les tribus qui avaient droit à notre protection ; c'est alors que l'on vit s'élever des postes permanents à Orléansville, à Boghar, à Teniet-el-Had, à Ammi-Moussa, à Tiaret.

Nous ne citerons que pour mémoire les brillants combats de Sidi-Lekehal, de Loha et de Sidi-Youssef, et la prise de la Smala d'Abd-el-Kader par le duc d'Aumale.

Une perte douloureuse vint malheureusement affliger l'armée au milieu de ses succès.

Le 22 mai, le général Mustapha-ben-Ismaël, ramenant à Oran la cavalerie indigène chargée de butin, fut attaqué, en traversant le pays boisé des Cheurfa, sur les bords de la Menasfa ; la terreur s'empara des Arabes, ordinairement si braves ; leur vieux chef fit de vains efforts pour les rallier ; il périt les armes à la main. Les Cheurfa portèrent sa tête à Abd-el-Kader comme un trophée.

L'Emir traita avec générosité les dépouilles de son ennemi vaincu ; il les fit ensevelir pieusement. Quant au corps mutilé de Mustapha, il fut enlevé le surlendemain, pendant la nuit, par les siens, et transporté à Oran, où, après les honneurs rendus à sa sépulture, en raison du grade qui lui avait été conféré, il eut de la peine à trouver un tombeau. (1)

Ce ne fut que bien plus tard que l'on construisit en son honneur, près de Zemmora, une tour surmontée d'une coupole, pour consacrer le souvenir des services éminents qu'il nous avait rendus, car il fut notre auxiliaire le plus brave, le plus actif et le plus habile.

Dans les expéditions que notre armée fit aux environs de Tlemcen, Mustapha montra une intelligence de la guerre et

---

(1) Mustapha était né à El-Amriyah, auprès du Rio-Salado, sur la route d'Oran à Tlemcen, vers l'année 1768. Du temps des Turcs, il était agha des Douairs et des Zmélas, les deux tribus arabes du Maghzen d'Oran. Décoré de l'ordre de la Légion d'honneur en 1836, à Tlemcen, des mains du maréchal Clauzel, il avait plus tard reçu la croix d'officier et avait été nommé maréchal de camp.

une bravoure qui lui attirèrent les éloges du maréchal Clauzel, juge compétent en pareille matière.

Depuis lors il n'y eut pas un seul combat remarquable livré dans la province d'Oran, sans que le nom du général Mustapha ne s'y trouve honorablement mêlé. Chrétiens ou musulmans, tous rendent hommage à sa brillante bravoure.

« Tous ceux qui ont fait les expéditions de la province d'Oran, dit le rédacteur de l'*Historique du 47ᵉ de ligne* (1), se rappelleront longtemps la figure patriarcale de ce guerrier, qui, dans un âge où l'homme ne cherche que le repos, a conservé toute la vigueur de la jeunesse unie au flegme du vieillard. Leur imagination leur rappellera bien des fois ses drapeaux verts et blancs flottant derrière lui, et qui, déployés majestueusement sur les hauteurs en avant de nos colonnes, semblaient autant de phares qui dirigeaient notre marche sur ce sol inconnu. »

A Oran, les premiers mois de l'année 1843 ne furent signalés par aucun fait remarquable.

Le 9 juin, M. Bertier de Sauvigny fut nommé sous-directeur de l'intérieur à Oran, en remplacement de M. de Soubeyran, nommé aux mêmes fonctions à Bône.

M. de Soubeyran a administré la ville d'Oran avec zèle et intelligence; on le vit partir avec regrets; il connaissait à fond les hommes et les choses de la localité et il était à même de rendre d'autant plus de services.

M. Bertier de Sauvigny, ancien officier de spahis, venait de remplir les fonctions de commissaire civil à Boufarik, où il s'était fait remarquer par sa bravoure et son énergie en défendant le camp d'Erlon à la tête de ses administrés (13 juin 1840).

A cette même date du 9 juin, une ordonnance royale nomma M. Truant, juge-suppléant au siège de Digne, juge-adjoint au tribunal d'Oran, en remplacement de M. Esgonnière, maintenu dans ses fonctions aux Sables d'Olonne.

Le 11 juillet, un arrêté porta, de quatre, à cinq le nombre des défenseurs près le tribunal d'Oran, et nomma M. Delagrange, avocat, à ce nouvel emploi.

L'ordonnance royale du 31 juillet, qui conféra au général Bugeaud le titre de maréchal de France, nomma le maréchal de camp de La Moricière au grade de lieutenant-général.

Il avait alors trente-sept ans.

L'arrêté du 4 août fixa le ressort de l'administration civile et judiciaire d'Oran dans les limites suivantes :

1° A l'ouest, le cours du ruisseau qui se jette dans la mer aux ruines des Andalouses, depuis son embouchure jusqu'à sa source, dite Aïn-Mta-Djeddara; de là, en suivant de l'ouest à l'est la crête escarpée qui domine la plaine des Andalouses et la Ferme, en passant au-dessous de Aïn-el-Anser, Aïn-Sidi-bou-Asfar, Aïn-Sidi-bou-Amer, jusqu'au point où le chemin, dit : *chemin des Espagnols*, par lequel on monte du col d'Aïn-Khedidja sur le plateau du Santon, coupe la crête escarpée précitée; de là, en se dirigeant vers le sud, au marabout de Djefri, à la source de Misserghin, par une ligne droite, au point où le chemin de Tem-Salmet quitte la grande route de Tlemcen ; de là au grand lac (Sebka), en laissant au-dedans de la limite la Daïat-el-Khail.

2° Au sud, au bord du lac, jusqu'au point où il fait une rentrée à deux mille mètres au sud du camp du Figuier; de là, quittant le lac de Tharhig dès sa rentrée, jusqu'à la route d'Oran à Mascara, et, ensuite, la route de Mascara jusqu'à Dika.

3° A l'est, en se dirigeant vers le nord, en suivant les confins de la terre du Beylik d'el-Kerma, pour gagner le marabout d'El-Kerma, et successivement les marabouts de Sidi-el-Thami, de Sidi-Abd-el-Kader, et, à partir de ce dernier, par une direction presque nord, en arrivant au Mechta de Ben-Daoud; de là, coupant la route d'Oran à Arzeu, à mille mètres environ à l'est d'Hassi-el-Djer; d'Hassi-el-Djer à une pyramide en pierres, ancien signal géodésique, et de ce dernier point à la mer.

4° Au nord, la mer.

Le changement de sous-directeur de l'intérieur devait entraîner aussi celui du secrétaire : un arrêté ministériel du 12 septembre nomma, en effet, M. Costallat commissaire civil à Douéra, et le remplaça par M. de Bretagne. secrétaire du commissaire civil de Cherchell.

Un arrêté du 28 octobre créa, dans la milice d'Oran, trois nouvelles compagnies de chasseurs et un demi-escadron de cavalerie.

Celui du 22 novembre autorisa l'achat, au prix de 7,000 francs, au sieur Paillotte, d'une maison pour la pépinière de Misserghin.

Le 16 décembre furent promulguées deux ordonnances royales, l'une créant à Oran l'emploi de trésorier-payeur, et en conférant l'emploi à M. Prieur; jusqu'alors le trésorier-payeur d'Alger centralisait les services du trésor et des postes pour toute l'Algérie. L'autre ordonnance régla les questions de douane qui se rapportaient à la navigation, aux importations, aux exportations et aux entrepôts. Les navires français furent largement favorisés ; on frappa de droits élevés toutes les marchandises de provenance étrangère. Ces nouvelles rigueurs prohibitives, provoquées dans l'intérêt de l'industrie et des manufactures de la métropole, furent accueillies avec un vif mécontentement à Oran, car elles amenèrent le renchérissement d'une foule d'objets de consommation que l'Espagne et les entrepôts de Gibraltar fournissaient à bon marché.

La fin de l'année fut signalée par un sinistre qui mit à l'épreuve les pompiers et les miliciens d'Oran. Dans la nuit du 25 au 26 décembre, un violent incendie se déclara dans le local du tribunal. Les secours arrivèrent promptement et, grâce au zèle de la milice, les dégâts furent presque insignifiants.

Le général Thierry, commandant le territoire d'Oran, signala dans son rapport :

MM **Buès,** sous-lieut. de la milice.
  Marty, maréchal logis d'artillerie
  Coudray, brigadier.
  Laroche, artilleur.
  Saly, pompier.

MM. **Ballou,** pompier.
  Mottet, id.
  Garcin, grenadier.
  Ventau, id.
  Vaillant, id.

TRAVAUX MILITAIRES

En 1843, le génie aménagea au caravansérail un casernement pour deux dépôts ; il fit construire un corps de garde à la porte de Mers-el-Kébir, et prépara les fondations du magasin du campement sur une surface de 580 mètres carrés.

Il termina la caserne du Château-Neuf pour mille trente-deux hommes.

A la suite d'une expropriation, l'hôtel du général commandant la subdivision fut installé dans une maison de la rue de Wagram, numéro 8.

TRAVAUX CIVILS

Le service de la voirie et des bâtiments civils fut organisé en 1843 à Oran, pour la première fois.

Les travaux d'une église sur l'emplacement d'une ancienne église espagnole furent mis en adjudication au prix de 76,000 francs.

Le beau quai de La Moune, dont les fondations en béton et le couronnement en pierres de taille garantissent la solidité, fut achevé sur une longueur de cent mètres.

Les travaux de la douane furent aussi continués.

Le nombre des maisons construites en 1843 s'éleva au chiffre de 93 : depuis 1836 il en avait été bâti 300 environ.

On avait construit en outre quatre moulins à eau, trois moulins à vent, quatre briqueteries et une fabrique de plâtre.

Citons enfin l'achat, en octobre 1843, de la ferme de Dar-Beïda, par M. l'avocat Bilhard-Feurier, et la création, en décembre, d'une pépinière gouvernementale à Misserghin.

Au 31 décembre 1843, la population d'Oran était de 13,218 habitants, ainsi répartis :

Français.	1,741
Espagnols. . . .	4,312
Etrangers divers.	918
Israélites	4,287
Musulmans . . .	1,663
Nègres	297
Total	13,218

Le mouvement de la population européenne pendant l'année s'était effectué ainsi qu'il suit :

Naissances	401
Décès	307

Le nombre de mariages européens avait été de 80 en 1843.

1844

Abd-el-Kader, poursuivi sans relâche par nos colonnes mobiles, abandonné des siens, avait, à la fin de l'année 1843, quitté la province d'Oran et s'était réfugié dans les montagnes du Riff, au delà de nos frontières. Son influence religieuse rallia bientôt autour de lui une sorte d'armée, composée en grande partie d'aventuriers, et avec laquelle il franchissait souvent la frontière pour piller nos tribus.

Les Marocains, malgré nos réclamations, avaient embrassé sa cause; l'empereur Abd-er-Rahman lui avait donné le titre de Khalifa.

Pour être prêt à parer aux graves éventualités que tout faisait prévoir comme très prochaines, le général de La Moricière avait fait occuper le fort de Sebdou, relevé de ses ruines ; et, pour surveiller Ouchda, il etablit un camp à Lalla-Marnia, près de la frontière du Maroc. C'est là qu'un parent de l'empereur, parti d'Ouchda avec un corps de cavalerie régulière, vint attaquer nos troupes sans déclaration de guerre et fournit à notre jeune général l'occasion d'un nouveau brillant succès (30 mai 1844).

Deux mois et demi plus tard, le 14 août, le maréchal Bugeaud infligeait aux Marocains un juste châtiment sur les bords de l'Oued-Isly ; la victoire fut complète, mais nos résultats en furent malheureusement nuls. Nous y gagnâmes au contraire un tracé de frontière dérisoire et qu'une défaite seule aurait pu nous imposer.

Pendant cette première partie de l'année et jusqu'au mois de novembre aucun évènement remarquable ne se produisit à Oran ; nous n'avons à mentionner que l'arrivée à Oran, le 30 mars, de cent quatre-vingt-quinze réfugiés espagnols des provinces de Murcie et de Carthagène. Parmi eux on remarquait neuf officiers supérieurs, le général Ruis, président de la junte de Murcie, le brigadier d'artillerie Santa-Cruz, président de la junte de Carthagène, et le commandant Gavali, vice-président de la même junte.

C'est à la suite de la rentrée de la reine Christine en Espagne qu'eut lieu cette nouvelle émigration. Les troupes de la reine, qui s'étaient présentées devant Carthagène, voulant s'emparer de la ville sans capitulation, les assiégés se virent dans la nécessité de prendre un parti décisif, comptant fort peu, du reste, sur les promesses évasives qui leur étaient faites par les assiégeants ; ils se mirent à cet effet sous la protection des consuls résidant à Carthagène et particulièrement sous celle des consuls de France et d'Angleterre, qui, après bien des peines, parvinrent à embarquer les plus notables de la ville à bord du *Cassard*, mouillé en rade de Carthagène. Ils furent conduits directement à Oran, d'où le *Sphynx* les transporta à Alger.

Vers la fin du mois de février, le général de La Moricière vint passer quelques jours à Oran, avant de se diriger vers l'ouest.

Sa présence dans les murs de notre cité fut le motif de plusieurs fêtes qui prolongèrent le carnaval.

Le 21 mars, il les clôtura par un bal travesti qui fut des plus brillants ; les salons du Château-Neuf furent illuminés jusqu'au lever du soleil ; il y eut dans les costumes une variété, une richesse et une fraîcheur auxquelles on était loin de s'attendre.

Les actes administratifs intéressant la ville d'Oran pendant cette période sont énumérés sommairement ci-après :

Oran n'avait pas encore de chambre de commerce; l'arrêté ministériel du 4 octobre combla cette lacune.

La chambre de commerce d'Oran se composait de neuf membres, dont sept français, un musulman et un israélite, choisis parmi les notables commerçants actuellement en exercice dans la localité.

La nomination des membres devait avoir lieu dans une assemblée convoquée et présidée par le sous-directeur de l'intérieur, et composée des membres du tribunal de première instance et de trente notables commerçants, dont quinze étaient désignés par le sous-directeur et quinze par le tribunal.

Les membres étaient nommés pour trois ans par scrutin secret de liste et à la majorité absolue des suffrages.

Le président est nommé par les membres de la chambre.

Les dépenses prévues par le budget de la chambre de commerce devaient être payées au moyen d'une contribution de 15 %, en sus du prix des patentes qui sera perçu dans la localité.

M. Emmanuel Léoni fut le premier président de la chambre de commerce d'Oran.

Au commencement de 1844, avait paru le premier journal d'Oran, sous la direction da M. Sadoux, ancien sergent-major.

Le 19 octobre, ce journal, qui prit le titre de l'*Echo d'Oran*, passa à M. Perrier, qui l'a dirigé très vaillamment pendant près de quarante ans et dont le fils le dirige aujourd'hui.

M. Perrier a sa place marquée parmi les pionniers de la première heure.

Toujours fidèle à sa mission de combattre les abus et de

prendre en main les intérêts des colons et de la cité, il eut à subir plus d'une fois les rigueurs et les rancunes de l'administration, mais ses intérêts ne lui firent jamais oublier la ligne de conduite que sa conscience lui avait tracée ; il resta toujours un journaliste honnête et loyal. Il sut se choisir des collaborateurs habiles et rompus aux choses algériennes, mais il ne craignit pas de les éliminer lorsque leurs écrits dépassaient le but indiqué.

Parmi eux nous citerons les noms de Berthoud, Jules Duval, Marie Achard, Toulouze, Albert Mercier, Antony de Méray, Pichard, Lenthéric, Guilhon, Dupin et Testu.

Le 1er novembre s'ouvrit l'école des frères de Saint-Joseph du Mans, dans une maison cédée gratuitement à la commune par le curé Drouet.

Comme nous l'avons vu précédemment, l'existence civile de la commune avait complètement disparu. Les conseils municipaux, devenus inutiles, n'avaient pas été renouvelés ; ils disparurent sans même qu'une disposition spéciale ait eu à prononcer leur suppression.

Le maire et ses adjoints avaient seuls été maintenus comme fonctionnaires de l'état-civil, et le gouvernement se donna la peine de pourvoir aux vacances; c'est ainsi que nous voyons un arrêté du ministre de la guerre, en date du 11 novembre, qui nomme M. Jonquier adjoint, en remplacement de M. Arrazat, décédé.

Le 14 novembre, le général de La Morcière reçut l'ordre de se rendre à Alger, pour faire l'intérim du maréchal Bugeaud, pendant son congé en France.

Le général de Bourjolly fut désigné pour le remplacer provisoirement à Oran.

M. Marcotte de Quivières, inspecteur des finances, qui se trouvait alors en mission à Oran, a tracé dans un ouvrage intitulé : *Deux ans en Afrique*, une esquisse de la ville d'Oran et des principaux fonctionnaires que nous croyons devoir reproduire ici :

« Le commandant du génie, que mes relations m'avaient fait connaître, me proposa une place à la table du Château-Neuf, dans les pensions de l'état-major et du génie ; je l'acceptai. C'est une réunion d'officiers bien élevés ; le soir, nous fumions notre cigare en faisant un whist modeste, ou nous devisions sur les affaires du pays.

« Mon commandant du génie porte un nom célèbre dans son arme: c'est un descendant de Vauban.

« J'ai vu M. Bertier de Sauvigny, ancien officier, et le même auquel on attribue la pensée d'avoir, en 1831, voulu écraser le Roi avec son tilbury. On n'écrase pas un roi comme un mendiant ; il est aujourd'hui sous-directeur et il espère mieux.

« L'intendant militaire (M. de Guiroye) reçoit aussi. C'est un homme très empesé dans sa cravate, portant haut et qui doit indubitablement avoir eu autrefois des succès de salon. Il vit de souvenirs aujourd'hui. On dit qu'il a une jolie femme.

« Le général de La Moricière n'est pas ici. Ses officiers d'ordonnance et aides de camp, les capitaines Jarras, Osmont, d'Illiers, de Senneville, font partie de notre table et de nos réunions du soir.

« Le colonel chef d'état-major est M. de Martimprey ; c'est à lui qu'on doit les cartes les plus exactes et les plus détaillées de l'Algérie. Je ne connais pas ses cartes, mais je n'ai pas rencontré d'homme de relations plus douces et plus agréables.

« Le général Bourjolly m'a paru *très civil*, qualité fort appréciable dans cette province essentiellement militaire. Il fait l'intérim du général de La Moricière.

« Le général Thierry (1) représente la rondeur militaire. Ses formes un peu brusques quelquefois, ont pu le faire juger sévèrement ; quant à moi, je n'ai pas eu à m'en plaindre.

---

(1) Commandant du territoire d'Oran.

« Indépendamment des qualités solides, l'élégance est personnifiée dans le général Korte (1); cette élégance s'étend non-seulement aux soins de sa personne, mais encore aux soins de ses chevaux. Il fallait aussi que son aide de camp fût distingué; c'est M. Léorat.

« L'aspect d'Oran, ses habitants, leurs mœurs, leurs allures sont tout différents de ceux d'Alger. Oran, situé à la fois au bord de la mer et dans les montagnes, ressemble au premier coup d'œil à une de ces grandes araignées que l'on nomme *faucheux*, mais avec cette différence qu'Oran est une agglomération de pattes jetées de ci de là, sans être réunies à un centre commun, le corps. Cette disposition, ajoutée au peu d'élévation des maisons, donne à la ville une étendue beaucoup plus grande que ne le comporte le nombre de ses habitants. Les vides sont occupés par des ravins boisés, quelques ruines et de larges rampes en forme de boulevard, sans lesquelles les voitures ne pourraient circuler. A part ces rampes, les rues sont fort étroites, peu nombreuses et toujours il faut grimper ou descendre à pic. La température est très variable, plus chaude ou plus froide qu'à Alger ».

Des efforts nombreux furent faits pour organiser le gouvernement des indigènes; un arrêté ministériel du 1ᵉʳ février donna une consécration définitive à l'important service des affaires arabes. On institua un bureau arabe dans chaque poste occupé par nos troupes, en le plaçant sous la dépendance directe du commandant supérieur de la localité. Une direction des affaires arabes fut créée à Oran et confiée au commandant Walsin-Esterhazy.

Le domaine de l'Etat fut partout recherché avec soin, et on réunit de très nombreux renseignements statistiques sur la population et sur les ressources de toute espèce du pays.

L'ordonnance royale du 13 février vint modifier le personnel du tribunal de première instance d'Oran.

---

(1) Inspecteur de la cavalerie de la province d'Oran.

M. André, procureur du roi, était nommé juge au tribunal de 1re instance à Alger, et était remplacé par M. Couttolenc, juge à Alger.

M. Beaufils, juge d'instruction, passait juge à Bône, et était remplacé par M. Lefrançois, conseiller adjoint près la cour royale.

M. Bertauld, juge adjoint à Alger, remplaçait comme substitut M. Saint-Marc, nommé avocat défenseur à Blidah.

M. Royer-Belliard remplaçait enfin, comme juge adjoint, M. Bonhomme de Lajaumont, nommé aux mêmes fonctions à Alger.

Un arrêté ministériel du 6 mai régla l'exercice de la profession de courtier de commerce ; le nombre de courtiers pour Oran fut fixé à quinze, qui ne furent nommés qu'à la fin de l'année.

Le 16 mai, une ordonnance royale nomma M. Chevillotte, avocat, juge adjoint au tribunal d'Oran, en remplacement de M. Truant, nommé juge adjoint au tribunal d'Alger.

Le 8 juin, un arrêté du Gouverneur créa trois nouvelles compagnies dans la milice d'Oran.

Le 6 août, un arrêté ministériel créa deux débits auxiliaires de papier timbré à Oran. Les débitants étaient rémunérés par un gain de trois pour cent de la valeur du papier débité.

Le sous-directeur de l'intérieur, M. Bertier de Sauvigny, n'avait pas vu sans amertume cette belle plaine d'Oran hérissée de sauvages broussailles ou de palmiers nains; la guerre avait porté sa torche incendiaire dans des parages plus lointains; la France pouvait maintenant tenter la colonisation autour des points voisins de la côte occupés par nos postes, mais l'émigration n'avait pas encore doté notre sol africain des éléments suffisants ; M. Bertier de Sauvigny dut faire appel aux habitants d'Oran.

L'emplacement qui lui parut le plus convenable, fut le camp de la Sénia, à six kilomètres de la ville, et, au mois d'août 1844, il eut la satisfaction de présider à la fête d'inauguration du premier village de la province d'Oran.

La Sénia, placée sous le patronage de saint Félix, compta dès le début deux cent trente habitants issus d'Oran.

M. Daudrieu continuait avec succès son exploitation agricole à l'est du blockhaus d'Aloudja.

Quelques familles, en outre, se groupaient autour de la ferme de Dar-Beïda et de nos redoutes du Figuier et de Misserghin.

L'élan était donné.

Disons de suite qu'au 31 décembre 1847, les résultats de la colonisation sur les huit mille hectares du territoire civil d'Oran, à cette époque, furent merveilleux ; on avait défriché, construit, planté, et le terrain donnait déjà une valeur de 3,374,000 francs, valeur qui augmenta de plus d'un million en 1849.

Et cependant la moyenne des subventions payées pour aider les colons des villages n'a pas dépassé 600 francs.

Honneur à ces vétérans de la colonisation qui n'ont pas reculé devant les privations et les souffrances des premiers jours !

Après la brillante campagne du Maroc, les quatre premiers escadrons de spahis furent réunis le 4 septembre au camp de Misserghin, sous les ordres du lieutenant-colonel de Montauban. Les 5e et 6e escadrons furent dirigés sur le poste de Bel-Abbès.

Misserghin fut le quartier général de ce beau régiment jusqu'au 1er février 1851, époque à laquelle il fut installé à Mascara.

Le 24 septembre, un arrêté du Gouverneur général nomma muphti à Oran, en remplacement de Mustapha-ben-Ibrahim, démissionnaire, le sieur Ahmed-ben-Caïd-Omar, assesseur au tribunal de la localité.

A la suite de travaux de la voirie et de rectifications d'alignements, plusieurs jardins avaient été supprimés, aussi bien en dehors qu'en dedans du mur d'enceinte. Une nouvelle répartition des eaux devint nécessaire ; un arrêté de M. Bertier de Sauvigny, en date du 27 septembre, la réglementa, tout en sauvegardant les droits des établissements publics.

Les jardins d'Oran appartenaient alors aux propriétaires dont les noms suivent :

	Jardins extérieurs.		*Jardins intérieurs*	
1. Ravin de Ras-el-Aïn.	Lasry	4	Abraham Senanes	2
	Ducloux	1	Abraham Senoz	1
	Bilhard Feurier	1	Germain	1
			Lasry	1
	Général Létang	1	Durand	1
	Bou-Kandoura	1	Mahi-ed-Din	1
	Jonquier	1	Duplantier	1
	Mustapha	1	Domaine militaire	2
			Gendarmerie	1
2. Boulevard Oudinot	Pacio	1		
3. Ravin d'Aïn-Rouina	*A droite du chemin de Karguentha* : Durand, 3			
	Rive gauche : Domaine, 3. Lasry, 1.			
	Rive droite : Domaine, 1. Welford, 1. Ben-Dodo, 1.			
4. Aqueduc des moulins.	Ricca, Durand, Lasry, Arrazat, Agostini, un jardin chacun.			
5. Aqueduc de la vieille Casbah.	Mustapha, 2. Ben Ibrahim, 3. Maklouf, 1. Sommariva, 1. Domaine, 4.			

L'acte le plus important fut sans contredit l'ordonnance royale du 1er octobre 1844, sur la constitution de la propriété en Algérie. Ce document traitait des acquisitions d'immeubles faites devant les cadis et indiquait les formalités pour établir le droit de possession, l'Etat se réservant la propriété des immeubles sur lesquels personne n'aurait fait acte public de possession.

Il réglait le rachat des rentes, l'expropriation et l'occupation temporaire pour cause d'utilité publique. Enfin il accordait à l'Etat le droit de rentrer en possession des terres qu'il avait concédées et qui étaient restées sans culture. Un impôt de cinq francs par hectare frappait les propriétaires des terres incultes.

Cette ordonnance souleva des réclamations nombreuses parmi les propriétaires algériens. Elle était pourtant destinée à mettre fin à l'agiotage scandaleux des propriétés rurales et à permettre au gouvernement de disposer de vastes espaces en vue d'établir des colons.

Nous verrons bientôt le général de La Morlcière donner tous ses soins à étendre la colonisation sur le territoire d'Oran.

M. de Quivières était habile dessinateur. Il peupla les murs de la pension du Château-Neuf de tous les portraits de ses commensaux. Pas un officier, pas un invité ne dînait à cette table, sans payer son écot par quelques minutes de pause devant le crayon de l'artiste.

Nous avons nous-même admiré cette galerie curieuse de profils militaires en 1867, dans cette même pension du Château-Neuf, qui n'existe plus depuis 1871 (1).

La justice reçut encore une nouvelle organisation.

L'ordonnance royale du 30 novembre 1844 fixa ainsi la composition du tribunal de première instance d'Oran, dont les membres furent nommés le 15 décembre suivant :

Président : M. de Vaudrecourt, juge d'instruction au tribunal de Libourne.

Juges : MM. Sudraud-des-Iles, juge adjoint au tribunal de Philippeville ; Gaudillot, avocat, docteur en droit ; Colonna d'Ornano, déjà juge à Oran.

Juge d'instruction : M. Lefrançois, déjà juge d'instruction à Oran.

Procureur : M. Couttolenc, déjà procureur à Oran.

Substitut : M. Fenigan, avocat, attaché au parquet à Alger.

Greffier : M. Forcioli.

Commis greffier : M. Deffaux.

Il n'y avait plus de juges adjoints. L'ancien président, M. Planchat, était nommé conseiller à la cour royale d'Alger.

Le substitut, M. Bertauld, passait en la même qualité au tribunal de première instance d'Alger.

---

(1) Il serait à désirer que les portraits en question eussent leur place dans un des salles du Cercle militaire.

M. Chevillotte, juge adjoint, était nommé substitut à Philippeville.

Le général de La Moricière rentra à Oran le 8 décembre ; le lendemain un banquet lui fut offert dans la salle neuve de la loge des francs-maçons. A six heures, le général, précédé des commissaires du banquet et entouré de son état-major et des différents chefs de service invités, entra dans la salle et fut conduit à travers la haie des convives jusqu'à la place d'honneur, au sommet de l'immense fer à cheval qui occupait toute l'étendue de la salle. Le nombre des convives était de plus de cent.

Au dessert M. Bertier de Sauvigny porta un toast au Roi.

Après lui, M. Emmanuel Léoni, président de la chambre de commerce, porta la santé du général de La Moricière dans les termes suivants :

« AU LIEUTENANT-GÉNÉRAL DE LA MORICIÈRE !

« GÉNÉRAL, il y a cinq années, l'ennemi était à nos portes ; le commerce était sans mouvement, l'agriculture nulle.

« Les relations extérieures ne pouvaient exister pour une population uniquement préoccupée du soin de sa défense.

« Vous avez été appelé au commandement de la province d'Oran ; de cette époque date sa régénération.

« Grâce à votre courage, à votre énergie infatigable, à la bravoure de l'armée, si noblement représentée aujourd'hui parmi nous, vous avez su parcourir la glorieuse période commencée aux Beni-Yacoub, accomplie aux champs de l'Isly !

« Aujourd'hui l'ennemi est anéanti, le commerce est florissant, les relations extérieures s'étendent, favorisées par les nouvelles routes qui sillonnent toute la province. Des travaux gigantesques, entrepris sous vos auspices, vont porter la fécondité et ramener l'agriculture dans des contrées depuis des siècles incultes.

« Aux qualités militaires les plus brillantes, vous avez su allier le génie des grands travaux administratifs.

« Recevez donc ici le témoignage de l'admiration que vous nous avez inspirée :

« *Vive le général de **La Moricière**!* »

Ce toast fut accueilli par d'unanimes applaudissements.

Le lieutenant-général répondit au milieu d'un profond silence :

« MESSIEURS, veuillez recevoir mes remercîments pour les sentiments que vous venez d'exprimer. Je reporte vos éloges sur l'illustre chef qui nous commande et sur cette division intrépide, infatigable, dont vous savez si bien apprécier le dévouement et les travaux. Ce que nous avons fait est noblement payé par votre reconnaissance.

« Il y a bientôt quinze ans que nous luttons sur le sol de l'Algérie pour en assurer la possession à la France; l'œuvre de la conquête s'avance, la tâche de l'armée s'accomplit. Mais nous ne sommes point venus ici cueillir des lauriers stériles; en combattant pour la gloire de la France, nous avions la conscience de travailler à sa grandeur future. Oui, Messieurs, nous l'avons toujours pensé, la conquête de l'Algérie deviendra une source de richesses.

« Pour que cette opération se réalise, il faut, vous le savez, qu'une population française vienne se grouper sur la terre conquise, autour du drapeau de la nation, qu'elle le prenne dans ses mains et qu'elle devienne assez forte pour le soutenir.

« Les douze mille soldats de la milice africaine sont le noyau de cette armée qui doit suffire un jour à la défense de la colonie.

« Tous nos souhaits, toute notre sollicitude sont pour le développement et pour la grandeur de la population française qui s'établit sur le sol de l'Algérie, pour la prospérité, pour la richesse de la ville d'Oran, qui voit devant elle un brillant avenir. »

De chaleureuses acclamations accueillirent l'improvisation du général.

M. Aucour, ingénieur des ponts et chaussées, porta un toast :

« AU MARÉCHAL BUGEAUD !
« AUX ARMÉES DE TERRE ET DE MER !

« Au maréchal Bugeaud, au grand guerrier, à l'habile administrateur qui, par le succès de ses armes, par la haute sagesse de ses actes, a poussé si rapidement la colonie dans la voie du progrès.

« Aux armées de terre et de mer qui depuis quatorze ans prodiguent si noblement leur sang pour la cause de la France, et qui, par leurs glorieux travaux, ont acquis tant de droits à la reconnaissance du pays!

« *Au maréchal Bugeaud! Aux armées de terre et de mer!* »

Ce toast fut accueilli par de vifs applaudissements.

Après quelques instants de repos, le lieutenant-général se retira en témoignant, par les expressions les plus flatteuses, aux commissaires du banquet, combien il était reconnaissant de cette manifestation. L'enthousiasme était général.

Le 13 décembre, un arrêté du ministre de la guerre nomma courtiers à Oran, savoir :

Courtiers en marchandises, MM. Hector Devillière, Hector Dorange, Auguste Guès, Emmanuel Peyssel, Noël Philip.

Courtiers en marchandises et courtiers maritimes, cumulativement, MM. Louis Bax, Henry Gonzalve, Joseph Guiraud, François Maruny, Jules Peyre.

Une ordonnance royale du 21 décembre établit un droit d'octroi municipal à percevoir aux portes de mer, afin d'augmenter les ressources locales, tant pour les villes du littoral que pour les villes de l'intérieur.

Il était réservé aux douanes trois pour cent de la valeur des droits de cet octroi de mer, droits qui furent étendus aux frontières de terre.

Le 23 décembre, Oran vit arriver dans ses murs l'évêque d'Alger.

La mosquée de la place des Carrières (1) avait été transformée en église catholique sous le vocable de *Saint-André*. Mgr Dupuch était venu procéder à la bénédiction de l'édifice, et le 25, jour de la fête de Noel, eut lieu la cérémonie en présence de toutes les autorités civiles et militaires.

Le 27 décembre enfin, une ordonnance royale nomma M. André Paul Gabriel, pasteur auxiliaire de l'église consistoriale d'Alger, pour desservir l'oratoire d'Oran, en remplacement de M. Hoffmann, nommé dans une autre église.

TRAVAUX DIVERS EN 1844

La ville d'Oran doit à M. Bertier de Sauvigny une de ses plus belles améliorations, le comblement du ravin de Ras-el-Aïn dans l'intérieur des murs. Les premiers travaux furent entrepris en 1844, sous la direction de M. Aucour ; un grand égout fut installé au fond du ravin, et des terres rapportées durent le couvrir de manière à former un boulevard de 30 mètres de largeur entre les trottoirs.

Une somme de 130,000 francs fut affectée à cette transformation.

Un projet de communication entre la place Napoléon et la porte du Ravin-Vert reçut aussi, cette année, un commencement d'exécution ; le percement de cette voie, qui reçut le nom de *Rue des Jardins*, exigea une dépense de 95,000 francs.

Le général de La Moricière, voulant obvier à la lenteur avec laquelle se faisaient les débarquements sur le quai d'Oran et désirant faire cesser les détériorations auxquelles les marchandises étaient exposées et le pillage qu'elles subissaient, profita de sa présence à Alger, comme gouverneur intérimaire, pour faire augmenter immédiatement le nombre

---

(1) Cette mosquée avait été construite en 1801 par ordre du Bey Othman le Borgne.

des employés de la douane, mettre deux magasins voûtés de la Marine à la disposition du commerce et ordonner l'établissement d'un poste sur le quai.

On commença les fondations en béton du quai de la Moune. A la fin de 1844, elles s'étendaient sur une longueur de 40 mètres ; le couronnement en pierre de taille comprenait une étendue de 90 mètres. Le nivellement du quai Sainte-Marie exigea 3,000 mètres cubes de remblai ; la pente de la rue de la Marine en fut diminuée ; de 0,115 par mètre on la réduisit à 0,095.

On ouvrit et livra à la circulation la rue de Turin dont les avantages furent immenses sous tous les rapports. Cette rue doubla la communication de la rue Philippe, dont les pentes étaient trop raides pour les voitures pesamment chargées ; la circulation en fut moins encombrée. La création de cette nouvelle voie appelait enfin des constructions sur une grande étendue de terrains vagues.

Elle coûta 16,999 francs, 18 centimes, sur le budget de la guerre de 1844.

La chaussée à revers qui existait sur une grande partie du boulevard Oudinot, fut remplacée par une chaussée bombée. On nivela aussi ce boulevard, ainsi que la place d'Armes, la rue de Vienne, qui fut élargie à la suite de la démolition de plusieurs immeubles, la place du marché aux grains, ainsi que celle du marché aux légumes.

Ce dernier marché se tenait sur la place Oudinot, devant l'établissement actuel des mines, place qui, jusqu'en 1843, avait été occupée par les écuries du train des équipages.

La rampe qui fait communiquer la place Oudinot avec la rue de Madrid fut exécutée en totalité, avec mur de soutènement en pierres sèches. La rue de Madrid elle-même fut élargie par la démolition du mur de rempart qui la bordait au sud-est.

Une nouvelle rue dite *de l'Arsenal*, fut ouverte sur une longueur de 500 mètres, ce qui décida la création d'un nouveau quartier, lequel comptait déjà une trentaine de maisons à la fin de 1844.

La conduite d'eau en poterie de la rue de Madrid fut remplacée par une conduite en fonte de fer sur une longueur de 80 mètres.

On commença en 1844 la construction du grand égout qui devait traverser le ravin de Ras-el-Aïn et était destiné à recevoir et à conduire à la mer les eaux et immondices d'un certain nombre d'égouts secondaires.

Tous les égouts furent d'ailleurs l'objet de fréquentes réparations ; quelques portions d'entre eux, notamment dans la rue Philippe, furent reconstruits à neuf, ce qui a entraîné à établir un escalier en pierres dures à l'entrée de la rue de Gênes. On construisit aussi à ce moment les escaliers de la rue de la Mosquée.

On fit à l'hôpital de la Mosquée d'El Haouri des réparations importantes ; les bâtiments du Colysée furent démolis et sur leur emplacement on exécuta des déblais considérables et on établit les fondations de l'Hôpital-Neuf.

Une chambre de Dar-Beïda fut appropriée pour recevoir des étalons.

En 1844, on construisit quatre-vingts maisons neuves à Oran, dont quarante-quatre dans la haute ville, quinze dans le quartier de la Blança et vingt et une dans celui de la Marine.

Signalons enfin, pendant cette année 1844, l'essai d'une huîtrière artificielle, fait aux bains de la Reine par M. Leroux, qui en était le propriétaire depuis 1842.

Il creusa au milieu du rocher qui s'avance dans la mer, à droite des bains, une excavation rectangulaire de six mètres de profondeur et de un mètre de côté ; l'eau de la mer y pénétrait jusqu'à un mètre de hauteur et s'y renouvelait sans agitation.

M. Leroux y plaça vingt mille huîtres. Cet essai, malheureusement, ne fut pas couronné de succès.

CHAPITRE XI

GÉNÉRAL DE LA MORICIÈRE

2me Partie. — (1845 — 1846)

SOMMAIRE. — **1845.** — Situation pacifique. — De La Morcière porte son attention sur la colonisation. — Revue de la milice. — Création du Village-Nègre. — Route d'Oran à Misserghin. — Bal au Château-Neuf. — Divers arrêtés administratifs, — Affaire du docteur Merruau. — Le trompette Escoffier à Oran. — Séjour d'Horace Vernet. — Ordonnance royale du 15 avril 1845 sur l'administration. — Dernière exécution au yatagan. — Insurrection générale. — Le général de La Moricière apprend à Alger le désastre de Sidi-Brahim. — Sa marche vers l'ouest. — Actes administratifs. — Travaux. — Population au 31 décembre 1845.
1846. — Situation nouvelle. — Sortie du général Thierry. — Situation d'Oran en 1846. — Population au 31 avril. — Distractions d'alors. — Brasseries, cafés chantants. — Actes administratifs. — Enterrement du caporal Signer, du 8e bataillon de chasseurs à pied. — Occupation des bureaux de la sous-direction. — Convoi de bêtes de somme pour Tlemcen. — Créations diverses. — Commission des centres. — Arrivée à Oran du général Bugeaud et du duc d'Aumale. — Un plafond s'écroule au quartier de la Mosquée. — Réception de M. Salvandy, ministre de l'instruction publique. — Discours qu'il prononce. — Colons prussiens. — Rentrée à Oran des prisonniers de la Deira. — Création de huit communes. — Comité de surveillance de l'instruction publique. — Ecoles d'Oran — Population d'Oran au 31 décembre 1846.

1845

Pendant la fin de l'année 1844 et les neuf premiers mois de 1845, la paix ne fut un instant troublée, dans la province d'Oran, que par la folle attaque de Derkaoua (1) fanatiques, contre le poste de Sidi-bel-Abbès (30 janvier 1845).

Le général de La Moricière se trouvait, au début de l'année, chargé à Oran de l'intérim de Gouverneur général ; débarrassé de toutes préoccupations de guerre, il porta exclusivement son attention sur la colonisation européenne et sur l'organisation indigène du pays. Les tribus commençaient à

---

(1) Nom donné aux membres d'une confrérie religieuse musulmane dont le chef réside actuellement dans le Tafilelt, à la Zaouia de l'oasis de Medaghra.

se séparer de la cause ennemie et à se soumettre à notre autorité. Il s'agissait alors de pourvoir au commandement de ces populations et instituer une forme de gouvernement qui donnât quelque force de cohésion à tous ces éléments épars.

Oran était alors très animé; les émigrants affluaient de plus en plus et le commerce prenait un nouvel essor. Des constructions nouvelles s'élevaient chaque jour; l'avenir apparaissait à tous plein des plus belles espérances.

Nul n'ignorait que cet état de prospérité était dû au général de La Moricière; aussi, est-ce au milieu des acclamations de la population que le 12 janvier, accompagné des généraux Korte et Thierry, du sous-directeur de l'intérieur, M. Bertier de Sauvigny, il passa la revue de la milice sur le champ de manœuvres.

Il y avait onze cents miliciens sous les armes; après la revue, le lieutenant-général réunit les officiers et les sous-officiers et leur témoigna toute sa satisfaction sur la belle tenue, la régularité et l'aplomb de la milice.

A cette même date du 12 janvier, une ordonnance royale nomma M. le juge de paix Melon-Pradoux à la justice de paix d'Alger, et le remplaça à Oran par M. Boileau.

M. Melon-Pradoux ne jouit pas longtemps de sa nouvelle position, car à peine arrivé il tombait malade et expirait huit jours après.

Par un arrêté du 20 janvier, le général de La Moricière, gouverneur général par intérim, ordonna la création d'un village indigène à Oran, et en fixa l'emplacement sur les terrains domaniaux s'étendant entre la lunette Saint-André, le cimetière israélite et le cimetière musulman.

Ces terrains dépendaient autrefois des propriétés du beylick et ont été, lors de la conquête, remis au domaine (1).

---

(1) Ils ont été à plusieurs reprises, revendiqués par les sieurs Ben-Haïm, mais les droits de l'Etat ont toujours été confirmés, notamment par deux jugements du tribunal d'Oran du 10 avril 1849 et du 17 novembre 1855, et par deux arrêtés de la cour d'Alger des 10 août 1851 et 5 février 1855. Une lettre du Gouverneur général, datée de 1870, attribua à la ville d'Oran le droit de propriété sur toutes les rues du Village-Nègre.

La direction des affaires arabes opéra l'installation des indigènes en délivrant des permis de construire, mais en les prévenant que cette installation n'était que provisoire.

Ce village fut alors appelé des *Djalis* (étrangers), et plus tard *Village-Nègre*. Le général de La Moricière, en le créant, avait voulu débarrasser la place, les portes, les glacis, des nombreuses tentes et des gourbis élevés par les Berrani, Douairs, Zmélas et Gharabas après leur expulsion de Karguentah.

Le 21 janvier arriva à Oran, venant d'Alger, M. Denis, député du Var, qui s'était donné la mission de parcourir l'Algérie pour étudier les diverses questions intéressant la colonie.

Dans le mois de janvier 1845, cinq cents soldats furent mis à la disposition des ponts et chaussées pour être employés, sous la direction de M. le conducteur Robinet, à la construction d'une nouvelle route entre Oran et Misserghin.

Cette route suivait celle qui était déjà ouverte, à partir du blockhaus de Ras-el-Aïn pendant une longueur de trois kilomètres environ; là, elle se jetait sur la droite, longeant l'ancien chemin des Maures jusqu'à la hauteur de la tour Combes, et reprenait à peu près la direction actuelle. Toutes les pentes rapides furent évitées par de grands développements. Cependant sa longueur ne devait pas excéder celle de l'ancienne et les voitures y gagneraient une demi-heure sans avoir à craindre aucun des graves accidents qui s'étaient renouvelés si souvent jusqu'alors.

Le mois de février fut consacré aux plaisirs du carnaval. Intendant, sous-directeur, général, donnèrent des bals, où chacun se rendit avec empressement; les dames surtout n'eurent garde de manquer une occasion de danser et d'exhiber leurs toilettes.

Le bal donné le 4 février par le général de La Moricière fut des plus brillants. Les salons du Château-Neuf purent à peine contenir les nombreux invités.

A une heure du matin on procéda au tirage de cent seize lots offerts par diverses personnes, et parmi lesquels se trouvaient une panthère, une hyène et un chacal donnés par des chefs indigènes.

Deux mille quatre cents billets à 1 franc avaient été distribués et n'avaient pas suffi à toutes les demandes.

Le produit de cette loterie était destiné aux pauvres.

Le plus beau lot, une paire de pistolets arabes, offert par le général de La Moricière, échut à M. Boudet, lieutenant aux zouaves.

Un magnifique souper fut ensuite offert aux dames puis aux cavaliers. On ne se retira qu'à sept heures et demie du matin.

Notons en passant l'arrêté qui nomma M. Stellatto courtier de commerce à Oran, en remplacement de M. Peyre, démissionnaire, et l'ordonnance royale du 9 février, qui fixa ainsi le traitement des greffiers et commis-greffiers à Oran :

Greffier du tribunal de première instance,	2,000	francs.
Commis-greffiers id.	1,500	»
Greffier du juge de paix,	1,000	»

Le 10 février se dénoua devant le tribunal de première instance une affaire aussi affligeante que scandaleuse. Le docteur Merruau, reconnu coupable sur vingt et un chefs de corruption qui eurent lieu au dispensaire d'Oran au détriment de filles publiques, fut condamné à la dégradation civile, à deux ans d'emprisonnement, à 1,536 francs d'amende et aux frais.

Le 17 février eut lieu le départ pour la frontière du Maroc du général comte de la Rue, aide de camp du ministre de la guerre, avec son aide de camp le capitaine Pourcet, le commandant de Martimprey, chef d'état-major de la province, et l'interprète principal Léon Roche.

Cette mission rentra à Oran le 29 mars, après nous avoir gratifié de la frontière la plus boîteuse que pouvaient nous souhaiter nos voisins vaincus.

Le 1ᵉʳ mars, un arrêté du lieutenant-général de Bar, qui venait de prendre l'intérim de Gouverneur général, créa une section de la milice à la Sénia et au Figuier.

Le 6 mars, un bateau venant de Gibraltar débarqua à Oran le trompette Escoffier et le brigadier Briant qui, après dix-sept mois de captivité, venaient enfin, à la suite d'un échange de prisonniers, d'être rendus à leurs frères d'armes. Ils avaient été dirigés, sous une escorte de Marocains, de la Smala d'Abd-el-Kader, près d'Ouchda, sur Tanger, par Thaza, Fez, Mesquinez et l'Arrach.

Escoffier portait sur un habit bourgeois le ruban de la Légion d'honneur, qui lui avait été décerné par le Roi dans les premiers jours de sa captivité.

Tout le monde connaît l'histoire de ce brave chasseur d'Afrique qui, le 22 septembre 1843, au combat de Sidi-Youssef, vit son capitaine démonté et sur le point de tomber au pouvoir des Arabes. Il piqua des deux, arriva à lui et lui dit : « Mon capitaine prenez mon cheval, ce n'est pas moi qui rallierai l'escadron ; si je suis pris, c'est mon affaire ».

Il n'y avait pas de temps à perdre ; le capitaine remercia son trompette d'une vigoureuse poignée de main et monta à cheval. Notre cavalerie ralliée et appuyée par l'infanterie qui venait d'arriver reprit l'offensive et l'ennemi battit en retraite.

Escoffier fut pris par les Arabes et conduit à la Smala de l'Emir, où il sut s'attirer les bonnes grâces des femmes des chefs en pêchant du poisson avec des épingles contournées en hameçons (1).

Le 31 mars, Horace Vernet, débarqué du *Lavoisier* à Mers-el-Kébir, vint passer quelques jours à Oran. Il était chargé d'aller recueillir, sur le champ de bataille d'Isly, les éléments nécessaires au tableau qui décore aujourd'hui le musée de Versailles.

---

(1) L'année suivante Escoffier épousait à Paris une couturière de la reine et était nommé surveillant du jardin des Tuileries.

A dater du 1er avril, les droits d'octroi de terre perçus à l'entrée de la ville d'Oran, par suite de l'arrêté du 28 juillet 1842, furent supprimés.

L'ordonnance royale du 15 avril 1845, qui établit une nouvelle répartition des recettes et dépenses afférentes aux deux budgets, maintint, sous le nom de *budget local et municipal,* le fonds commun, composé des produits et revenus locaux et municipaux de toute l'Algérie, et destiné à l'acquittement des dépenses qui présentaient le même caractère.

Cette ordonnance définit en outre les attributions des maires et de leurs adjoints. Les maires, est-il dit, article 99, remplissent, sous les ordres et la direction des autorités civiles, les fonctions d'officiers de l'état-civil et de police judiciaire. Ils ont des agents directs de l'administration pour l'exécution des mesures relatives à l'administration et à la sécurité publique, ainsi qu'à la police locale et municipale.

Aux termes de l'article 93, ils reçoivent des frais de bureau et, éventuellement, des frais de représentation. Enfin, l'article 101 porte que les adjoints, convoqués par le maire, forment un conseil consultatif qui aura pour objet de l'éclairer sur les besoins et les intérêts de la localité.

Quant au conseil municipal, il n'en était nullement question, il était bien mort; et le moment de sa résurrection n'était pas encore venu.

D'après cette ordonnance, le territoire fut divisé en trois zones; la zone civile, où les services administratifs étaient complètement organisés; la zone mixte, où l'autorité militaire remplissait les fonctions civiles; la zone arabe, entièrement soumise au pouvoir militaire.

Le Gouverneur général conservait le commandement et la haute administration de l'Algérie; il avait sous ses ordres: un directeur général des affaires civiles, un directeur de l'intérieur et des travaux publics, un directeur des finances et du commerce, un procureur général.

Les rouages administratifs étaient perfectionnés, mais le personnel était augmenté d'une manière exagérée ; les lenteurs de la centralisation furent dangereusement compliquées; les pouvoirs, mal définis, se heurtèrent souvent et les intérêts des administrés restèrent en souffrance.

M. Blondel, ancien directeur des finances, fut nommé directeur général des affaires civiles.

Le 26 mai eut lieu la dernière exécution au yatagan à Oran; la guillotine ne fonctionnait encore qu'à Alger.

Le condamné était le nommé Ben-Kenedil-ben-Djeffal, qui fut reconnu comme l'instigateur de l'échauffourée des Derkaoua sur le poste de Bel-Abbès. Extrait le matin de la prison militaire, il marcha à la mort avec courage; seulement, sa résolution l'abandonna sur le lieu du supplice en voyant qu'un juif se mettait en devoir de lui lier les mains, et il ne put s'empêcher d'exprimer combien cette humiliation était cruelle pour un musulman.

Cette opération terminée, le capitaine rapporteur donna lecture du jugement et Kenedil se mit à genoux en présentant sa tête au chaouch. Alors un brigadier de spahis, chargé de l'exécution, s'approcha du condamné et brandit le yatagan: le sang jaillit.......... mais, soit hésitation, soit inexpérience de l'exécuteur, le coup ne fit qu'entamer les chairs; le patient poussa des cris et sembla gourmander la maladresse de son bourreau. Une seconde fois le fer frappa sa tête; alors un spectacle d'horreur s'offrit à la foule des assistants!.......... Le supplicié, inondé de son sang, bondit, se dressa debout en implorant l'assistance du prophète. Le bourreau parlementa avec sa victime; enfin, le patient tendit une troisième fois sa tête mutilée et un dernier coup mit fin à cette scène de boucherie.

Cet horrible évènement fit abandonner pour toujours la décollation par le yatagan, et Oran reçut, peu de temps après un instrument de guillotine.

Le 4 juin un décret nomma commandant de place à Oran le lieutenant-colonel d'état-major Tugnot de Lanoye, en remplacement du colonel de la Torre, admis à la retraite.

Par ordonnance royale du 21 juillet, le corps de la cavalerie indigène de l'Algérie fut transformé en trois régiments. Les six escadrons de la province d'Oran prirent la dénomination de *2ᵉ régiment de spahis*, sous les ordres du colonel de Montauban.

Une décision royale du 24 août, rendue sur la proposition du maréchal Soult, président du conseil, confia, par intérim, au général de La Moricière, les attributions de Gouverneur général.

Le maréchal Bugeaud avait été obligé de demander un congé pour aller en France se défendre contre ses détracteurs.

Depuis l'affaire des grottes des Oulad-Riah, la presse exaltée avait renouvelé plus fortement ses récriminations contre lui et demandait même sa mise en jugement ou sa destitution.

Le général le Pays de Bourjolly avait été, pendant cet intérim, nommé au commandement de la province d'Oran.

Pendant les quelques jours qu'il resta à Alger, le général de La Moricière laissa une haute opinion de sa capacité et de son activité dans l'expédition des affaires civiles; il se fit connaître comme bon administrateur à une population qui le connaissait depuis longtemps comme excellent homme de guerre.

Il se trouva tout à coup aux prises avec les plus grandes difficultés.

Le maréchal Bugeaud avait quitté Alger le 4 septembre; quatre jours après son départ, la révolte éclata aux environs de Cherchell; huit jours après dans le Dahra; quinze jours après chez les Flittas, et dix-huit jours plus tard les victimes des grottes étaient vengées par le plus cruel évènement qui ait signalé jusqu'alors nos guerres africaines.

Ce fut à Alger que le général de La Moricière apprit avec stupeur la catastrophe de Sidi-Brahim (23 septembre 1845).

Il s'empressa de rendre compte au gouvernement de ce qui se passait; il envoya un officier d'état-major au maréchal Bugeaud, qui était dans ses terres, pour le supplier de venir au plus vite, et s'embarqua aussitôt pour Oran avec trois bataillons ; et deux jours après, le 2 octobre, il prit le chemin de Tlemcen en ralliant à Bou-Rechache, les troupes de Bel-Abbès, commandées par le général Korte ; le 9 il rejoignit le général Cavaignac dans les montagnes des Traras ; le 13 il atteignit Abd-el-Kader auprès d'Aïn-Kébira et mit en déroute ses partisans. L'Emir s'enfuit lâchement au début de l'action jusqu'au sud de Sebdou.

De La Moricière qui, au grand mécontentement de l'armée, avait accepté la soumission des tribus sans venger les victimes de Sidi-Brahim, rentra à Tlemcen, puis se dirigea sur Bel-Abbès pour suivre les mouvements de son adversaire ; il ne devait rentrer à Oran que huit mois après, au mois de juin 1846.

La fin de l'année ne fut signalée que par les actes administratifs suivants :

Le 5 novembre il fut créé à Oran un quatrième office de notaire pour l'arrondissement du tribunal judiciaire d'Oran, avec résidence dans cette ville.

L'ordonnance royale du 9 novembre 1845 donna au culte israélite en Algérie des institutions analogues à celles qui régissent leurs coreligionnaires en France, un consistoire supérieur à Alger, des consistoires suffragants dans la province, tous placés sous la surveillance de l'administration, qui pouvait ainsi entrer en relations perpétuelles avec les israélites et travailler à leur régénération morale.

Le consistoire d'Oran, dont le président fut M. Messaoud, était composé de trois membres laïques et d'un grand rabbin, M. Cohen. Celui-ci était nommé par le ministre de la guerre, les autres de même, mais sur la proposition du Gouverneur général et sur l'avis du consistoire supérieur, pour trois ans, renouvelé par tiers chaque année.

Le quartier juif n'avait pas encore d'égouts et aucun crédit ne se trouvait inscrit au budget pour leur construction.

L'infection régnait dans ces parages, menaçant de compromettre la salubrité publique.

Ce fut alors que M. Nahon, interprète de la sous-direction, prit l'initiative d'une souscription de 30,000 francs pour la construction de ces égouts.

Les travaux n'en commencèrent pas moins qu'au mois de novembre 1847, sous la direction de M. Lagout, ingénieur des ponts et chaussées.

Rappelons aussi l'ordonnance royale du 9 novembre, qui attribua des concessions de terre et de mines à plusieurs capitalistes et donna ainsi une impulsion remarquable aux travaux de colonisation.

Le 22 décembre enfin, une ordonnance royale nomma directeur, par intérim, des fortifications à Oran M. le lieutenant-colonel Dalesme, directeur par intérim des fortifications à Perpignan.

Le chef de bataillon Vauban restait à Oran comme chef du génie.

Au 31 décembre 1845, la population d'Oran était de 19,035 habitants, répartis comme suit :

Européens,	12,211
Israélites,	4,714
Musulmans,	2,110
Total	19,035

Parmi les Européens on comptait 4,136 Français et 6,567 Espagnols.

Le mouvement de la population européenne pendant l'année 1845 s'était ainsi effectué :

Naissances,	473
Décès,	410

Soit une naissance pour 25,8 habitants et un décès pour 29,7 habitants.

Il y eut 124 mariages pendant l'année entre Européens.

TRAVAUX CIVILS EN 1845

Un mur de soutènement fut construit dans la rue de Turin pour empêcher l'éboulement du talus. La rue d'Orléans fut élargie, sur une longueur de vingt-cinq mètres, par la démolition d'un immeuble appartenant au service militaire.

La place d'Armes fut nivelée sur toute sa surface. La rue des Jardins fut ouverte sur environ deux cents mètres de longueur; des déblais d'environ huit mille mètres cubes furent opérés tant dans la terre que dans le roc.

On commença l'exécution du tunnel qui relie le quartier de la Marine à celui de la Blança. La maçonnerie en a été faite sur toute la longueur où doit être établie la façade de l'église.

L'hôtel de la sous-direction fut démoli et reconstruit à l'alignement d'un mur de clôture de onze mètres de longueur, donnant sur le boulevard Oudinot : une écurie fut installée dans la cour que fermait ce mur.

Un magasin d'armement pour la milice fut installé dans une maison domaniale de la rue d'Alkmaër.

L'abattoir d'Oran ne réunissait pas les conditions indispensables dans un établissement de cette nature ; l'administration dut en faire construire un nouveau hors de la ville. Les travaux entrepris en 1845 ont été achevés en 1846.

La ville ne possédait qu'un marché couvert tellement exigu qu'il ne pouvait plus suffire aux besoins de la population ; un second établissement de cette nature a été entrepris sur la place d'Orléans.

1846

SITUATION MILITAIRE

Dès le mois de décembre 1845, le dévouement et la persévérance de l'armée, dans une suite d'opérations pénibles et précipitées, avaient arrêté les progrès de l'insurrection fomentée par Abd-el-Kader. La majeure partie des tribus du Tell était rentrée dans l'obéissance. L'Emir, rejeté un moment sur les hauts plateaux, s'était lancé hardiment vers l'est, avait traversé rapidement le Djebel-Amour et les Oulad-Naïl, et s'était porté sur la vallée de l'Isser. Après une tentative infructueuse sur les Kabyles du Djurjura, il revint par une marche rapide sur les bords de l'Oued-Sidi-en-Nasser.

Au début de l'année 1846, le général de La Moricière se trouve donc en observation dans la région comprise entre Mascara et le Sersou, avec les colonnes du général Korte et du colonel Renault, du 6e léger.

Le général Thierry, qui commandait à Oran, sortit de la ville le 6 janvier, avec deux bataillons, pour aller joindre la colonne partie le 3 sous les ordres du colonel Grand. Cette colonne avait pour mission de couvrir, pendant les labours, le territoire mis à découvert par suite du départ pour l'est du général Korte, et de parer aussi aux éventualités de la présence, dans la plaine de la Mléta, soit d'Abd-el-Kader venant de l'est, soit de son lieutenant Bou-Hamedi venant de l'ouest.

Le maréchal Bugeaud opérait alors dans la vallée du Chélif avec les colonnes du général Yusuf, des colonels Eynard, Saint-Arnaud, Pélissier et du lieutenant-colonel Canrobert.

A la fin du mois de mai, les derniers foyers de l'insurrection de 1845 se trouvaient éteints. La chaîne du Djebel-Amour était soumise et organisée; Bou-Maza avait encore une fois été chassé du Dahra, et les tribus de l'Ouaransénis avaient été ramenées à l'obéissance. Un nouveau sultan avait voulu attaquer Tlemcen et avait été facilement anéanti dans un combat livré le 24 mars sur le plateau de Terni, entre Tlemcen et Sebdou. Au sud, les Harar avaient été obligés d'accepter la paix à des conditions très onéreuses pour eux.

A l'ouest, le général Cavaignac avait traversé la frontière et infligé une punition exemplaire aux Marocains, qui exerçaient leurs rapines sur notre territoire.

La situation de nos affaires, à la fin du mois d'avril, était donc des plus favorables, lorsque la nouvelle du massacre des prisonniers de la Deïra vint jeter la consternation à Oran. Onze personnes, la plupart officiers, furent épargnées ; quelques soldats, fuyant devant leurs meurtriers, parvinrent à se sauver et gagnèrent la frontière.

SITUATION D'ORAN EN 1846

Plus de quatre cents maisons neuves s'étaient élevées à Oran depuis 1833, et déjà la cité se sentait gênée dans son étroite ceinture de remparts ; les habitations s'accumulaient dans ce cône humide et obscur, ne recevant de l'air que par la trouée de la baie, entre les pointes La Moune et Sainte-Thérèse.

On avait bien commencé les travaux destinés à combler le ravin de Ras-el-Aïn, mais il s'était élevé des voix pour crier au sacrilège et déclarer que la disparition des jardins potagers serait un désastre.

Pourtant les troupes n'avaient pas de casernes suffisantes ; les administrations spéciales, telles que poste, trésor, intendance, domaine, le conseil de guerre et la police, fonctionnaient dans des locaux étroits et loués à grands frais.

On sentait déjà la nécessité de se porter à Karguentah, entre la porte Saint-André, les moulins et le Ravin-Blanc, emplacement qui, formant un hémicycle légèrement gradué en amphithéâtre, semblait créé par la nature pour y recevoir une ville gracieuse et coquette.

L'émigration commençait à se produire ; la population européenne s'était accrue de 8,000 habitants environ depuis le 1ᵉʳ janvier 1844.

Au 30 avril 1846 elle comptait 21,719 habitants, dont 6,939 indigènes, musulmans ou juifs, et 14,780 civils, ainsi répartis :

Français	5,200			
Espagnols	7,673			
Italiens	1,130	Hommes	5,188
Anglais	287	Femmes	2,911
Irlandais	43	Enfants	6,681
Allemands	404	Total...	14,780
Maltais	43		
Total....	14,780		

Cette population était pleine de vie, d'ardeur et d'entrain. Les colons se réunissaient alors au café du Commerce et au café de la Régence, dans le bas de la rue Philippe.

Les officiers allaient au café de Paris, au premier étage d'une maison de la rue Philippe, entre cette rue et la ruelle Richepanse.

On allait ensuite à la brasserie Schneider, dans la rue de la Mosquée, véritable étuve comme les bains maures d'en face, où l'on mettait à sec des moss de bière chaude.

La musique militaire, qui jouait auparavant sur la place d'Armes, commença cette année à jouer à la promenade Létang, où s'étaient établis une fabrique d'eau de Seltz, un tir au pistolet et un café tenu par Chauveau. Mais la promenade favorite était la rue Napoléon ; on y affluait de préférence à la promenade Létang et, après trois ou quatre parcours de la place Napoléon à la place des Carrières, on entrait au café chantant Bouffier, dont l'orchestre discordant, mieux que les trois ou quatre lampions fumants qui en décoraient la façade, signalait l'existence à peu près au milieu de la rue Napoléon.

On y prenait place sur des bancs de bois, devant des tables

à peine rabotées, où l'officier supérieur se trouvait coude à coude avec le simple soldat.

On y buvait de mauvaises consommations.

Les artistes, plus mauvais encore, étaient rappelés régulièrement avec un enthousiasme des plus bruyants.

On s'amusait alors ; il n'y avait pas de visages moroses ; tout le monde était jeune, gai et plein de confiance en l'avenir !......

L'année 1846 fut des plus fécondes en évènements divers pour la ville d'Oran ; les mutations dans le personnel administratif y furent nombreuses ; des ordonnances ou arrêtés importants vinrent encore doter notre cité de créations nouvelles.

Nous allons donc, comme précédemment, exposer tous ces faits dans leur ordre chronologique. Le récit en sera évidemment plus froid et moins attrayant, mais, nous le répétons, ceci n'est qu'une notice historique, où nous plaçons des jalons pour l'historien futur d'Oran sous la domination française.

Le 2 janvier 1846, une ordonnance royale institua en Algérie cinq régies financières :

Enregistrement et domaines ; forêts ; douanes ; contributions diverses ; opérations topographiques ;

Ces régies ne sont plus, comme par le passé, des bureaux dépendant immédiatement de la direction des finances, mais des administrations séparées et correspondant avec cette direction.

Les chefs de ces services à Oran furent :

MM. Lecointe, pour l'enregistrement et les domaines ; Grognot, pour les forêts ; Vernet, pour les douanes ; de Richemont, pour les contributions diverses.

Le chef du service topographique, M. Guyon, ne fut nommé que le 5 octobre suivant.

Le 10 janvier, des commissions d'enquête composées de membres pris dans les administrations algériennes, furent établies à Alger pour examiner la conduite ou l'aptitude de certains employés, afin d'épurer l'administration coloniale.

Six commissions fonctionnèrent aussitôt.

Les habitants d'Oran n'apprirent pas sans une vive surprise que parmi les justiciables se trouvaient M. Bertier de Sauvigny, et M. Maubert, directeur de la pépinière de Misserghin ; ce dernier était soupçonné de concussion.

Vingt-trois autres fonctionnaires, parmi lesquels le baron Duteil, commissaire civil à Rouffarik et Bonnal, commissaire civil à la Calle, furent appelés à la barre des commissions d'enquête.

Le 13 janvier, eut lieu à Oran une cérémonie des plus touchantes. Un détachement militaire suivi de plusieurs officiers conduisit au cimetière le corps du nommé Signer, caporal au 8e bataillon de chasseurs à pied, un des quatorze héros échappés au massacre de Sidi-Brahim. Il venait de recevoir la croix de chevalier qu'il avait fait pendre au chevet de son lit, près de son numéro d'hôpital.

M. Belleville, lieutenant au corps, prononça sur son cercueil quelques paroles émues : « Au revoir, brave Signer, dit-il en terminant ! La phalange guerrière de Sidi-Brahim t'attend là-haut. Va dire à tes frères de combat que votre souvenir vivra éternellement dans nos cœurs comme un exemple sublime d'héroïsme et d'honneur. »

L'ordonnance royale du 18 janvier nomma sous-directeur de l'intérieur à Oran, en remplacement de M. Bertier de Sauvigny, M. Mercier-Lacombe, auditeur au Conseil d'Etat qui, depuis plus de trois ans, remplissait à Alger les fonctions de secrétaire général de l'intérieur.

Il faisait partie des commissions d'enquête dont nous avons parlé. Il vint passer huit jours à Oran pour prendre connaissance de diverses questions qu'il devait soumettre à l'autorité et retourna à Alger.

Un arrêté du ministre de la guerre, en date du 27 janvier, répartit les divers travaux publics entre les différents services. Cet arrêté était une conséquence des diverses dispositions énoncées dans l'ordonnance du 15 avril 1845 qui a réorganisé les différentes branches de l'administration algérienne ; le service des mines et forages fut institué, ainsi que la commission d'alignement, composée du sous-directeur de l'intérieur, président, du maire, du chef du génie, de l'ingénieur des ponts et chaussées, du chef des domaines, de l'architecte et de trois notables.

Le 11 février eut lieu l'occupation des bureaux de la sous-direction de l'intérieur dans l'aile du bâtiment faisant face au boulevard Oudinot.

Le sous-directeur n'avait pas encore de local particulier ; il couchait dans un bureau, car, par suite d'une précipitation blâmable, les anciennes pièces mauresques intérieures, dont l'une servait de salle à manger, avaient été démolies. On commença les constructions neuves. Les premiers travaux consacrés aux fondations, que l'on dut pousser jusqu'à neuf mètres de profondeur, épuisèrent les crédits alloués. Il fallut ajourner la continuation des travaux, en sorte que le sous-directeur se trouva n'avoir à sa disposition ni bâtiment vieux, ni bâtiment neuf ; il n'avait ni salon, ni salle à manger, ni cuisine. M. Mercier-Lacombe plaça son lit dans son bureau, sa cuisine dans un trou, et sa salle à manger dans une pièce sans plafond.

Il patienta ainsi tout l'été, mais les premières pluies d'automne le décidèrent à demander d'urgence à Alger un crédit de 20,000 francs ou la location d'un immeuble en ville pour passer l'hiver.

L'inauguration du barrage du Sig eut lieu le 20 février. Le général de La Moricière y assista avec son état-major et un détachement de troupes ; l'invasion des eaux dans les rigoles fut saluée par dix coups de canon. Ce remarquable travail était dû à l'ingénieur Aucour, au commandant de Vauban et au lieutenant du génie Chapelain.

Le 21 février mourut à l'hôpital militaire d'Oran, le colonel Mouret du 1er régiment de la légion étrangère. Le colonel Mellinet du 32e de ligne le remplaça quelque temps après.

La chambre de commerce se réunit le 23 février, sous la présidence de M. Mercier-Lacombe, pour l'élection de son président.

M. Terras fut élu par cinq voix contre quatre données à M. Léoni.

Les communications avec Tlemcen étaient devenues très-rares depuis le mois de septembre 1845 ; le 24 février, une centaine de Koulouglis vinrent à Oran avec un convoi de bêtes de somme, pour chercher des denrées. Le lieutenant-général ne voulut pas les laisser repartir sans escorte ; le lieutenant Walsin-Esterhazy fut chargé de les accompagner avec deux cents cavaliers et le Maghzen.

Le commerce d'Oran, invité à profiter de la même occasion, s'empressa de charger pour Tlemcen plus de deux mille bêtes de somme.

Une ordonnance royale du 26 février nomma M. Bory secrétaire général de la sous-direction de l'intérieur.

M. de Bretagne était nommé commissaire civil à Mostaganem en remplacement de M. Calendini désigné pour les mêmes fonctions à La Calle.

Le 27 février, le général de La Moricière s'embarqua pour Mostaganem sur le *Panama* ; il devait de là se rendre sur le Bas-Chélif, où la construction d'un pont avait été projetée.

Le 20 mars, fut organisé en Algérie le service topographique et géodésique, sous la direction du dépôt de la guerre.

Le lieutenant colonel de Martimprey fut chef de ce service à Alger.

Dans la province d'Oran, les capitaines Cassaigne et Beaudouin furent chargés des opérations topographiques ; les opérations géodésiques furent confiées aux capitaines de Neveu et Passot.

A la fin de mars, ces deux derniers officiers, assistés du lieutenant d'état-major Osmont, commencèrent la mesure d'une base aux environs de la ville d'Oran, entre le blockhaus d'Orléans et un point placé au nord-ouest du village de la Sénia, le sommet du Coudiat Mta el Haidj.

Cette base de 6,792 mètres, 07 servit de côté de départ à la triangulation de la province d'Oran. La latitude initiale et l'azimut de départ furent fournis au moyen d'observations astronomiques faites en 1847, par le capitaine Marel, au phare de Mers-el-Kébir.

Le 21 mars, le sieur Maubert, directeur de la pépinière de Misserghin, fut condamné à deux ans de prison et aux frais pour crime de faux en écriture.

Un arrêté du 2 avril créa à Oran l'emploi d'architecte chef des bâtiments civils et y pourvut par la nomination de M. Dupont. Un autre arrêté du 17 avril nomma M. Aucour ingénieur en chef des ponts et chaussées.

Le 1ᵉʳ juin fut créée à Oran, une commission des centres, chargée de présider au choix de l'emplacement des villages ; elle fut ainsi composée : de Vauban, chef du génie, président ; Azéma de Mongravier, capitaine d'artillerie, chef du bureau arabe d'Oran ; Loziri, inspecteur de colonisation ; Gama, chirurgien-major, chef des ambulances de la division, Perrin, receveur des domaines, secrétaire.

Le 5 juin fut inauguré le parallélogramme couvert de la place d'Orléans servant de marché aux fruits et aux légumes.

Les nouvelles de l'extérieur, à cette époque de l'année, vinrent tout à fait rasséréner les esprits, raviver le commerce et donner un nouvel essor aux essais de colonisation.

Abd-el-Kader, poursuivi sans relâche par la colonne Renault dans l'Oued-Sidi-en-Nasser, avait été successivement chassé des Ksours, de Stitten, de Chellala, de Bou Semroun, et avait été rejeté jusqu'à la frontière du Maroc, à la hauteur de l'Oasis de Figuig, d'où il rejoignit sa Deïra.

Le maréchal Bugeaud crut utile alors d'aller visiter la frontière de l'ouest.

Le 7 juin, il arriva à Oran sur le *Caméléon*, avec le colonel Rivet, le capitaine Trochu, son aide-de-camp, le général Tartas et le comte Dubois, directeur des travaux publics.

Le lieutenant-général de La Moricière, le général Thierry,

les officiers de l'état-major divisionnaire et les officiers supérieurs de toutes armes se portèrent à cheval à sa rencontre avec la milice à cheval d'Oran, la gendarmerie à cheval et un bel escadron du 1er régiment de chasseurs, récemment arrivé de France.

Une partie de la journée fut employée à visiter la ville et la banlieue. Le maréchal remarqua avec satisfaction le grand nombre de constructions élevées depuis son dernier voyage à Oran et surtout le progrès des cultures autour de la ville.

Le lendemain, la corvette le *Titan*, venant de Ténez, débarquait à Oran le duc d'Aumale.

Il y eut une revue des troupes sur la place Kléber et le boulevard Oudinot, et le 8 juin au soir, le maréchal et le prince royal s'embarquaient sur le *Caméléon* pour Djemma-Razaouat.

Le 11 juin ils rentraient à Oran avec le général de La Moricière.

Ce dernier, qui depuis 1839 n'avait pas pris de repos et qui se voyait, un jour sur deux, pris par les fièvres ou cloué sur son lit par un rhumatisme goutteux, avait demandé un congé pour aller aux eaux de Bourbonne. Il s'embarqua le 11 au soir sur la frégate à vapeur le *Panama*, qui devait le déposer à Port-Vendres.

Il arriva à Paris la veille des élections générales.

Il avait déjà refusé la députation en 1838 et en 1842, alors qu'en Algérie il s'agissait uniquement de la guerre; mais en ce moment il demanda une place à la Chambre; il pensa que le moment était venu de coloniser et que la colonisation pouvait seule, dans l'avenir, débarrasser la France du fardeau financier et militaire que lui imposait cette conquête improductive.

Il échoua à Paris et dans le Maine-et-Loire, mais il fut élu à Saint-Calais, dans la Sarthe, en remplacement de M. G. de Beaumont, qui avait eu une double élection. (1)

---

(1) En 1848, il fut nommé par le même département à l'assemblée législative.

Le général d'Arbouville, qui avait été nommé commandant supérieur à Miliana, fut désigné pour le commandement par intérim de la division d'Oran. Il arriva le 25 juin dans cette ville avec le capitaine d'état-major Tricault, son aide de camp.

Le 1er juillet, M. Marsilly, capitaine du génie, commença l'établissement de la ligne télégraphique aérienne d'Oran à Mostaganem; les postes-stations devaient être placés au blockhaus d'Aloudja, à la montagne des Lions, au plateau des Hamyanes et près de la Macta.

A la même date, il fut créé définitivement à Oran une direction des fortifications et une direction d'artillerie.

Le lieutenant-colonel Dalesme, du génie, directeur par intérim, et le lieutenant-colonel Leroy, de l'artillerie, furent nommés directeurs de ces deux services.

Dans la nuit du 2 au 3 juillet, un grave accident survint au quartier de cavalerie de Karguentah. Le plafond de la salle de police du 2e chasseurs d'Afrique s'écroula avec fracas sur les militaires qui y étaient détenus; il y eut sept soldats tués et six blessés.

Le 10 juillet, une décision ministérielle nomma le lieutenant-colonel de Crény sous-chef de l'état-major général de l'armée d'Afrique; le lieutenant-colonel de Martimprey le remplaça comme chef d'état-major de la division d'Oran.

Le 12 juillet, M. Mercier-Lacombe partit pour la France en congé de convalescence de trois mois. M. Demanche, auditeur au Conseil d'Etat, fut nommé sous-directeur de l'intérieur par intérim.

Une ordonnance royale du 20 juillet 1846 nomma juge au tribunal à Oran, M. Carcassonne, ancien magistrat, en remplacement de M. Colonna d'Ornano, nommé juge à la 2e chambre civile du tribunal de première instance à Alger.

Citons, en passant, l'ordonnance royale du 21 juillet, qui soumit à vérification tous les titres de propriété et détermina les conditions de la validité de ces titres et de la culture obligatoire.

Le 28 juillet eut lieu à Oran la réception de M. de Salvandy, ministre de l'instruction publique, venu en Algérie pour assister au mariage de son beau-frère, M. Féray, chef d'escadron de chasseurs, avec la seconde fille du maréchal Bugeaud.

Après la revue des troupes et de la milice, le général d'Arbouville lui présenta les autorités civiles et militaires.

M. de Salvandy adressa à cette occasion, aux officiers de la milice, le discours suivant, qui fut une déclaration des plus rassurantes pour l'avenir de l'Algérie :

« MESSIEURS,

« J'ai déjà eu l'honneur de vous voir avec plaisir ce matin sous les armes, et l'aspect du corps que vous commandez m'a été d'autant plus agréable, que vos compagnies d'élite feraient honneur à la plupart des villes de France.

« Ceci indique qu'Européens et Français, vous êtes tous animés des meilleurs sentiments ; cette fusion, cette communauté de dévouement est, pour le gouvernement du Roi, la meilleure garantie de tout ce qu'il doit attendre de vous pour l'avenir.

« Il se montrera reconnaissant des efforts que vous avez faits, que vous faites tous les jours pour consolider l'établissement français qu'il veut fonder en Afrique.

« Il a déjà compris, et le comprendra mieux à mon retour, que, loin d'être UNE CHARGE POUR LA FRANCE, L'ALGÉRIE PEUT LUI ÊTRE, DANS UN PROCHAIN AVENIR, UN ÉLÉMENT INFAILLIBLE DE PUISSANCE ET DE RICHESSE ; il sait déjà que la prépondérance française dans la Méditerranée s'est agrandie et fortifiée de cette union intime des deux pays.

« Nous sommes ici DANS UNE PROVINCE, ou si vous l'aimez mieux, DANS UN DÉPARTEMENT FRANÇAIS ; VOUS ÊTES A LA VEILLE D'Y JOUIR, POUR LES INSTITUTIONS, POUR LES PERSONNES ET POUR LES PROPRIÉTÉS, DE TOUTES LES GARANTIES QUI LES SAUVEGARDENT EN FRANCE; ceci n'est qu'une affaire de temps et d'opportunité.

« Le Roi et son gouvernement n'ignorent pas que la conquête par les armes est terminée, et que l'avenir ne nous réserve plus en Afrique ces luttes déplorables dont l'armée est enfin sortie victorieuse, pour sa gloire et dans l'intérêt de tous.

« Sans doute, sa présence y sera longtemps encore nécessaire, pour y détruire jusqu'au germe de nouveaux conflits, nous le savons, et le gouvernement est bien décidé A L'Y MAINTENIR FORTE tout le temps que le pays lui-même le demandera ; de même qu'IL NE RECULERA DÉSORMAIS DEVANT AUCUN DES SACRIFICES QUE LUI IMPOSERA LA FÉCONDATION DE LA CONQUÊTE.

« Pour que vous compreniez à cet égard toute sa pensée, dont je suis heureux d'être en ce moment l'interprète, il considère la question d'Afrique COMME LA QUESTION NATIONALE DU MOMENT. JE ME PLAIS A VOUS DIRE QUE SI LA LÉGISLATURE DONT LES POUVOIRS VIENNENT D'EXPIRER, A EU POUR MISSION SPÉCIALE DE RÉSOUDRE LA GRANDE QUESTION DES TRAVAUX PUBLICS, LA NOUVELLE AURA AUSSI SON DRAPEAU : CE DRAPEAU, JE VOUS L'ATTESTE, SERA CELUI DE L'ALGÉRIE.

« Quant à nous, ministres du Roi, nous aborderons franchement la question d'Afrique, heureux que nous serons de lui consacrer toutes nos sympathies, tout notre dévouement, au cas où les discussions parlementaires viendraient arrêter l'essor que le Roi et son gouvernement veulent donner à la France d'Afrique.

« Je suis flatté d'avoir sur mes collègues l'avantage d'avoir vu le pays de mes propres yeux, et je garantis d'avance que mes convictions, que la haute opinion qu'à ma grande surprise, il faut l'avouer, je m'en suis faite, seront complètement partagées. »

Le ministre visita ensuite la pépinière de Misserghin et s'embarqua le soir même pour Djemma-Razaouat.

Dans ce mois de juillet, cent ouvriers militaires furent

occupés à l'empierrement et aux plantations de la route d'Oran à la Sénia.

Deux cent cinquante militaires furent en outre mis à la disposition des ponts et chaussées pour travailler à la route d'Oran à Arzeu, qui se trouvait déjà terminée depuis les fossés de l'enceinte jusqu'au Ravin-Blanc.

Le 20 septembre on vit débarquer à Oran trois cents Prussiens venant de Dunkerque, d'où, faute de ressources, ils n'avaient pu être embarqués pour le Brésil. Ils furent dirigés sur La Stidia, entre la Macta et Mostaganem. Le lieutenant-colonel Bosc avait fait élever en cet endroit des baraques pour les recevoir.

Par ordonnance royale du 25 septembre M. de Loÿs est nommé juge de paix à Oran en remplacement de M. Boileau, passé à Bône avec les mêmes fonctions.

A la même date M. Cantener, avocat défenseur à Alger, remplace M. Gaudillot, comme juge au tribunal de première instance d'Oran.

Un arrêté du 5 octobre nomme M. Guyon chef du service topographique civil de la province d'Oran.

Par arrêté ministériel du 3 novembre, M. Dieuzaide, avocat à Lectoure, fut nommé défenseur à Oran près le tribunal de première instance, en remplacement de M. Delagrange, démissionnaire.

Le gouvernement était depuis longtemps préoccupé des avantages qu'on trouverait à porter vers la zone intérieure les principaux sièges de l'autorité militaire. Ce projet fut adopté en principe au commencement du mois de novembre 1846.

D'après ces dispositions nouvelles, le chef-lieu de la division devait être porté à Bel-Abbès, afin de rendre la répression des révoltes plus facile, le gouvernement des indigènes plus puissant, et la colonisation plus sûre, mais la soumission de Bou-Maza et de toutes les tribus de la province d'Oran, ainsi que l'impuissance reconnue d'Abd-el-Kader, rendirent inutile l'exécution de ce projet.

Le général de La Morcière rentra à Oran le 25 novembre 1846. Il fut heureux d'y apprendre que l'Emir, moyennant la faible rançon de 36,000 francs, consentait à nous rendre les prisonniers échappés au massacre de la Deïra.

On n'avait pas au début cette somme ; le général d'Arbouville la fit demander au trésorier-payeur, M. Prieur, qui refusa, alléguant avec raison qu'aucun crédit n'était ouvert au budget à ce sujet ; il ne céda que devant une réquisition forcée ; le lieutenant-colonel chef d'état-major de Martimprey, se fit ouvrir la caisse en présence de deux gendarmes qui dressèrent procès-verbal, et la somme fut emportée par M. Durande, enseigne de vaisseau, à bord du stationnaire le *Véloce*.

Ce dernier navire, après avoir débarqué l'enseigne à Mélillia, dut se rendre à Cadix pour se mettre à la disposition d'Alexandre Dumas, qui allait explorer nos ports de l'Algérie et de la Tunisie, et relater ses impressions dans son ouvrage intitulé *Le Véloce*.

M. Durande, après des péripéties des plus émouvantes, parvint enfin à recueillir dans une balancelle qu'il avait frétée, les dix prisonniers français, amenés par des cavaliers arabes sur une plage déserte. La somme promise avait été donnée en échange.

Douze heures après, la balancelle poussée par un vent favorable les débarqua à Djemma-Razaouat, où le colonel de Mac-Mahon et la petite garnison fêtèrent dans un repas de famille le retour des frères d'armes que l'on croyait perdus.

M. Durande, se dérobant aux félicitations de tous, impatient d'accomplir sa mission jusqu'au bout, avait repris la mer, et le 2 décembre à une heure et demie du matin, il vint frapper à la porte du Château-Neuf pour annoncer la bonne nouvelle au général de La Morcière.

Le colonel de Martimprey, assis devant le bureau du général, écrivit aussitôt sous sa dictée une lettre destinée au maréchal Bugeaud, qui arrivait à Mostaganem par la vallée du Chélif.

L'ordre avait été expédié de faire repartir pour Djemma-Razaouat le *Véloce* que l'on attendait à chaque heure, sans lui donner le temps de s'amarrer, lorsque l'on vint annoncer que ce navire était signalé passant au large avec le cap sur Alger.

L'embarras était grand ; un vent du détroit rendait toute navigation à voile impossible. Le *Caméléon*, bateau à vapeur du maréchal, venu pour l'attendre, avait éprouvé une forte avarie et ne pouvait pas reprendre la mer avant quarante-huit heures. On ne savait quel parti prendre, lorsque d'honorables négociants d'Oran, MM. Dervieu, offrirent au général leur petit vapeur la *Pauline*, qui faisait le service d'Espagne.

Douze heures après, la *Pauline* mouillait en rade de Djemma, pendant que le maréchal, de son côté, recevait les dépêches à Mostaganem et annonçait son arrivée pour le lendemain.

Dans la nuit la *Pauline* était de retour et dès cinq heures du matin l'état-major expédiait les ordres pour la réception des prisonniers, qui étaient :

MM. Courby de Cognord, lieutenant-colonel de cavalerie;
 Larazée, lieutenant ;
 Thomas, sous-lieutenant ;
 Cabasse, docteur ;
 Marin, lieutenant au 15ᵉ léger ;
 Barbut, maréchal des logis au 2ᵉ hussards ;
 Testard, hussard ;
 Trollé, chasseur à pied du 8ᵉ bataillon ;
 Michel, du 41ᵉ de ligne;

Mᵐᵉ Thérèse Gille, prise avec sa fille aux portes d'Oran en 1838; cette dernière avait épousé un Arabe et était restée dans sa tribu.

Ce fut une fête pour Oran. A sept heures les troupes descendirent vers la Marine pour aller recevoir les prisonniers.

Nous ne pouvons mieux faire que de reproduire ici le récit poétique et émouvant de cette journée, dû à la plume de l'un des secrétaires du général de La Moricière, M. Pierre de Castellane :

« La ville entière était en joie, chacun avait mis ses habits de fête ; gens du midi et gens du nord, le Valencien au chapeau pointu, l'Allemand lourd et blond, le Marseillais à l'accent bien connu, toute la foule barriolée enfin, les femmes surtout, toujours avides de spectacles, marchaient à la suite des troupes. Les bataillons, rangés du Château-Neuf jusqu'au fort de La Moune, se déroulaient au flanc de la colline sur un espace de près de trois quarts de lieue comme un long serpent de fer.

« Le ciel était sans un nuage ; ce beau ciel de décembre d'Afrique, plus beau que le soleil du mois de mai à Paris, éclairait la foule, le port et la ville. La vaste baie, unie comme un miroir d'azur, semblait se prêter aux joies de la terre et les murmures des flots qui baignaient les rochers du fort étaient si doux qu'on eût dit les murmures d'un ruisseau. Au fort La Moune, un pavillon est hissé ; la *Pauline* a quitté Mers-el-Kébir, elle double bientôt la pointe, rase les rochers et s'arrête à quelques mètres du quai. Tous les regards se portaient vers le navire. Le canot major du *Caméléon* avec ses matelots en chemises blanches au col bleu, se tient près de l'échelle, les rames sont droites, saluant du salut réservé aux amiraux le soldat qui a versé son sang et supporté la captivité pour l'honneur du drapeau.

« Le canot s'éloigna du navire, la foule devint silencieuse ; on était avide de voir ceux qui avaient tant souffert. Ils accostent ; le général de La Moricière, le premier, tend la main au commandant de Cognord, et l'embrasse avec l'effusion d'un soldat. La musique des régiments entonna alors un chant de guerre, et répondit si bien aux sentiments de ce peuple entier, que vous eussiez vu des éclairs jaillir de tous les regards, des larmes sortir de tous les yeux, à mesure que le son, roulant d'écho en écho, allait porter à travers tous les rangs la bonne nouvelle de l'arrivée. On se remet en marche, les tambours battent aux champs, les soldats présentent les armes, les drapeaux saluent, et ils s'avancent ainsi, avec une escorte d'officiers, traversant tous ces respects. Chacun est fier de les voir honorés et s'incline, car il voit derrière ce cortège de gloire s'avancer le cortège de ceux qui sont morts dans la même journée, à la même heure, et, dans ces débris de tant d'hommes, les héritiers du sang versé. Deux heures après, la ville avait repris son repos, mais la fête continuait dans la famille, au sein des régiments.

« Le même jour, cinq cents cavaliers de la tribu des Douairs et des Zmélas étaient à cheval, et suivaient le général de La Moricière, qui allait à la rencontre du maréchal Bugeaud. Toute la troupe bruyante marchait sur une ligne droite, faisant caracoler ses chevaux, brûlant de temps à autre la poudre de réjouissance, lorsque les coureurs annoncèrent que le maréchal était proche. Les cavaliers s'arrêtèrent aussitôt formant le demi-cercle, haut le fusil, pour faire honneur au Gouverneur du pays. Le général de La Moricière et le maréchal s'abordèrent très froidement. Chacun avait sur le cœur des querelles de systèmes de colonisation et il paraît qu'entre hommes d'Etat, ces querelles sont aussi graves que les rivalités de coquettes entre femmes. Le maréchal était venu de Mostaganem dans un petit char à bancs; il offrit à ses côtés, d'assez mauvaise grâce, une place au général de La Moricière, et la carriole qui portait les puissants de l'Afrique se remit en marche au milieu d'un tourbillon d'hommes, de chevaux, de poussière et de poudre dont les Arabes, suivant le vieil usage, balayaient la route.

« Le lendemain, les réceptions officielles commencèrent. Le vieux maréchal était debout, dans cette grande salle mauresque du Château-Neuf, dont les arceaux de marbre sculpté portent encore le croissant de la domination turque; derrière lui, ses officiers d'état-major de guerre, que l'on sent toujours prêts à monter à cheval et à courir au péril; à sa droite tous les corps de l'armée, l'infanterie si laborieuse, si tenace et si utile; la cavalerie dont le bruit des sabres frappant les dalles, résonne comme un lointain écho du bruit de la charge; à sa gauche les gens de grande tente des Douairs et des Zmélas, revêtus du burnous blanc sur lequel brillait pour plusieurs ce ruban rouge que les services rendus ou les blessures reçues pour notre cause avaient fait attacher à leur poitrine. Leur attitude pleine de dignité, les longs plis de leurs vêtements tombant jusqu'à terre, leur regard limpide et brillant comme le diamant, ce regard dont les races d'Orient ont le privilège, rappelaient les scènes de la Bible; et le vieux chef français, salué avec respect comme homme et comme le premier de tous, semblait le lien puissant qui devait cimenter l'union des deux peuples. Ce fut, ainsi entouré, que le maréchal Bugeaud reçut les prisonniers de Sidi-Brahim et qu'on le vit, faisant les premiers pas, s'incliner en embrassant ces confesseurs de l'honneur militaire. Il nous prit le cœur à tous, lorsque nous entendîmes les nobles paroles que son âme de soldat sut trouver en remerciant, au nom de l'armée, ces débris qui semblaient survivre pour témoigner que nos jeunes légions d'Afrique avaient conservé intactes les traditions d'honneur et d'abnégation léguées par les bataillons des grandes guerres.

« Puis on se sépara, et le maréchal se retirant avec le général de La Moricière, tous deux s'occupèrent d'assurer le sort de quelques pauvres colons qui, transportant leur misère de France en Afrique, allaient demander au travail et à une terre nouvelle, l'adoucissement d'une vie de fatigue et de privations.

« Une partie de la nuit fut employée par les deux généraux à l'expédition des affaires, car les heures du maréchal étaient comptées, et, le lendemain, il prenait la mer pour regagner Alger. Le *Caméléon* croisa le courrier ordinaire à la hauteur d'Arzeu, et les deux navires échangèrent la correspondance.

« Plusieurs députés se trouvaient à bord. Ces messieurs venaient étudier, avant la session des chambres, l'Afrique, la province d'Oran surtout, et les divers systèmes de colonisation que l'on y essayait. Débarqués à dix heures à Mers-el-

Kébir, les députés déjeunaient à onze au Château-Neuf. Le temps était gris et sombre ; ils avaient eu le mal de mer, tout leur paraissait triste ; dans notre candeur, nous avions mis à leur disposition tous les moyens matériels pour parcourir commodément la province ; mais quand on leur dit que le soir même ils pouvaient écrire en France par le courrier du commerce, il se trouva que des motifs d'un haut intérêt les rappelaient immédiatement à Paris. Le soir donc, à cinq heures, après avoir passé sept heures dans la province d'Oran, dont deux en voiture et quatre au Château-Neuf, les députés s'en allèrent à toute vapeur, appuyant leur opinion de cette phrase qui a toujours tant de crédit : « J'ai vu ; j'ai été dans le pays. »

« C'est ainsi que l'on jugeait l'Afrique. (1) »

Parmi les prisonniers dont Oran fêta si brillamment le retour, se trouvait un officier qui malheureusement avait failli aux traditions de l'honneur, en faisant déposer les armes des soldats de son détachement, sans combat, devant une colonne d'Arabes qui l'avait entouré près d'Aïn-Temouchent.

Il prétexta que ses hommes, récemment sortis des hôpitaux de Tlemcen, étaient incapables d'effectuer une résistance sérieuse. Mais le conseil de guerre d'Oran, présidé par le colonel Gachet, du 15e léger, rappela, le 21 décembre, au lieutenant Marin, de ce régiment, en le condamnant à la peine de mort, qu'un chef ne doit jamais capituler (2).

Plusieurs arrêtés ou ordonnances concernant l'administration d'Oran furent encore promulgués dans le courant du mois de décembre 1846.

Le 3 décembre, un arrêté du Gouverneur révoqua de ses fonctions municipales l'adjoint israélite Maklouf Kalfan.

Une ordonnance royale rendue le 4 décembre, sur la proposition du ministre de la guerre, autorisa la création, dans

---

(1) *La Vie militaire en Afrique*, par Pierre de Castellane.

(2) Ce jugement fut annulé, comme on le verra plus loin, par le conseil de révision d'Alger.

la subdivision d'Oran, de huit communes nouvelles situées en territoire mixte.

La création de ces communes se rattachait à un plan général de colonisation de la province d'Oran présenté par le général de La Morrcière (1). C'était un système nouveau, le système de la colonisation par les capitalistes. Ce n'était plus, cette fois, l'Etat qui faisait les villages ; il les rendait à l'industrie ou plutôt à la spéculation privée ; il n'intervenait que pour exécuter les travaux d'utilité publique qui, en tout état de cause, doivent retomber à la charge du gouvernement.

La concession des territoires affectés à ces villages devait se faire par adjudication publique ou par aliénation directe et les conditions attachées à ces concessions pour l'établissement des familles devaient être l'objet de cahier des charges.

Les huit communes créées par cette ordonnance, en territoire mixte furent : Chartres, Joinville, Saint-Louis, Saint-Cloud, Sainte-Adélaïde, Saint-Eugène, Saint-Leu, Sainte-Barbe.

Par arrêté du 14 décembre, il fut institué à Oran un comité de surveillance de l'instruction publique. Il fut ainsi composé :

Président : le maire M. Lesseps ;

Membres : MM. Drouet, curé ; André, pasteur ; de Loÿs, juge de paix ; Jonquier, 1er adjoint : David, notaire ; Bonfort, propriétaire ; Bandeust, propriétaire ; Péraldi, pharmacien.

Il y avait alors six écoles à Oran :

Ecole d'enseignement mutuel tenu par M. Violle	64	élèves
Ecole primaire de Madame Barry............	18	»
Ecole chrétienne du frère Hilarion..........	97	»
Etablissement des sœurs Trinitaires :		
Salle d'asile............................	105	»
Pensionnat payant......................	48	»

---

(1) Un mémoire sur la colonisation de la province d'Oran et un remarquable rapport sur les haras, publié en 1830, sont les seuls écrits du général de La Moricière.

Classe indigente........................ 130 »
Ecole de jeunes enfants tenue par Mme Belvèze 16 »
Ecole de la Mosquée de Mme Delachâtre...... 120 »

Le 22 décembre, M. Hadamart, ancien interprète des domaines, est nommé à la chaire d'arabe vulgaire à Oran.

Citons encore :

La formation de la compagnie Marc Deleuze, ayant pour but de découvrir les sources. Cet hydroscope venait de faire des forages victorieux à la Senia, chez M. Barunès, et à Mers-el-Kébir, chez M. Laujoulet. Il découvrit aussi l'Aïn-Turk, qui était tarie depuis quinze ans.

L'achat par M. Julien de la ferme du 15e léger, située à l'endroit où s'élève actuellement le faubourg Saint-Antoine. Cette ferme, qui avait d'abord été affectée au 1er de ligne, fut embellie par son nouveau propriétaire de trois fontaines en bronze, d'un puits et d'un bassin.

Et enfin, la fondation du petit hameau de Ras-el-Aïn, pour recevoir les Espagnols, entassés dans les grottes qui se trouvaient près de la porte de Mers-el-Kébir (quartier Blança), et qui étaient d'anciennes porcheries.

La population d'Oran, au 31 décembre 1846, était de 25,893 habitants dont :

Européens.	18,739
Musulmans.	2,337
Juifs.	4,817

CHAPITRE XII

GÉNÉRAL DE LA MORICIÈRE

(Suite et fin)

(Du 1ᵉʳ Janvier 1847 à la Révolution de 1848)

SOMMAIRE. — **1847**. — Commandement intérimaire du général d'Arbouville. — Départ pour la France du général de La Moricière. — Son mariage. — Ses déclarations à la Chambre des députés, au sujet de la colonisation. — Progrès de la colonisation et du commerce à Oran, en 1847. — Créations agricoles à Aïn-Beïda et à Christel. — Travaux de routes. — Services de correspondances. — Sociétés de crédit. — Principaux actes administratifs. — Reconstitution de la milice. — Création du tribunal de commerce. — M. Boyer, deuxième adjoint au maire. — Cassation du jugement condamnant le lieutenant Marin à la peine de mort. — Cercle de la Marine. — Installation du Consistoire israélite — Ordonnance du 1ᵉʳ septembre, établissant des Directeurs des affaires civiles. — M. Mercier-Lacombe est maintenu avec ce titre à Oran. — Rentrée du général de La Moricière. — Le duc d'Aumale, gouverneur à Alger. — Ordonnance du 28 septembre ressuscitant l'organisation municipale. — De La Moricière dans l'ouest. — Reddition d'Abd-el-Kader. — Organisation du service des douanes. — Départ du général Thierry. — Son portrait. — Travaux du génie. — Théâtre. — Population au 31 décembre 1847.
1848. — Situation favorable au commencement de l'année. — De La Moricière va siéger à la Chambre. — Révolution du 24 Février. — Portrait du général de La Moricière. — Intérim du général Cavaignac. — M. Garbé, directeur des affaires civiles. — La ville d'Oran est érigée en commune. — Conseil municipal du 3 février. — Fin de l'histoire militaire d'Oran

1847

Après le départ du maréchal et des députés, le général de La Moricière, débarrassé pour le moment de toute préoccupation de guerre, s'occupa activement de jeter la première base de la colonisation dans le triangle ayant pour sommets Oran, Mostaganem et Saint-Denis du Sig. Il quitta à cet effet Oran dans les derniers jours de décembre 1846, pour faire sa tournée dans la province avant de partir pour Paris, où les travaux de la session législative réclamaient sa présence.

Le 11 janvier 1847, un ordre du gouvernement général désigna le général d'Arbouville, commandant les troupes de réserve de la province d'Alger, pour remplacer à Oran le général de La Moricière.

Celui-ci s'embarqua, le 7 février, sur le *Charlemagne*, bâtiment à vapeur de la compagnie Bazin qui faisait une correspondance extraordinaire entre Oran et Marseille, au retour d'un voyage à Gibraltar.

Il reçut, avant son départ, la visite et les adieux des officiers de tous les corps présents à Oran et des différentes autorités civiles et militaires.

Un nombreux concours d'officiers de tous grades et un beau détachement de la milice à cheval escortèrent le lieutenant-général jusqu'au port de Mers-el-Kébir.

Un mois après son arrivée à Paris, le général de La Moricière épousait Mademoiselle d'Auberville(1) et quelques jours plus tard, il prenait place à la Chambre des députés parmi les membres de l'opposition modérée.

« Par un privilège bien rarement accordé, il lui fut donné de conquérir promptement, sur ce champ de bataille tout nouveau et si difficile, une notoriété et une autorité presque aussi reconnues et aussi légitimes que sur le théâtre de ses exploits d'Algérie. » (2)

Les débats sur la *question africaine* lui fournirent l'occasion de développer ses idées sur les moyens de colonisatione

Répondant à MM. Desjobert et de Tracy, ces irréconciliables ennemis de l'Algérie, il demandait qu'on laissât à chacun sa part :

« Au gouvernement, disait-il, les grands travaux, les routes d'abord, les dessèchements quand il y en aura à faire, et enfin le travail de l'administration qui sera de préparer les

---

(1) Mlle d'Auberville était la petite fille de la Marquise de Montaigu (Anne-Dominique de Noailles) dont la vie a été publiée. Le général de La Moricière eut de ce mariage un fils et deux filles.

(2) *Le général de La Moricière*, par le comte de Montalembert.

concessions, de faire qu'une intelligence, un capital et des bras qui voudront venir en Afrique, y trouvent leur place faite, grande si le capital est grand, petite si le capital est petit ; qu'il y ait enfin pour chacun, proportionnellement à ce qu'il est capable de faire, de la terre et du soleil. »

Signalant ensuite quelques-unes des causes qui retardaient le développement de la colonie, il déclarait qu'il y avait urgence à changer la législation et à substituer aux ordonnances les lois de la métropole.

Telle n'était point l'opinion des ministres. Ils soutinrent que l'Afrique devait être longtemps encore soumise à des règles exceptionnelles et temporaires, appropriées à la situation du moment, diverses comme les populations qu'elles devaient régir, et leur avis fut prépondérant.

Le général de La Moricière ne rentra à Oran qu'au mois de septembre, juste au moment où le duc d'Aumale succédait au maréchal Bugeaud dans le gouvernement général de l'Algérie.

La colonisation et le commerce avaient fait de véritables progrès dans cette première partie de l'année 1847.

M. Ramoger avait commencé la création d'un centre agricole à Aïn-Beïda entre la Sénia et Misserghin ; M. de Saint-Maur avait obtenu une concession à Arbal.

La société Del Balzo, Géry et Cie avait jeté les fondements d'un centre d'exploitation à Christel (*Christi Tellus*).

Le général de La Moricière s'était empressé de prêter à ces colons le concours de la troupe pour la construction des voies de communication destinées à les relier à Oran.

Un détachement fut envoyé à Aïn-Beïda pendant que le 2e bataillon de la légion étrangère travailla à la route de Christel sous la direction du capitaine adjudant-major de Sorbier.

D'autres villages allaient bientôt surgir de tous côtés. Une ordonnance royale du 19 février créa trois communes, à Christine (Sidi-Ali), Isabelle (Guessiba) et San-Fernando (Tazout).

Les communications avec l'intérieur devenaient aussi plus faciles. Le 1er mai, fut créé un service de voitures entre Oran et Arzeu ; le 28 du même mois, un service analogue fut inauguré entre Oran et Mascara.

Le télégraphe aérien reliait déjà Oran à Mostaganem. On commença, cette année, à transformer le blockhaus d'Orléans en poste télégraphique pour correspondre avec Tlemcen et Mascara.

MM. Dervieu fils et Cie avaient, le 4 février, conclu un marché avec l'administration de la guerre pour les transports par mer entre Oran et Mers-el Kébir.

La confiance renaissait : les capitaux allaient, enfin, pouvoir se porter sur le sol algérien.

Deux sociétés de crédit s'étaient successivement ouvertes à Oran.

L'une en février, sous le titre de *Caisse commerciale d'Oran*, montée par actions au capital de 500,000 francs, par MM. Dervieu frères et ayant pour objet les opérations de banque et d'escompte.

L'autre, la *Caisse agricole d'Oran*, instituée, le 24 avril, entre Peyre frères et Durand, avec un capital d'un million représenté par 4,000 actions de 250 francs chacune.

Oran, par sa situation maritime admirable, voisine du Maroc, à l'entrée du détroit de Gibraltar, à dix heures de l'Espagne, était appelée à devenir une grande ville commerciale et industrielle, mais il fallait pour lui donner une vie propre et lui assurer sa prospérité pour l'avenir, la débarrasser des entraves que le commerce rencontrait dans les droits imposés aux marchandises.

C'est ce que M. Ramoger fit sentir à ses collègues de la Chambre de commerce, dans la séance du 20 avril. Il dit que la prospérité actuelle d'Oran n'était que factice et n'était due qu'à la présence de l'armée. Pendant les années de paix qui ont suivi le traité de la Tafna, la garnison d'Oran avait été considérablement diminuée, par suite de l'envoi des troupes dans l'est. Deux ou trois maisons de commerce subsistèrent seules ; le reste ne donna plus signe de vie, les constructions s'arrêtèrent, les jardiniers eux-mêmes cessèrent de cultiver leurs jardins.

M. Ramoger en conclut qu'il était urgent de demander la franchise du port et de la ville d'Oran.

Les actes administratifs intéressant la ville d'Oran, qui signalèrent l'année 1847, furent nombreux et la plupart d'une importance réelle. Nous les résumons ci-après dans leur ordre chronologique :

Le 4 janvier 1847, M. Aucour, ingénieur en chef des ponts et chaussées, est nommé lieutenant-colonel de la milice.

Par un arrêté du ministre de la guerre, en date du 20 février, M. Ligonier Paul est nommé courtier maritime et en marchandises à la résidence d'Oran, en remplacement de M. Chollet, démissionnaire.

Le gouverneur général, considérant que l'augmentation de l'effectif de la milice d'Oran rendait nécessaire une reconstitution des deux bataillons qui la composaient, arrêta, à cette même date du 20 février 1847, que les seize compagnies et le demi-escadron de cavalerie de la milice d'Oran formeraient, à l'avenir, deux bataillons composés ainsi qu'il suit :

1er bataillon
- 1 compagnie d'artillerie
- 1 » de sapeurs-pompiers
- 1 » de marins
- 1 » d'éclaireurs
- 2 » de chasseurs (*intra muros*)
- 2 » » (*extra muros*)

2me bataillon
- 1 compagnie de grenadiers
- 6 » de chasseurs (*intra muros*)
- » (*extra muros*)
- 1 compagnie de voltigeurs
- 1/2 escadron de cavalerie

M. Ramoger fut, par un autre arrêté, nommé chef du deuxième bataillon.

L'ordonnance royale du 5 mars institue à Oran un tribunal de commerce qui reçut la composition suivante :

Président : M. Jonquier ;

Juges : MM. Boyer, Bax, Freixe, Bonfort ;

Juges suppléants : MM. Blanchard, Andrieu.

Le 12 mars, un arrêté du ministre de la guerre révoqua le courtier Thouard pour injures et outrages envers un employé de l'administration des douanes et voies de fait envers un de ses collègues.

Le 8 avril, M. Cohen (Lazare), instituteur à l'école israélite de Nîmes, fut nommé rabbin du consistoire provincial d'Oran.

Par le même arrêté, furent nommés membres laïques dudit consistoire, MM. Nahon Emmanuel Menahim, interprète de 1re classe de la sous-direction d'Oran, président ; Sanassès Amran, membre de la Chambre de commerce d'Oran et Abraham-el-Kanoui, négociant.

Le quartier de la Mosquée prenant de jour en jour plus d'extension, M. Boyer est nommé adjoint au maire, pour administrer ce quartier, par un arrêté du ministre de la guerre en date du 24 avril.

Le même jour, un éboulement de rochers argilo-schisteux se produisit, à une heure du matin, au quai de la Marine, écrasant trois marchands espagnols qui dormaient près de leurs oranges et de leurs piments.

Le 27 avril, le ministre de la guerre approuva le bail passé par la ville avec le curé Drouet pour l'installation des frères Saint-Joseph du Mans dans une maison située sur la place de l'Eglise, au prix de 2,100 francs par an. Le frère Hilarion dirigea cette nouvelle école communale.

Un arrêté du 13 mai nomma M. Merot, commis-greffier près la cour royale d'Alger, aux fonctions de greffier près le tribunal de commerce d'Oran.

Le 21 mai fut prononcé l'arrêt de la Cour de Cassation, cassant sans renvoi le jugement du conseil de guerre d'Oran qui condamnait à la peine de mort le lieutenant Marin du 15e léger. L'avocat Bonjean avait développé les trois moyens principaux de cassation qui suivent :

1° Violation de l'article 8 de la Constitution de 1791 et de l'article 51 de la Charte, en ce qu'une condamnation à mort avait été prononcée par l'application non d'une loi, mais d'un simple décret impérial ;

2° Le conseil de guerre ayant passé outre au jugement de fond, au mépris du pourvoi déclaré contre le jugement qui avait statué sur la compétence ;

3° Le jugement ayant prononcé la peine de mort sans mentionner les circonstances constitutives de la criminalité et dans une hypothèse qui n'était pas celle prévue par le décret.

Le 12 juin, le lieutenant Marin était mis en liberté et dirigé sur son ancien corps à Perpignan.

Le 26 mai, un arrêté du sous-directeur de l'intérieur d'Oran créa un *Cercle de la Marine*, rue d'Orléans, dans la maison Puig y Mundo. M. Aucour en fut le président et M. Dervieu, vice-président.

Ce cercle s'installa à la fin de l'année dans une position plus centrale à la place Kléber.

Un arrêté ministériel du 31 mai décida que les défenseurs plaideraient concurremment devant le tribunal de 1re instance et le tribunal de commerce ; il porta, en outre, de 5 à 6, le nombre des défenseurs à la résidence d'Oran ; M. Jacques Rémy fut nommé à ce nouvel emploi par arrêté du 2 juin.

Le 1er juin, le capitaine d'état-major Renson (1) fut désigné pour remplacer à l'état-major de la division d'Oran, le capitaine Bonneau rentré en France.

Le 22 juin, eut lieu l'installation du consistoire israélite à la synagogue, sous la présidence du sous-directeur de l'inté-

---

(1) Général de brigade à Oran de 1868 à 1870.

rieur, M. Mercier-Lacombe, et en présence des généraux d'Arbouville et Thierry. Des discours furent prononcés par le sous-directeur, par M. Cohen, président du consistoire d'Alger et par M. Nahon, président du consistoire d'Oran.

Le 2 juillet, M. Lagout, ingénieur, effectua un jaugeage des eaux de Ras-el-Aïn ; il trouva que le débit total est de 18,052 litres 17 par vingt-quatre heures.

Par arrêté du 10 juillet, M. Gilly fut nommé courtier à Oran.

Le 25 juillet, un incendie se déclara dans un des magasins à fourrages de la mosquée, à 3 heures du matin ; les dégâts furent estimés à 25,000 francs.

Le 7 août, M. Hadamard ouvrit son cours d'arabe à l'école mutuelle, impasse Philippe.

Le 1er septembre, la rue des Jardins fut livrée à la circulation.

Le même jour fut promulguée l'ordonnance royale qui réorganisait les administrations algériennes ; les trois directions centrales, intérieur, travaux publics et finances étaient supprimées. Il était établi dans chaque province une *direction des affaires civiles* centralisant les services administratifs.

On a voulu ainsi se rapprocher de l'organisation des préfectures. Mais en France, les préfectures n'ont rien au-dessus d'elles que le ministère. En Algérie, les directions provinciales étaient placées sous les ordres plus ou moins immédiats : 1° du Gouverneur général ou par délégation du directeur général ; 2° du ministre de la guerre et pour certains objets du ministre des finances. Enfin dans beaucoup de cas, elles ne correspondaient avec le gouverneur que par l'intermédiaire des lieutenants-généraux commandant les provinces.

Les sous-directeurs de l'intérieur prirent alors le nom de *directeurs des affaires civiles*.

M. Mercier-Lacombe fut maintenu à Oran, dans ces nouvelles fonctions, avec M. Demanche comme secrétaire général. Ce dernier avait remplacé M. Bory à la fin de 1846.

Quelques jours après, MM. Demanche, Barberi et Garbé étaient nommés membres du conseil de direction par le Roi sur la proposition du ministre de la guerre.

Les bureaux de la direction furent confiés le premier à M. Bory, le deuxième à M. Delormel, le troisième à M. Getten.

Le général de La Morlcière, qui venait de rentrer à Oran, reçut en cette circonstance la visite de tous les chefs de service, présentés par M. Mercier-Lacombe. Il eut un mot gracieux pour chacun, mais les paroles qu'il prononça, avant de les congédier, méritent d'être citées, car, aujourd'hui encore, comme alors, elles peuvent s'adresser à nos édiles et s'appliquer à la situation présente de notre cité :

« En vous occupant des ouvrages utiles, leur dit-il, ne négligez pas ceux qui peuvent donner de l'agrément à votre ville ; des esprits qui ont la prétention de se croire pratiques exaltent seulement la question d'intérêt matériel, vous ne partagerez pas leur erreur ; vous penserez comme moi que les travaux d'agrément sont ceux qui attirent et retiennent la population dans les villes. Quand ces conditions manquent on voit bientôt les cités languir et devenir désertes. »

Le 11 septembre 1847, le maréchal Bugeaud avait été remplacé par le duc d'Aumale dans ses fonctions de Gouverneur général de l'Algérie. La population accueillit avec des témoignages de sympathie, ce jeune général qui avait eu le bonheur de porter, par la prise de la Smala, le plus rude coup à l'autorité d'Abd-el-Kader. Il consacra les premiers jours à discuter, avec les généraux commandant les trois provinces et avec les directeurs des affaires civiles, les principales mesures qui allaient être mises à exécution pour favoriser le développement de la colonisation et donner des garanties nouvelles aux populations européennes.

Il eut la satisfaction de voir son avènement dans la colonie signalé par le retour de l'intervention des citoyens dans l'administration du pays. Son père signa le 28 septembre, l'ordonnance qui ressuscita en Algérie l'organisation municipale d'une manière utile et sérieuse, sinon libérale.

Les populations étaient appelées à gérer leurs propres intérêts ; le maire rentrait dans l'exercice réel et complet de ses fonctions ; le principe électif seul manquait au nouveau programme. La composition de la population européenne à ce moment, n'a peut-être pas permis que l'émancipation des masses s'opérât tout-à-coup en Algérie. On n'en doit pas moins savoir gré au roi Louis-Philippe d'avoir fait entrer l'Algérie dans une ère nouvelle en plantant un utile jalon dans la voie des améliorations depuis si longtemps réclamées.

Le maire et les adjoints étaient nommés par le Roi, et les membres, au nombre de douze, par le Gouverneur général.

Cette ordonnance n'eut pas le temps de recevoir son application, car cinq mois après elle sombrait avec la royauté qui l'avait promulguée.

Oran doit pourtant à celle-ci d'avoir été érigée en commune, comme nous le verrons plus loin.

Mais avant d'aborder les péripéties de notre cité pendant cette année mémorable de 1848, nous allons résumer en peu de mots l'évènement inattendu qui, après dix-huit années de lutte acharnée, mit le sceau à notre conquête algérienne et signaler les faits administratifs ou divers les plus importants accomplis à Oran, du 11 septembre 1847 au 24 février 1848.

Le général de La Moricière n'avait cessé de porter son attention du côté du Maroc. Il apprit bientôt que l'Emir, pourchassé par les troupes de l'Empereur, était aux abois et se trouvait acculé sur notre frontière. Prévoyant la crise finale, il partit d'Oran pour Nemours, le 10 novembre 1847, avec toutes ses troupes disponibles et alla camper sur la frontière à l'ouest de Lalla-Marnia.

En effet l'Emir et sa Deïra traversaient la Moulouia, dans la nuit du 20 au 21 décembre, sous le feu des Marocains et battaient en retraite jusqu'au Kiss où cessa la poursuite des troupes d'Abd-er-Rahman.

Abd-el-Kader espérait gagner le Sahara à travers notre territoire ; mais les passages étaient gardés par nos spahis et le 23 décembre, il se rendait, au col de Kerbous, au lieutenant Bou-Kouïa, qui le lendemain le remettait entre les mains du colonel de Montauban, sur le plateau même de Sidi-Brahim, théâtre de la fin tragique du colonel de Montagnac.

Conduit à Nemours devant le duc d'Aumale, il fut embarqué sur le *Solon* pour Mers-el-Kébir, où sa mère, sa femme, son fils et quelques officiers blessés vinrent le rejoindre et s'embarquèrent avec lui sur l'*Asmodée* pour la France.

Le général de La Moricière avait pris sur lui de promettre à Abd-el-Kader, au moment de sa reddition, qu'il serait dirigé sur Alexandrie, mais le Gouvernement ne ratifia pas cet engagement. (1)

Arrêtés et faits divers du 11 septembre 1847 au 24 février 1848.

Le 11 septembre, une ordonnance royale nomme juge au tribunal de 1re instance d'Oran, M. Arnoux, juge de paix du canton de Savine (Hautes-Alpes), en remplacement de M. Cantener décédé.

Par décision ministérielle du 26 septembre, le colonel Beaufort du 47e de ligne est nommé commandant de place d'Oran en remplacement du lieutenant-colonel Tugnot de Lanoye.

---

(1) On sait qu'Abd-el-Kader fut d'abord enfermé au fort Lamalgue à Toulon puis transféré au Château de Pau. En novembre 1848, il fut interné au Château d'Amboise jusqu'au moment où le prince Louis-Napoléon, alors président de la République, alla lui-même lui annoncer sa mise en liberté, et la permission de se rendre à Damas en Syrie.

Une ordonnance royale du 6 octobre, nomme juge au tribunal d'Oran, M. Favre, avocat, en remplacement de M. Sudraud-des-Iles, démissionnaire ; et par une autre ordonnance du 26 du même mois, M. Couttolenc, nommé conseiller à la cour royale d'Alger, était remplacé, comme procureur du roi à Oran, par M. Robinet de Cléry, procureur du roi près le tribunal de Philippeville.

C'est au mois d'octobre 1847 que fut organisée la musique de la milice sous la direction de M. Gros.

Le 1er novembre, le service des douanes fut définitivement divisé par province, celui de la province d'Oran fut ainsi organisé :

Service administratif : M. Vernet, inspecteur de 1re classe, chef du service.

Service actif : M. de Wable, sous-inspecteur de 2me classe, inspecteur divisionnaire. M. de Batsale, sous-inspecteur de 3me classe, sous-inspecteur sédentaire.

Comptabilité : M. Vitton, receveur de 7e classe, receveur principal.

Hors cadre : M. Jonnart, sous-inspecteur de 3me classe, receveur à Oran.

Par une ordonnance royale du 3 novembre, M. Lefrançois, juge d'instruction à Oran, est nommé procureur du roi à Blida et remplacé à Oran par M. de Grousson, avocat.

Par une autre ordonnance royale du 13 novembre, M. Domanche, nommé conseiller de direction à Alger, est remplacé comme conseiller à Oran par M. Montriblond, inspecteur de colonisation, et comme secrétaire de la direction par M. Garbé.

Citons en passant l'ordonnance du 24 novembre, qui applique le principe de l'élection aux nominations des membres des tribunaux de commerce.

Le 28 novembre, un décret nomma à Versailles le général Thierry, commandant la subdivision d'Oran, mais celui-ci ne quitta son poste que le 30 janvier 1848, époque de son remplacement par le général Cavaignac.

Le général Thierry (1) rendit à Oran les plus signalés services par son activité sûre, prompte, secrète, fidèle et toujours éveillée. Il fut le second, modeste mais essentiel, de de La Moricière. Il fut son suppléant chaque fois qu'il s'éloigna, dirigeant en tout temps le service de l'approvisionnement en vivres et en munitions. On était sûr avec lui que les postes les plus éloignés seraient approvisionnés en temps et lieu, qu'une colonne, si égarée qu'elle fût, recevrait à l'heure utile son ravitaillement. Le maréchal Bugeaud l'en complimenta en revenant de la bataille d'Isly.

Ajoutons à cela que son administration à Oran fut toujours paternelle et éclairée. Jamais un acte de dureté, jamais un acte de prodigalité. On put, avec les économies faites sur les services qu'il dirigea, prendre de quoi bâtir des villages entiers.

Une autre circonstance le rendit précieux à Oran, c'est le sang-froid qui le distingua lors des nombreuses crises par lesquelles cette province fut bouleversée. Souvent on désespérait autour de lui. Mais d'un calme inaltérable qui l'avait fait surnommer *Face de fer* par les Arabes, il envoyait des secours partout où il en fallait et, grâce à lui, jamais un échec ne devint un sinistre (2).

Le 30 novembre, un arrêté ministériel nomma syndic des courtiers à Oran, M. Peyssel Emmanuel, précédemment syn-

---

(1) Entré en 1806 à l'Ecole militaire, sous-lieutenant en 1807, capitaine en 1810, décoré au Kremlin par Napoléon en 1812. — Licencié en 1815, il reprend du service en 1819. Il est chef de bataillon en 1823 et colonel seulement en 1838. En 1841 il prit part aux expéditions de Takdemt et de Mascara, et fut nommé en 1843 au commandement du territoire d'Oran.

(2) Léon Plée — *Abd-el-Kader nos Généraux, nos Soldats, les Guerres d'Afrique.*

dic-adjoint; M. Dorange Hector-Prosper, fut nommé courtier en marchandises, et l'office de trésorier fut donné à M. Stellato, courtier maritime et en marchandises.

Ce fut à cette date du 30 novembre que M. Lagout, ingénieur des ponts et chaussées, commença le travail des égouts du quartier juif, avec les 30,000 francs souscrits depuis 1845, sur l'initiative de M. Nahon.

Le 19 décembre, le duc d'Aumale, venant de Nemours, fit son entrée à Oran; il visita l'hôpital neuf et la nouvelle église.

Les travaux du caravansérail, qui avaient été interrompus, furent repris avec activité.

Un arrêté du 22 décembre, créa un sixième office d'huissier près le tribunal d'Oran et y pourvut par la nomination de M. Tremblay.

Le 27 décembre eut lieu l'adjudication, au prix de 31,000 francs, des travaux en construction de l'hôtel de la direction (préfecture actuelle).

Les travaux du génie militaire en voie d'exécution à la fin de décembre 1847 étaient les suivants :

Ecuries du général de division au Château-Neuf ;

Bâtiments de la subdivision ;

Bâtiments des lits militaires ;

Caserne d'infanterie à la vieille casbah ;

Magasin à poudre du fort Saint-André ;

Transformation en magasin d'orge des silos de la vieille casbah.

Citons enfin l'apparition à Oran en 1847, de la troupe dramatique de Madame Fornano, de la troupe espagnole de Baza, des funambules de Laurençon, des tableaux vivants de la troupe anglaise de Turnam et du légendaire Garagousse.

Au 31 décembre 1847, la population d'Oran était de 22,458 habitants, ainsi répartis :

Européens	Français	4,954	
	Espagnols	8,520	
	Allemands	136	
	Italiens	1,056	15,191
	Anglais	44	
	Suisses	40	
	Divers	441	
Musulmans			2,504
Israélites...............			4,763
Total.......			22,458

La population européenne comprenait :

Hommes	6,088
Femmes	5.165
Enfants	3,938
Total.....	15,191

Le mouvement de la population dans le courant de l'année 1847 s'était effectué de la manière suivante :

Européens,	naissances 637	décès 730	mariages 139
Musulmans,	» 404	» 481	» 115
Israélites,	» 342	» 210	» 48

La mortalité à Oran en 1847 fut de 5,21 pour cent habitants ; en 1848 elle fut de 4,49, mais en 1849, la réapparition du choléra fit monter le chiffre des décès à 10,71 pour cent habitants.

1848

L'année 1848 s'ouvrit sous les auspices les plus favorables. La soumission d'Abd-el-Kader était venue ranimer la confiance et modifier de la manière la plus heureuse et la plus inespérée ce que la situation avait d'alarmant ; depuis longtemps l'Algérie était en proie à une gêne industrielle et commerciale des plus intenses ; le crédit des négociants les plus recommandables était ébranlé ; les propriétés avaient considérablement perdu de leur valeur ; le mouvement colonisateur était comme paralysé ; beaucoup de projets avaient été mis à l'étude, mais leur réalisation n'avait pas été possible.

Le général de La Moricière quitta Oran le 12 janvier 1848, pour rentrer en France et prendre part aux travaux de la session législative. Il eut à défendre devant les chambres sa conduite au moment de la reddition d'Abd-el-Kader. Vivement interpellé au sujet des conditions de soumission qu'il avait consenties, comme un député soutenait que mieux valait l'Emir en Algérie qu'en Orient, le général répondit malicieusement : « Rien n'est plus facile que de satisfaire l'orateur ; vous tenez Abd-el-Kader, reconduisez-le en Algérie. »

Le général de La Moricière ne devait plus revoir l'Algérie ; des évènements graves survinrent et lui ouvrirent une carrière nouvelle. La monarchie de juillet aux abois le désignait déjà comme ministre de la guerre dans les combinaisons Thiers, Molé ou Barrot, quand éclata soudain la révolution du 24 février, et ce n'est qu'après les journées de juin que Cavaignac l'associa à son gouvernement comme ministre de la guerre.

L'Algérie et la ville d'Oran tout particulièrement, placeront parmi leurs plus chers souvenirs, celui du général de La Moricière ; soldat héroïque, il fut aussi un habile et sage administrateur, un colonisateur passionné.

Pour achever son portrait, nous ne pouvons mieux faire que citer la page suivante du livre de M. Hugonnet :

« La qualité qui nous a paru la plus saillante chez le célèbre général, est une activité réellement extraordinaire. Il était presque toujours en courses à travers sa province, rejoignant à la hâte ses troupes lorsque celles-ci étaient au moment d'agir, les devançant au retour, écoutant lui-même tout le long du chemin, les renseignements donnés par les indigènes ; puis une fois descendu de cheval, il faisait des réponses aux projets qui lui étaient soumis, s'occupait de tous les détails d'organisation de la province, venait quelquefois à Oran, par une longue et rapide course, recevoir des dépêches importantes, y répondre et repartir aussi vite qu'il était venu. Le général plaisait beaucoup aux troupes par son entrain, sa bonne humeur, sa familiarité; il ne négligeait du reste aucun moyen de se rendre agréable, entre autres précautions, n'omettait jamais d'appeler les simples officiers par leur nom. Les troupes de Mascara, qui se trouvaient sous les ordres immédiats du jeune chef, se donnaient à elles-mêmes le titre de *nouvelle armée d'Italie*, tant elles étaient fières de leur général.

« Une habitude de de La Moricière, pendant les longues marches, consistait à fumer constamment des cigares; l'un succédait à l'autre presque sans interruption. Un spahis, qui suivait le général, n'avait pas d'autre mission que de fournir des cigares; on l'appelait ironiquement le porte-cigares de La Moricière. De plus, on avait remarqué le temps à peu près que le général mettait pour fumer un cigare, on savait le chemin que l'on faisait dans cet espace de temps, et on en avait conclu une nouvelle unité de distance. Ainsi, on ne disait plus : « Il y a tant de lieues d'ici à......, mais bien : tant «de cigares.» Le petit képi africain sur la tête, la tunique courte, le pantalon très large, une ample ceinture sur la taille, une longue canne à la main, sans épée, sans épaulettes, tel nous aimions à voir devant nos colonnes le jeune général, qui contrastait si fort avec les officiers supérieurs ou généraux, engoués, pour la plupart, des règlements rigoureux et de tout ce qui impose une gêne, une contrainte à leurs inférieurs. Petit, mais trapu, d'une physionomie vive et agréable, de La Moricière était surtout aimé des jeunes officiers, il le savait et le leur rendait bien. Il disait souvent aux chefs de corps : «Faites reposer vos anciens officiers; ils sont fatigués, mais «donnez-moi des sous-lieutenants il me faut des sous-lieute- «nants en masse.» Le général savait, par expérience, qu'il pourrait beaucoup exiger de jeunes gens désireux de se distinguer, animés du feu sacré, et flattés au dernier point d'être remarqués d'un des plus glorieux chefs de l'armée. De La Morîcière avait une façon très rude de conduire la guerre, il ne ménageait ni les fatigues, ni les privations ; il y eut surtout une campagne d'hiver, dans les environs de Mascara, restée fameuse dans les fastes de la province par les souffrances que les hommes et les bêtes eurent à endurer. Les silos ennemis étaient presque la seule ressource de la colonne ; beaucoup de chevaux périrent. »

Le général Cavaignac, qui remplaça par intérim le général de La Moricière dans le commandement de la province, ne resta que quelques jours à Oran ; le 3 mars, il était nommé Gouverneur général de l'Algérie en remplacement du duc d'Aumale.

Pendant les deux premiers mois de l'année 1848 les actes administratifs ou faits remarquables sont les suivants :

Le 11 janvier un décret nomma M. Dillon, intendant militaire à Oran, en remplacement de M. de Guiroye.

Le 20 janvier, M. Mercier-Lacombe, appelé en France par la mort de son père, fut remplacé provisoirement dans ses fonctions de directeur des affaires civiles par M. Garbé, conseiller à la direction.

Il ne devait plus revenir à Oran. Aussitôt après les évènements de février 1848, il pensa à rejoindre son poste, mais il crut de son devoir de passer au préalable à Alger afin d'y prendre des instructions. Le général Cavaignac interpréta défavorablement la démarche de ce haut fonctionnaire ; il crut y voir une hésitation regrettable dans les circonstances politiques du moment et, le 7 mars, il le remplaça brutalement d'une manière définitive a Oran par M. Garbé.

Une ordonnance royale du 31 janvier, érigea en commune la ville d'Oran, comme nous l'avons dit plus haut.

Le même jour, par ordre de l'autorité militaire, les portes du Marché et de Mers-el-Kébir dûrent rester ouvertes jusqu'à onze heures du soir ; la porte du Ravin devait être fermée à neuf heures.

Le 3 février, une ordonnance royale nomma maire d'Oran M. Jonquier et adjoints : MM. Boyer et Sauzède, pour la ville, Avio pour Mers-el-Kébir et Montigny, pour la Sénia.

Les douze conseillers municipaux dont les noms suivent furent nommés par un arrêté du Gouverneur général en date du 22 février : Terras, Trobriant, Cheronnet, Ramoger, Pedeucoig, Bonfort, Léoni, Freixe, Daudrieu, Péraldi, Sénanès, Ahmed-Omar.

Ce conseil n'eut pas le temps de siéger, car douze jours après, éclatait la révolution de février, qui amena le suffrage universel et un décret du 16 août 1848 confia aux populations le choix de leurs conseillers municipaux, qui eut lieu pour Oran à la date du 29 octobre suivant. (1)

M. Lesseps n'en dirigea pas moins les affaires de la commune jusqu'au 10 décembre 1848, avec un conseil provisoire choisi le 18 avril par le directeur des affaires civiles.

Signalons enfin, pour terminer cette première partie de notre essai historique sur Oran, un arrêté ministériel du 22 février approuvant le projet de théâtre sur un terrain domanial de 1,500 mètres carrés, dans les jardins de Bastrana, projet qui avait été présenté par MM. Chéronnet et Lasry, à charge d'avoir la concession gratuite du terrain pendant quatre-vingt-dix-neuf ans.

A partir de cette époque, Oran n'a plus d'histoire militaire ; les fusils se sont tus dans ses environs : l'incendie s'est éteint et s'il se rallume, ce ne sera qu'au loin, dans les montagnes qui s'étendent des Flittas aux Beni-Suassen, sous le souffle éphémère de prédicateurs fanatiques, ou plus loin encore dans les steppes du sud contre des coupeurs de route.

Le territoire d'Oran est déblayé de Mostaganem au Rio-Sa-

---

(1) La deuxième partie de cet ouvrage débutera par la situation d'Oran en 1848 et le récit détaillé des évènements dont la ville fut témoin dans les jours qui suivirent la réception de la nouvelle de la révolution survenue en France.

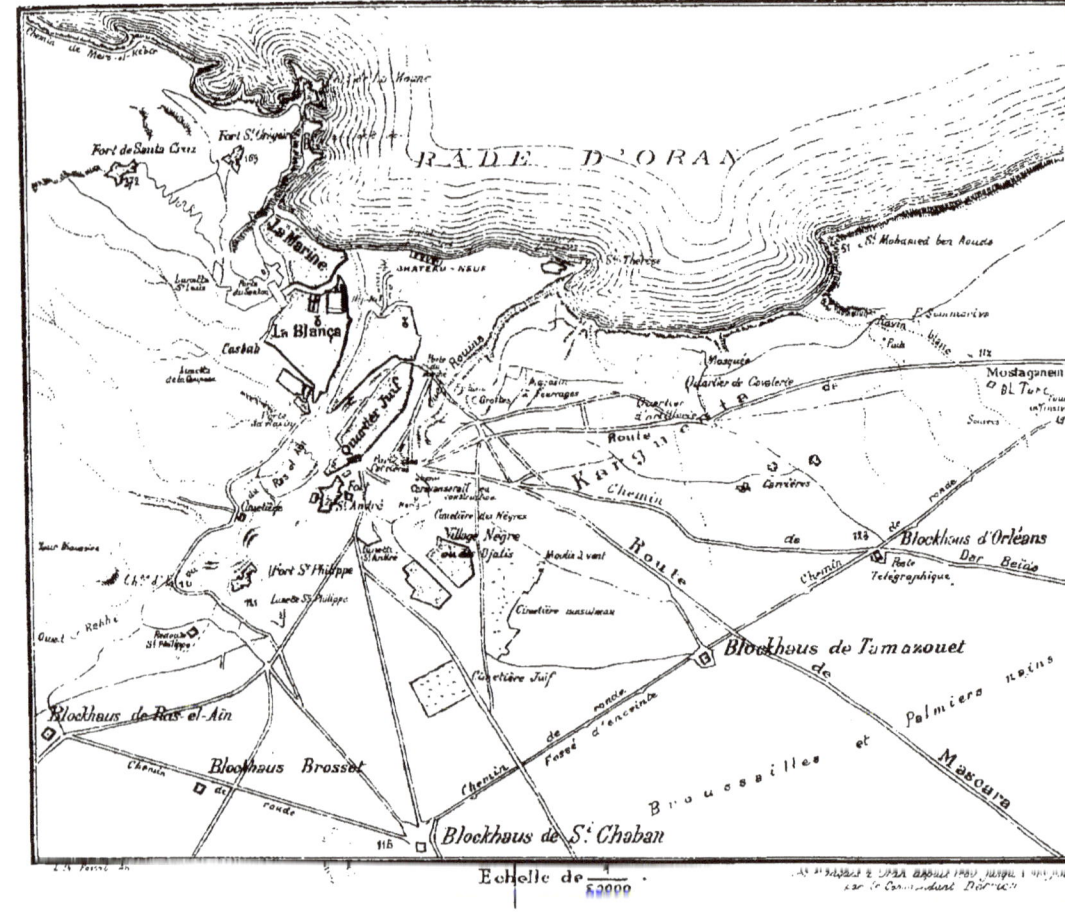

Oran et sa ligne de Blockhaus en 1848

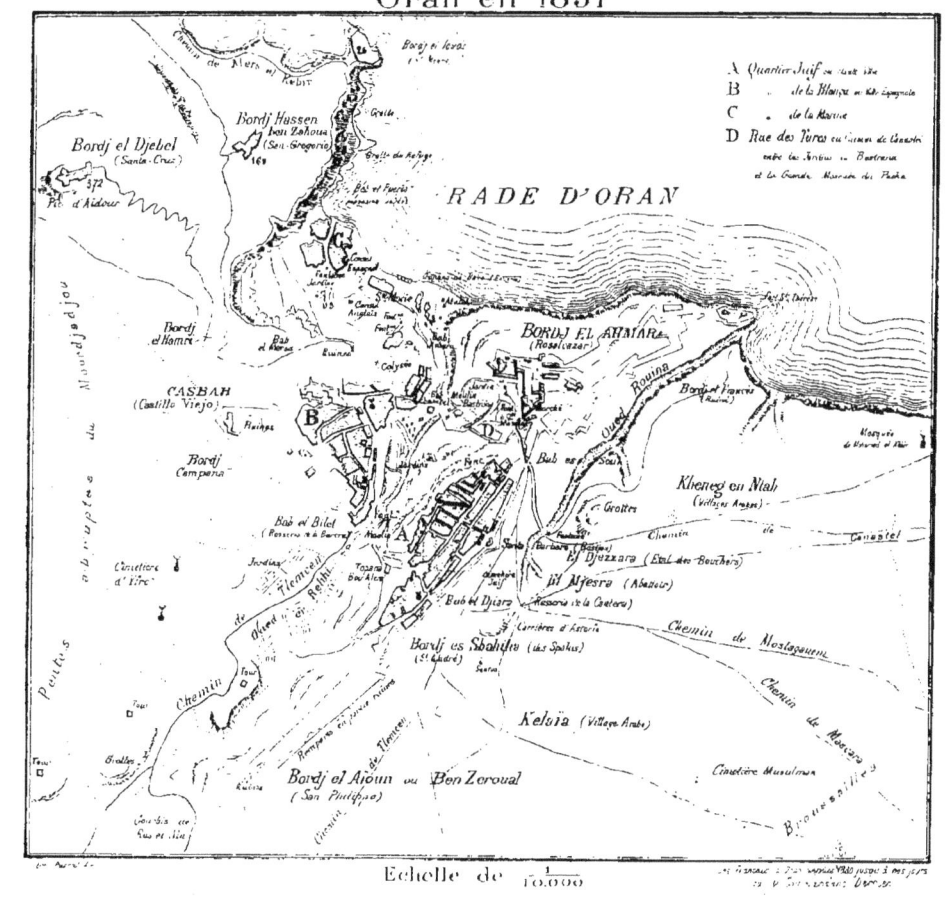

lado ; il ne reste plus qu'à le peupler d'Européens qui, la charrue en main, feront sortir du sol les richesses qu'il renferme.

L'histoire d'Oran ne sera donc plus désormais que celle de la ville moderne et nous assisterons à son fabuleux développement, malgré les luttes sans nombre que ses édiles eurent à soutenir contre les lenteurs de la haute administration et contre les difficultés soulevées par le domaine et le génie militaire.

Si le récit qui va suivre n'a plus l'intérêt dramatique des dix-huit premières années, il aura, en revanche, celui plus sérieux, plus réel de la marche progressive de la prospérité commerciale d'Oran, de l'élévation du niveau moral par l'extension qui sera donnée à l'instruction et du bien-être de tous par le développement des travaux d'utilité publique.

Fin de la Première Partie.

TABLE SOMMAIRE

Dédicace.. 4

Avant-propos... 5

Introduction. — Résumé de l'Histoire d'Oran, depuis sa fondation jusqu'à 1830.. 9

PREMIÈRE PARTIE
ORAN MILITAIRE
(De 1830 à 1848)

CHAPITRE Ier — OCCUPATION D'ORAN
(Du 24 Juillet 1830 au 14 Septembre 1831)

Situation de la province d'Oran en 1830. — La nouvelle de la prise d'Alger est le signal de la révolte des Arabes contre les Turcs. — Le bey Hassan sollicite l'intervention française. — Mission du capitaine de Bourmont. — Occupation du fort de Mers-el-Kébir. — Première expédition sur Oran du colonel Goutfrey. — Deuxième expédition du général Damrémont. — Occupation d'Oran. — Installation du Khalifa tunisien. — Rupture du traité avec la Tunisie. — La France occupe Oran pour son compte. Départ des Tunisiens. — Commandement du général de Faudoas. — Arrivée du général Boyer.................................... 15

CHAPITRE II. — LE GÉNÉRAL BOYER
(Du 14 Septembre 1831 au 23 Avril 1833)

Oran en 1831. — Population. — Casernement des troupes. — Situation équivoque. — Troupes de renfort. — Apparition d'Abd-el-Kader. — Combats divers autour d'Oran en 1832. — Rappel du général Boyer. — Caractère de ce général. — Ses cruautés; affaire Valenciano. — Sa fermeté vis-à-vis le Maghzen. — Affaire du Marché. — Ordonnances de décembre 1831. — M. Pujol, commissaire du Roi. — M. Barrachin, sous-intendant civil; puis, M. d'Escalonne et M. Bidault. — Divers arrêtés de 1832. — Justice royale à Oran. — Membres de la Commission sanitaire.. 25

CHAPITRE III. — LE GÉNÉRAL DESMICHELS

Ire PARTIE. — (Du 23 Avril 1833 au 26 Février 1834)

Politique du général Desmichels. — Combats de Kaddour-Debby et de Sidi Mahattan — Le capitaine Géraudon au blockhaus d'Orléans. — Virement dans le système du général Desmichels. — Sortie sur Bredéa. — Travaux intérieurs en attendant des renforts. — Le commissaire du Roi M. Paschal Lesseps. — Autorités civiles et militaires d'Oran, en juin 1833. — Noms des premiers élèves de l'école Padovani. — Expéditions sur Arzeu et sur Mostaganem. — Attaque du camp des Zmélas à Tafaraoni. — Retraite funeste sur Oran. — Dévouement du lieutenant de Forges. — Traité de paix avec les Zmélas — Négociations avec les Douairs. — Révolte du 2e chasseurs d'Afrique. — Arrivée de la Commission d'Afrique. — Combat d'Aïn-Beïda. — Combat de Tamzoura. — Echanges de lettres avec Abd-el-Kader. — Propositions de paix. — Population d'Oran au 31 décembre 1833. — Combat de Dar Béida. — Héroïsme des chasseurs Greffe et Hussel. — Négociations pour la paix. Réception, à Oran, des envoyés de l'Emir. — Rentrée des prisonniers. Conclusion du traité de paix. — Traité secret, honteux, inadmissible. Mission française à Mascara...   42

CHAPITRE IV. — LE GÉNÉRAL DESMICHELS

(Suite)

IIe PARTIE. — (Du 26 Février 1834 au 3 Avril 1835)

Ligue des tribus contre Abd-el-Kader. — Démonstration du général Desmichels, à Misserghin, en faveur de l'Emir. — Des Douairs se réfugient à Oran. — Ils reçoivent un bon accueil de nos soldats. — Le bataillon espagnol de la légion étrangère est licencié et remplacé par le bataillon polonais. — Nouvelle émeute du 2e chasseurs d'Afrique. — Ordonnance royale du 22 juillet 1834 sur l'administration générale. — Phases successives des attributions de l'autorité, depuis 1830. — Ordonnance royale du 10 août 1834 sur l'organisation de la justice. — Ses défectuosités. — Constitution du tribunal d'Oran — Arrêté ministériel du 1er septembre 1834 sur les conseils municipaux. — Le maire n'est qu'un officier de l'Etat civil. — Succès de l'Emir. — Ses vues ambitieuses. — Voyage, à Alger, du général Desmichels. — Son retour, provoqué par l'apparition du choléra, à Oran. — Commission d'assainissement. — Commissaires des sections; leurs rapports. — Ravages du fléau, à Oran. — Arrêté du 23 décembre, nommant les membres du conseil municipal d'Oran. — Population européenne au 1er janvier 1835. — Travaux militaires, exécutés à Oran, de 1833 à 1835. — Travaux civils.

1835. — Installation du conseil municipal, le 2 janvier. — Discours de M. Sol, sous-intendant civil. — Sommaire des délibérations du conseil municipal. — Budget des recettes et dépenses. — Le nouveau gouverneur Drouet d'Erlon désapprouve la politique du général Desmichels. — Brusque rappel de ce dernier. — Arrivée à Oran du général Trézel...   64

CHAPITRE V. — LE GÉNÉRAL TRÉZEL

(Du 3 Avril 1835 au 12 Juillet 1835)

Caractère du général Trézel. — Il débute à Oran par un acte de désintéressement. — Dernière séance de la 1re session du conseil municipal. — Les succès de l'Emir exaspèrent le général Trézel. — Le juif Ben-Durand. — Sa funeste influence auprès du Gouverneur — Projets de l'Emir contrariés par le général Trézel. — Capture d'un brick chargé de poudre et destiné à Abd-el-Kader. — Le général Drouet d'Erlon à Oran. — Pourparlers inutiles. — Abd-el-Kader attaque nos alliés les Douairs et les Zmélas. — Le général Trézel délivre les prisonniers. — Session d'été du conseil municipal. — Mission du commandant de La Morcière. — Il arrive après le désastre de la Macta, mais il ramène fièrement les troupes à Oran. — Disgrâce du général Trézel. — Estime qu'Abd-el-Kader et les Arabes avaient pour lui. — La légion étrangère est cédée à l'Espagne 84

CHAPITRE VI. — LE GÉNÉRAL D'ARLANGES

(Du 12 Juillet 1835 au 10 Août 1836)

Choléra à Toulon. — Commission sanitaire d'Oran — Arrêté du 6 juillet 1835 donnant à M. Lesseps le titre de maire. — Nomination des trois premiers adjoints. — Question des eaux. — Sources alimentant Oran. — Situation militaire. — Le général d'Arlanges reste spectateur du combat du 9 octobre. — Session d'automne du conseil municipal. — Le maréchal Clauzel à Oran. — Expédition de Mascara. — Composition de la colonne. — Tentative de fuite des chameliers. — Résultats négatifs de l'expédition. — Population européenne au 1er janvier 1836.

1836. — Expédition sur Tlemcen. — Expédition du général Perrégaux sur la Mina. — Installation du nouveau conseil municipal. — Budget. — Le général d'Arlanges bloqué à la Tafna. — Arrivée du général Bugeaud. — Coup de main sur les Gharabas. — Composition de la Commission des fontaines. — Résumé des opérations du général Bugeaud. — Fêtes des 28 et 29 Juillet, à Oran. — Le général de Létang remplace le général d'Arlanges. — Arrêté du 12 août 1836 sur l'Administration. — Le rôle de la Commune est complètement annihilé...... 95

CHAPITRE VII.

LES GÉNÉRAUX DE LÉTANG, DE BROSSARD, AUVRAY

(Du 10 Août 1836 au 25 Janvier 1838)

GÉNÉRAL DE LÉTANG. — Ses expéditions. — Les spahis d'Oran. — M. Arrazat, conseiller municipal et adjoint. — Ravitaillement de Tlemcen. — Situation des esprits.

GÉNÉRAL DE BROSSARD. — Ses antécédents. — Funeste influence du juif Ben Durand. — Session d'hiver 1837, du conseil municipal. — Transformation de la cité. — Fautes commises à l'instigation de Ben-Durand. — Double rôle de cet israélite — Aveuglement du général de Brossard. — Arrivée du général Bugeaud. — But de sa mission. — Traité de la Tafna, condamné par l'opinion publique, mais ratifié par le Roi. — Installation du conseil municipal dans la nouvelle mairie. — Composition de la Commission sanitaire. — Le général Bugeaud découvre les fraudes de Ben-Durand et la complicité du général de Brossard. — Mise en accusation de ce dernier. — Composition du troisième conseil municipal. — Bugeaud rentre en France.

GÉNÉRAL AUVRAY. — Son court séjour à Oran. — Situation d'Oran à la fin de 1837. — Constructions. — Population. — Commerce. — Marchés. — Ecoles. — Cafés. — Colonisation. — Milice............ 112

CHAPITRE VIII. — LES GÉNÉRAUX RAPATEL ET GUÉHÉNEUC

(Du 25 Janvier 1838 au 20 Août 1840)

LE GÉNÉRAL RAPATEL. — Ses antécédents. — Son rôle d'observation incompatible avec son caractère. — Administration du sous-intendant civil Sol. — Conflit à propos de la question des eaux.

LE GÉNÉRAL GUÉHÉNEUC. — Il est condamné à l'inaction. — Situation précaire de nos alliés du Maghzen. — Défection d'une partie d'entre eux. — Ordonnance royale du 18 décembre 1838, créant les sous-directions de l'intérieur. — M. Dussert, sous-directeur à Oran. — Population au 31 décembre 1838.

1839. — Conflit entre les autorités civiles et militaires à propos de l'affaire Laujoulet. — Condamnation puis acquittement du capitaine de gendarmerie Dagard. — Commission des eaux en 1839. — Situation à l'extérieur. — Chaleur exceptionnelle de l'été. — Le duc d'Orléans à Oran. — Rupture de la paix. — Attaque des Gharabas. — Arrivée à Oran de l'interprète Léon Roche, secrétaire d'Abd-el-Kader. — Population d'Oran au 31 décembre 1839.

1840. — Formation de deux brigades à Oran. — Escarmouches. — Situation défensive décourageante. — Divers arrêtés du 1er janvier au 20 août 1840. — Travaux militaires et civils de 1838 à 1840......... 126

CHAPITRE IX. — LE GÉNÉRAL DE LA MORICIÈRE

1re PARTIE. — Du 20 Août 1840 au 31 Décembre 1841

Situation militaire en 1840. — Réformes inaugurées par le général. — Combat d'Arbal. — Razzia des Beni-Amer. — Mort du chef d'état-major de Maussion. — Expédition du Rio Salado. — Divers arrêtés concernant le personnel de la justice. — Population d'Oran au 31 décembre 1840.

1841. — Combat de Sidi Lakhdar. — Assassinat du brigadier de gendarmerie Duvignaud. — M. de Soubeyran, sous-directeur de l'Intérieur. — Sauvetage du *Gothenbourg*. — Ordonnance royale du 28 février sur l'organisation de la justice. — Composition du nouveau tribunal d'Oran. — Expédition sur Tagdemt et Mascara. — M. Rémy, premier commissaire priseur. — Création d'un entrepôt réel. — Coup de main des Arabes sur des Douairs, aux portes d'Oran, dans la nuit du 21 au 22 octobre. — Rentrée des tribus dissidentes. — Opérations à l'extérieur. — Sortie du colonel Tempoure. — Mutations dans le personnel du tribunal d'Oran. — Population au 31 décembre 1841. — Autorités et principaux fonctionnaires d'Oran, à cette époque. — Composition de la milice. — Mouvement commercial en 1841 138

CHAPITRE X. — LE GÉNÉRAL DE LA MORICIÈRE
(Suite)
(1842, 1843, 1844)

1842. — Le général Bugeaud à Oran — Il fait occuper Tlemcen. Soumission des Gharabas. — Pluies diluviennes à Oran. — Courriers entre Oran et Mascara. — Le baron Larrey à Oran. — Mutations dans le personnel de la justice. — Dépôt de la légion étrangère à Oran. — Création d'un oratoire protestant. — Composition du nouveau tribunal créé par l'ordonnance du 20 novembre 1842. — M. Melon-Pradoux, juge de paix. — Transfert de l'entrepôt à Mers-el-Kébir. — Son mouvement depuis le 1er juillet. — Vérification des poids et mesures. — Travaux publics à Oran en 1842 — Ecoles. — Théâtre. — Population au 31 décembre 1842.

1843. — Opérations militaires à l'extérieur. — Mort du général Mustapha-ben-Ismaël. — M. Berther de Sauvigny, sous-directeur à l'intérieur. — De La Moricière, lieutenant-général à 37 ans. — M. Prieur, premier trésorier-payeur d'Oran. — Rigueurs prohibitives à propos des droits de douanes. — Incendie du 25 décembre. — Travaux militaires et civils. — Population au 31 décembre 1843.

1844. — Résumé des faits militaires extérieurs. — Bataille d'Isly. — Réfugiés espagnols à Oran. — Divers actes administratifs. — Fêtes du carnaval. — Bal au Château-Neuf. — Création d'une chambre de commerce. — L'*Echo d'Oran*, premier journal de la localité. — Situation dérisoire du conseil municipal. — Le général Bourjolly, commandant par intérim à Oran. — Hauts fonctionnaires d'Oran et aspect de la ville en 1844. — Divers actes administratifs. — Mutations dans le personnel du tribunal de 1re instance. — Création de la Sénia. — Impulsion donnée à la colonisation. — Répartition nouvelle des eaux. — Ordonnances royales sur la propriété et sur la justice. — Composition du nouveau tribunal. — Banquet offert à de La Moricière. — Courtiers nommés à Oran. — L'évêque d'Alger à Oran. — Travaux divers en 1844. — Huîtrière des bains de la Reine.. 15

CHAPITRE XI. — LE GÉNÉRAL DE LA MORICIÈRE
(Suite)
2me PARTIE. — 1845 — 1846

1845. — Situation pacifique. — De La Moricière porte son attention sur la colonisation. — Revue de la milice. — Création du Village-Nègre. — Route d'Oran à Misserghin. — Bal au Château-Neuf — Divers arrêtés administratifs. — Affaire du docteur Merruau. — Le trompette Escoffier à Oran. — Sejour d'Horace Vernet. — Ordonnance royale du 15 avril 1845 sur l'administration. — Dernière exécution au yatagan. — Insurrection générale. — Le général de La Morìcière apprend à Alger le desastre de Sidi-Brahim. — Sa marche vers l'ouest. — Actes administratifs. —Travaux. — Population au 31 décembre 1845.

1846. — Situation nouvelle. — Sortie du général Thierry. — Situation d'Oran en 1846. — Population au 31 avril — Distractions d'alors. — Brasseries, cafés chantants. — Actes administratifs. — Enterrement du caporal Signer, du 8e bataillon de chasseurs à pied. — Occupation des bureaux de la sous-direction. — Convoi de bêtes de somme pour Tlemcen. — Créations diverses. — Commission des centres. — Arrivée a Oran du général Bugeaud et du duc d'Aumale. — Un plafond s'écroule au quartier de la Mosquée. — Réception de M. Salvandy, ministre de l'instruction publique. —Discours qu'il prononça. — Colons prussiens. — Rentrée à Oran des prisonniers de la Deira. — Création de huit communes. — Comité de surveillance de l'instruction publique. — Ecoles d'Oran. — Population d'Oran au 31 décembre 1846.. 184

CHAPITRE XII. — GÉNÉRAL DE LA MORICIÈRE

(Suite et fin)

(Du 1er Janvier 1847 à la Révolution de 1848)

1847. — Commandement intérimaire du général d'Arbouville. — Départ pour la France du général de La Morìcière. — Son mariage. — Ses déclarations à la Chambre des députés, au sujet de la colonisation. — Progrès de la colonisation et du commerce à Oran, en 1847. — Créations agricoles à Ain-Beïda et à Christel. — Travaux de routes. — Services de correspondances. — Sociétés de crédit. — Principaux actes administratifs. — Reconstitution de la milice. — Création du tribunal de commerce. — M. Boyer, deuxième adjoint au maire. — Cassation du jugement condamnant le lieutenant Marin à la peine de mort. — Cercle de la Marine. — Installation du Consistoire israélite. — Ordonnance du 1er septembre, établissant des Directeurs des affaires civiles. — M. Mercier-Lacombe est maintenu avec ce titre à Oran — Rentrée du général de La Morìcière. — Le duc d'Aumale, gouverneur à Alger. — Ordonnance du 28 septembre ressuscitant l'organisation municipale. — De La Morìcière dans l'ouest. — Reddition d'Abd-el-Kader. — Organisation du service des douanes. — Départ du général Thierry. — Son portrait. — Travaux du génie. — Théâtre. — Population au 31 décembre 1847.

1848. — Situation favorable au commencement de l'année. — De La Morìcière va siéger à la Chambre. — Révolution du 24 Février. — Portrait du général de La Morìcière. — Intérim du général Cavaignac. — M. Garbé, directeur des affaires civiles. — La ville d'Oran est érigée en commune. — Conseil municipal du 3 février — Fin de l'histoire militaire d'Oran 216

INDEX DES CARTES & PLANS

Plan d'Oran en 1831 à l'échelle de. . . . . $\dfrac{1}{10000}$ 26

Environs d'Oran en 1840 à l'échelle de. . . . . $\dfrac{1}{200000}$ 139

Plan d'Oran en 1848 à l'échelle de . . . . $\dfrac{1}{20000}$ 235

ERRATA

Page 25, ligne 29, *lire* Bordj Sbahiha (des Spahis) *au lieu de* Bordj Spaikaa.

Page 26, lignes 8, 9, *lire* Bordj Hassen ben Zaoua *au lieu de* Bordj Ioudi. Cette dernière appellation s'applique au Fort La Moune (Voir le plan d'Oran en 1831, page 26) et non au Fort Saint-Grégoire.

Pages 46 et 55, au bas de la page, *lire* carte des environs d'Oran en 1840 page 139, *au lieu de* carte des environs d'Oran en 1883 page 55.

INDEX ALPHABÉTIQUE

DES NOMS DES PERSONNES CITÉES DANS L'OUVRAGE

A

Aaron Darmon. 50
Abdallah d'Asbonne. 59
Agostini. 176
Aguillard. 50
Ali-ben-Merzouka, 104, 135
Allegro 110
Alumbé Abraham. 71
Amar Léon. 50
Amoretti. 152
André, 159, 174, 214
Andrieu. 32, 231
Antonini. 157
Arbouville (gl d') 204, 217
Archivolti, 152
Arène 33
Arlanges (gl d'). 99, 106, 109
Arnoux. 226
Arrazat. 71, 107, 113, 122, 171
Assigny 115
Aucour. 97, 128, 132, 146, 180, 202, 210, 222
Aumale (d'). 204, 218, 224
Aumont. 120
Aussenat. 81, 142
Auvray (gl). 123
Auxcousteaux. 18
Avio, 7, 40, 73, 151, 233
Azéma de Montgravier, 202

B

Badan. 152
Bakir. 71
Bailly. 71
Ballon. 167
Bandeust. 214
Barberi. 224
Barbet. 31
Barbut. 209
Barrachin. 37
Barry. 214
Barthélemy 81
Barunés 215
Batsale (de) 227
Bax 153, 180, 221
Bayart. 151
Baza. 229
Beaufils. 159, 174
Beaufort. 220
Beaufort (de). 101
Bell. 152
Belleville. 199
Belvère. 215
Ben-Daoud 59
Ben-Durand. 80, 103, 120
Benet. 152
Ben-Kandoura. 96, 104, 107, 122
Bernauer. 28
Bertauld. 174, 177
Berthe. 50
Berthoud. 171
Bertier de Sauvigny. 164, 172, 178, 181, 199
Berzel. 71
Bianconi. 43
Bidault. 38, 48
Bignon. 43, 53
Bilhard-Feurier. 147, 167, 176
Billeret. 50
Bisson 53
Bistord. 33
Bizot. 132, 134
Blanchard. 49, 221
Blot. 124
Bogulawski. 151
Boileau. 185, 207
Bollard. 71, 96, 104, 113, 120
Bonfort. 214, 221, 217
Bonhomme de Lajaumont. 159, 174
Bonjean. 222
Bonnal. 199
Bonneau 222
Bonnet d'Haubersaert. 55
Bordenave. 152
Borie. 33
Bory. 201, 223
Bosc. 207
Bosquet 143
Bou-Chentouf 108
Boudet. 187
Bouillon. 53
Boulle. 40
Bourgeois. 40, 108
Bourjolly (gl de). 171, 191
Bourmont (Louis de) 17, 18
Boyer (gl). 25
Boyer 122, 221, 233
Bretagne (de). 166, 201
Briant, 188
Brossart (gl de). 114
Brun. 71
Bué. 33
Buès 167
Bugeaud (gl) 107, 117, 202
Buil. 45
Busnach. 59

C

Cabassa Salomon. 50
Cabasse, 209
Cabiro. 53
Cailly. 152
Calendini. 129, 146, 201
Cantener. 207, 226
Carcassonne. 204
Carlos. 53
Carlotta, 71
Carrier. 151
Cassagnol. 50
Caussade. 152
Caussanel. 81, 135
Cavaignac. 45, 103, 146, 232
Cazales. 43
Cazanova, 33
Chapelain. 200
Chapeneaux 71
Chartier 33
Cheronnet. 223, 244
Chevillotte 174, 178
Chollet. 220
Claparède. 143
Clauzel. 99
Clavel. 151
Clérin. 151
Cohen. 192
Cohen Lazare. 221
Cohen Scalli, 74, 96, 104, 107, 122

INDEX ALPHABÉTIQUE

Colin, 40, 49, 62, 78
Collin, 147, 152
Colombe. 53
Colonna d'Ornano. 146, 159, 177, 204
Combes. 100, 107, 117, 136
Corbin. 100
Cordè. 151
Cortot. 53
Costallat. 146
Coudray. 33, 167
Courby de Cognord. 209
Coutollenc. 174, 177, 226
Couzet. 33
Crény (de), 158
Crespin. 53
Cuguillère. 81, 152
Curet. 162

D

Dagard. 131
Dalesme. 193, 204
Dalzel. 71
Damrémont (g¹). 21
Daniel. 50
Darmon. 50, 105
Daudrieu. 124, 139, 175, 233
Daumas. 140
Dauphin. 152
David. 214
Deffaux. 177
Delachâtre. 215
Delagrange. 207
Delaroche. 50
Del Balzo. 218
Del Castillo. 151
Deleuze. 215
Delmas. 49, 58, 70
Delormel. 224
Demanche. 204, 223, 227
Denest. 50, 53
Denis. 182
Dervieu. 209, 219, 222
Descudignan. 33
Desmichels (g¹). 43
Desmichels (docteur) 73
Destrès. 71
Devaux (g¹). 134
Devillière. 180
Dieuzaide. 207
Dillon. 233
Dorange. 180, 228
Doucet. 43, 45, 71
Douesnel de Bosq. 150
Drolenvaux. 43
Drouet. 171, 214, 221
Du Barrail. 51
Dubois. 202
Ducloux. 176
Duclos. 43, 45
Duffaux. 151
Dumain. 151
Dumont. 171

Dupin. 171
Duplan. 160
Duplantier. 108, 176
Dupont. 43, 202
Durand. 219
Durande. 208
Dussert. 129, 132, 145
Duteil. 199
Duvignaud. 143

E

Elias. 28
Escalonne (d'). 38
Escary. 53
Escoffier. 120, 188
Esgonnière. 159, 164
Eynard. 195
Eyraud. 151

F

Fabre Cyprien. 37
Facio. 71, 108
Falco. 50
Falcon. 108
Fauchon. 134, 152
Faudoas (g¹ de). 23
Faure Honoré. 27
Favre. 226
Fenigan. 177
Feret. 45
Ferrand. 33, 161
Filippi 157
Fitz-James. 51, 73
Forcioli. 68, 151, 177
Forges (de). 52, 62
Forzano. 229
Freixe. 221, 233

G

Gabriel. 181
Gachet, 213
Gaillard. 28
Gaillot. 132
Galland. 73, 107
Ganci. 71
Gantès. 151
Garavini. 152
Garbé. 224, 227, 233
Garcin. 167
Garnier. 151
Garoby. 6
Gaudillot. 177
Gauran. 68, 142, 150
Gavoti. 169
Genaro. 50, 152
Gentil (g¹) 162
Géraudon. 45
Germain. 68, 142, 152, 160, 176
Géry 156, 162
Getten 224
Gille Thérèse. 209
Gilly 71, 73, 113, 152, 228
Gonzalve 180

Goutfrey (de) 18, 19
Gouy (de). 100
Grand. 195
Grandjean. 71, 152
Greffe. 58
Gris. 45
Grognot. 198
Gros. 227
Grousson (de). 227
Guéhéneuc (g¹), 128, 134
Guerbe. 48
Guérimand 131
Guès. 180
Guilhon. 171
Guillochin. 127
Guinet. 26
Guirand. 180
Guiroye (de). 101, 172, 233
Guyon. 198, 207
Guyot. 129

H

Hadamart. 79, 215, 223
Hamelin. 150
Hervéla. 33
Hilarion. 214, 221
Hoffmann 181
Horain. 66
Hugonnet. 231
Humbert. 43
Hussel. 58

I

Ibrahim. 98
Illiers (d') 172
Israel Salfati. 71
Iusef Abraham. 78

J

Jonnart. 227
Jonquier. 152, 171, 176, 214, 221, 233
Joubert. 152
Jourdain. 140, 157
Juda Benizeria. 74
Juda Sabbat. 74, 104
Jugand. 152
Julien. 215

K

Kanoui Abraham. 221
Kervela 53
Kochler. 108
Korte (g¹). 173, 185, 192, 195

L

Lacas. 33
Lagout. 97, 193, 223, 228
Lamonta. 40, 71, 152
Lamouroux. 45
Lapinsonnière. 55
Larazée 209
Lardeur. 146
Laroche 167

DES NOMS DES PERSONNES CITÉES DANS L'OUVRAGE

Laroque.	45	
Larrat.	81, 152	
Larrey.	157	
Lasry.	108, 176, 234	
Lasserre.	40, 49	
Laujoulet.	71, 108, 131, 144, 152, 215	
Laurençon.	229	
Laydet	117	
Le Blanc.	18	
Lebleu.	128	
Leblond.	131	
Lecomte.	198	
Lefol.	23	
Lefrançois.	174, 177, 227	
Lemaitre.	53	
Lenthéric.	171	
Léoni.	104, 122, 152, 170, 178, 201, 223	
Léorat.	173	
Leroux	183	
Leroy.	132, 204	
Lesseps (Paschal),	49, 104, 107, 120, 214, 234	
Létang (gl)	31, 51, 108	
Levasseur (gl).	149	
Levret.	33	
Lhermitte	33	
Lidon.	153	
Liedke.	151	
Ligonnier,	48, 220	
Loubet.	43	
Loziri.	202	
Loys (de).	207, 214	
Lussac.	135	

M

Mac-Mahon.	208	
Macquin.	45	
Majorel.	150, 159	
Maklouf-Kalfan.	71, 104, 213	
Maklouf-ben-Dahr.	108	
Maligny (de)	53, 63	
Manselon.	158	
Marcotte de Quivières.	171	
Mardoukai.	59, 71	
Marel.	202	
Marin.	209, 213, 222	
Marion. (colonel)	24	
Marion. (juge)	39, 40	
Maroc.	153	
Marquis.	153	
Marrot.	120	
Marsilly	204	
Martimprey. (de)	140, 172, 187, 201, 208	
Martin.	151	
Marty.	167	
Massoud-Darmou.	105	
Mathey	40	
Maubert	199, 202	
Mauduit.	6	
Maurrais.	104, 122	

Maumus.	141, 152, 158
Maussion.	141
Mauzone	53
Mayer.	132, 153
Mazouy.	50
Mellinet.	199
Melon-Pradoux.	159, 185
Menessier.	43
Menet.	152
Menne.	100
Menzocchi.	162
Mercier.	171
Mercier-Lacombe	199, 204, 223
Mériger-Kim.	108
Mérillon.	151
Mérot.	227
Merruau.	183
Meunier	49
Michel.	203
Michelet.	32
Millaudon-Coudurier	131
Moïse Bedouk.	71
Monier.	53
Montauban. (de)	66, 226
Montfort.	55
Montholon-Semonville.	18
Monti Abraham.	70
Montigny.	233
Montlouis.	71
Montpezat. (de)	151
Montriblond.	227
Monty.	71
Morel.	33
Moricière (de La)	100, 230
Morille.	45
Mottet.	167
Mouret.	199
Mustapha-ben-Ismael	104, 163

N

Nahon.	71, 79, 193, 221
Narciano.	78
Neveu. (de)	201
Nicolas Joseph	127
Nique Crépy.	40
Noyer Brachet.	40

O

Orléans. (d')	133
Osmont.	172, 201
Oudinot.	57, 100

P

Pacifico	50, 108
Paloni.	53
Parceval.	51
Parchappe. (gl)	134
Pasetti.	71, 152
Passot.	201
Pauzier.	151
Peccati.	43
Pedeucoig.	233

Pego.	50
Pelissier.	141, 152, 195
Pellion.	156
Peraldi.	26, 73, 214
Perreau.	128
Perrégaux. (gl)	100, 104
Perrier. (ad)	6, 170
Perrin.	202
Peyre.	180, 187, 219
Peyronnet. (de)	19
Peyssel.	180, 228
Pezerat.	40, 70, 75, 96, 108, 137
Philip.	180
Pichard.	171
Picon.	151
Pierrey.	146, 158
Pignel.	39
Pimienta.	26
Piscatory.	55
Planchat.	159, 177
Plantin.	108
Plumeau.	71, 78
Podesta.	108, 152
Poerio.	53
Pourcet.	187
Prentout.	152
Prieur.	152, 208
Puig y Mundo.	147, 159, 222
Pujol.	37, 38

R

Radepont.	63
Ramoger.	218, 219, 233
Rancé (de)	100
Randon.	134
Rapatel. (gl)	122
Réchaud.	124
Récolin.	45
Rémy.	147, 152, 222
Renard,	152
Renault. (gl)	151, 195, 202
Renson.	222
Reynaud.	43
Ricca.	50, 71, 108, 152
Richemond. (de)	192
Richino.	71
Rivet.	202
Robinet	186
Robinet de Cléry	227
Roc.	45
Roche.	133, 187
Rocles de Taurier	151
Roger.	54
Rolland.	151
Romieux.	71, 73, 107
Rournat.	32
Rousso.	108
Roux Mollard	40
Royer Belhard.	174
Rudeaux.	47
Rue. (gl de la)	116, 187
Ruis.	160

INDEX ALPHABÉTIQUE

S

Sabatéry. 158
Sadoux. 170
Saint-Brice 151
Saint-Fargeau. 53
Saint-Marc. 158
Saint-Martin. 151
Saint-Maur. (de) 218
Salvandy. 205
Saly. 167
Samuel. 151
Sanassès Amran. 221
Sanfort (de) 120
Sargat. 120
Saurine. 159
Sauteraud. 32
Sauzede. 122, 152, 160, 233
Sauzet. (g¹) 31, 44, 49, 108
Savart; 33, 49, 57, 70
Scalli. 74, 96, 104, 107
Schwartz. 151
Scipioni. 160
Sebastiani 23
Secourgeon. 100
Senanès. 176. 233
Senneville. 172
Sergent. 33
Sgitcowitch. 152
Signer. 199
Silva. 50
Sol. 42, 70, 76, 96, 129
Sol. (comm¹) 100

Sommariva, 176
Sorbier. (de) 218
Soubeyran. 145, 164
Souplet. 45
Stellato. 187, 228
Stephanopoli. 71
Sudraud-des-Iles. 177, 226

T

Tartas. 202
Tatarau. 33
Tchouroumlé. 108
Tempoure. 150, 154
Terras. 201, 233
Testard. 209
Testa. 171
Texier. 128
Thierry. (g¹) 172, 185, 195, 202, 227
Thomas. 128, 132, 209
Thorigny. 53, 57, 62
Thouart. 221
Tissier. 152
Tonnelli. 53
Torre. (de la) 190
Toulouze. 171
Tremblay. 229
Tricault. 204
Trobriant (g¹) 31, 233
Trochu. 202
Trollé. 209
Troncosso 50
Truand. 164. 174
Trumelet. 6

Tugnot de La-noye. 190, 226
Turnam. 229

U

Usquin. 68

V

Vaillant. 167
Vaisnes. (de) 43
Valenciano. 35
Vallin. 152
Vauban. (de) 160, 193, 202
Vaudrecourt. 177
Ventau. 167
Vernet. 198, 227
Vernet Horace. 188
Vernhet de Launière. 151
Viard. 71
Vierey. 50
Vigier. 33
Villarey. 71
Vilmorin. 100, 103
Viton. 152, 227

W

Wable. (de) 227
Walzin-Esterhazy. 71, 173, 201
Wandernod. 125, 132
Weldsford. 29, 50, 108

Y

Yusuf. 102, 134, 156, 195

Z

Zuraki 50

www.ingramcontent.com/pod-product-compliance
Lightning Source LLC
Chambersburg PA
CBHW070521170426
43200CB00011B/2284